·겨·레·의·슬·기

속담 3000

교학사

● 머리말

 속담은 우리의 조상들이 생활하면서, 그때 그때 만들어 낸 교훈의 말이다.

 못 배운 사람을 비웃는 말로, 낫 놓고 기역자도 모른다 했고, 모든 일에 세심한 주의를 하라는 뜻으로, 돌다리도 두들겨 보고 건너라고 했고, 무슨 일이든지 그 일의 시작이 중요하다는 뜻으로 천리 길도 한 걸음부터라고 했다. 이와 같이 사람이 살아가는데 마땅히 해야 할 일을 쉬운 말로 가르쳤다.

 이 책에는, 속담 외에 알아 두면 이로운 고사(故事)와 관용구(慣用句)도 넣었다. 고사는 옛부터 전해오는 어떤 사건에서 생긴 말이고, 관용구는 습관적으로 쓰는 말로, 어떤 정해진 뜻을 나타내는 도막말이다.

 속담·고사·관용구 등 약 3000을 골라 알기 쉽게 풀이하였다. 이것들은 곧 우리 조상의 지혜라고 할 수 있다. 이러한 속담·고사·관용구 등을 많이 알아서, 그 뜻을 교훈 삼을 뿐 아니라, 일상 회화에 섞어 씀으로써, 우리의 언어 생활을 즐겁고 풍부하게 할 수 있을 것이다.

■ 일러두기

1. 배열은 국어사전처럼 ㄱㄲㄴㄷㄸㄹㅁㅂㅃㅅㅆㅇㅈㅉ… 순으로 하였다.
2. 이 책에 쓴 부호
   [出典] 그 말이 실린 책
   [同類] 같은 종류
   ↔ 반대되는 속담
   《 》 책 이름

■ 범례

《孔家》孔子家語	《蘇軾》蘇軾	《耳拾》耳談續纂拾遺
《歐陽》歐陽修	《松南》松南雜識	《帝範》帝範
《南史》南史	《旬五》旬五志	《芝峰》芝峰類說
《農家》農家月令歌	《荀子》荀子	《晋書》晋書
《唐書》唐書	《顔訓》顔氏家訓	《晋王》晋書王敬則傳
《東歲》東國歲時記	《洌上》洌上方言	《稗官》稗官雜記
《東言》東言考略	《熱河》熱河日記	《韓非》韓非子
《老子》老子	《五王》五代史記王彦章傳	《漢書》漢書
《史記》史記		《漢韋》漢書韋賢傳
《三遺》三國遺事	《慵齋》慵齋叢話	《淮南》淮南子
《世宗》世宗實錄	《耳談》耳談續纂	《後楊》後漢書楊彪傳

ㄱ

가갸 뒷자도 모른다
 무식한 사람을 비웃는 말.
 [同類] 낫 놓고 기역자도 모른다. 목불식정(目不識丁).

가게 기둥에 입춘(立春)
 격에 맞지 않는다.
 [同類] 개 발에 편자라. 거적문에 돌쩌귀. 방립(方笠)에 쇄자(刷子)질. 사모에 갓끈.
 [出典] 假家柱立春《東言》

가까운 남이 먼 일가보다 낫다
 멀리 사는 일가보다 이웃에 가까이 지내는 남이 낫다.
 [同類] 먼 사촌보다 가까운 이웃이 낫다. 이웃 사촌. 지척의 원수가 천리의 벗.
 [出典] 遠族不如近隣《東言》

가난 구제는 나라도 못한다
 가난한 사람을 도와 주기는 매우 어렵다.
 [同類] 가난 구제는 나라도 어렵다. 노름 뒤는 대어도 먹는 뒤는 안 댄다.
 [出典] 貧家之賙 天下其憂《耳談》

가난한 집 신주 굶듯 한다
 가난해서 제사도 못 지내고 노상 굶는다.
 [同類] 책력(册曆) 보아 가며 밥 먹는다.

가난한 집에 자식이 많다
 가난한 집에 아이들이 많다.

가난한 집 제삿날 돌아오듯
 가난한 집에 제삿날이 자주 돌아온다. 곧 괴로운 일이 자주 닥친다.

가난할수록 기와집 짓는다
 ① 가난한 사람이 잘 사는 것처럼 보이려고 겉치장을 한다. ② 가난할수록 잘 살아 보려고 큰일에 손댄다.

가는 날이 장날
 우연히 갔다가 뜻밖에 공교로운 일을 만나다.

가는 년이 물 길어 놓고 갈까
 그 자리를 떠나기로 한 사람은 뒷일을 생각하지 않는다.
 [同類] 가는 년이 보리 방아 찧어 놓고 가랴? 나가는 년이 세간 사랴?

가는 말에 채찍질
 일을 더 잘 하도록 부추기다.
 [同類] 가는 말에도 채를 치렸다. 닫는 말도 채를 치렸다. 닫는 말에 채찍질.
 [出典] 走馬加鞭《旬五》

가는 말이 고와야 오는 말이 곱다
 내가 남에게 좋게 해야, 남도 나에게 잘 한다.

[同類] 오는 말이 미우면 가는 말이 밉다.
[出典] 來語不美 去語何美 《旬五》, 《松南》 去言美 來言美 《東言》

가는 방망이, 오는 홍두깨
남에게 조금 잘못하면 나에게는 더 큰 해가 돌아온다.

가는 세월, 오는 백발
세월이 가면 사람은 늙는다.

가는 손님은 뒤꼭지가 예쁘다
손님 대접이 어려울 때 곧 돌아가는 손님은 고맙다.

가는 토끼 잡으려다가 잡은 토끼 놓친다
욕심을 내어 여러 가지 일을 하려다가는 이미 이루어 놓은 일까지도 실패하게 된다.
[同類] 멧돝 잡으러 갔다가 집돝 잃었다. 달아나는 노루 보고 얻은 토끼를 놓았다. 토끼 둘 잡으려다가 하나도 못 잡는다.

가던 날이 장날이다
① 뜻밖에 일이 잘 들어맞았다. ② 우연히 갔다가 뜻밖에 공교로운 일을 만나다.

가랑비에 옷 젖는 줄 모른다
조금씩 없어지는 것은 모르는 사이에 줄어든다.
[同類] 마른 낢에 좀먹듯.

가랑이가 찢어지게 가난하다
몹시 가난하다.
[同類] 똥구멍이 찢어지게 가난하다.

가랑잎에 불붙기
성미가 몹시 급하고, 도량이 좁은 사람을 평하는 말.

가랑잎으로 눈 가리고 아웅한다
얕은 꾀로 남을 속이려 한다.
[同類] 눈 가리고 아웅한다. 눈 감고 아웅한다. 귀 막고 방울 도둑질한다. 머리카락 뒤에서 숨바꼭질한다.

가랑잎이 솔잎더러 바스락거린다고 한다
제 큰 결점은 모르고 남의 작은 허물을 탓한다.
[同類] 가마 밑이 노구솥 밑을 검다 한다. 겨울 바람이 봄바람보고 춥다 한다. 그슬린 돼지가 달아 맨 돼지 타령한다. 똥 묻은 개가 겨 묻은 개를 나무란다. 똥 묻은 돼지가 겨 묻은 돼지를 나무란다. 뒷간 기둥이 물방앗간 기둥을 더럽다 한다. 매달린 개가 누워 있는 개를 웃는다. 숯이 검정 나무란다. 헛청 기둥이 측간 기둥 흉본다.

가루 가지고 떡 못 만들랴
누구나 할 수 있는 쉬운 일을 하고 잘했다고 뽐내지 말라.

가루는 칠수록 고와지고 말은 할수록 거칠어진다
말을 많이 하다 보면 화근이 된다. 곧 말 많이 하는 것을 삼가라.
[同類] 말은 할수록 늘고 되질

은 할수록 준다. 말이 많으면 실언(失言)이 많다. 말이 많으면 쓸 말이 적다. 말이 말을 만든다.

가루 팔러 가니 바람이 불고, 소금 팔러 가니 이슬비 온다
일이 잘 안 될 때에는 공교롭게 빗나가는 수가 많다.
[同類] 바람부는 날 가루 팔러 간다.
[出典] 賣鹽逢雨《松南》

가르친 사위
일을 제 힘으로 처리할 줄 모르는 사람을 조롱하는 말.
[同類] 길러낸 사위.
[出典] 所敎之壻《東言》

가마 밑이 노구솥 밑 검다 한다
더 큰 제 흉은 모르고 남의 흉을 들춘다.
[同類] 가랑잎이 솔잎더러 바스락거린다고 한다.
[出典] 釜底笑鼎底 《旬五》, 《松南》, 鼎底黑釜底嗾《洌上》, 釜底鐺底 煤不胥詆《耳談》, 釜底咨鼎底《東言》

가마 속의 콩도 삶아야 먹는다
아무리 쉬운 일이라도 하지 않으면 이뤄지지 않는다.
[同類] 구슬이 서 말이라도 꿰어야 보배라. 구운 게 발도 떼어야 먹는다. 부뚜막의 소금도 집어 넣어야 짜다. 솥 속의 콩도 쪄야 익지. 진주가 열 그릇이나 꿰어야 구슬.

가마 타고 시집가기는 틀렸다
제 격식대로 하기는 틀렸다.

가만히 먹으라니 뜨겁다고 한다
비밀히 하라니까 드러낸다.

가물 끝 있어도 장마 끝은 없다
한해(旱害)보다 수해(水害)가 더 큰 해를 입힌다.
[同類] 불난 끝은 있어도 물난 끝은 없다.

가물에 돌친다
미리 준비를 한다.

가물에 콩 나듯
어떤 일이나 물건이 드문드문 나타나다.
[出典] 旱時太出《東言》

가빈(家貧)에 사양처(思良妻)
가난할 때 어진 아내 생각을 한다. 비상시에야 진부(眞否)를 곧 안다는 말.

가사(家事)는 임장(任長)이라
집안 일은 가장(家長)에게 맡겨야 한다.
[同類] 매사(每事)는 간주인(看主人)이라. 주인 모르는 공사 없다.

가시어미 장 떨어지자 사위가 국 싫다 한다
어떤 일이 공교롭게 들어맞았다. (가시어미→장모)
[同類] 주인 장 없자 손 국 싫다 한다. 주인집 장 떨어지자 나그네 국 마단다.

가을 마당에 빗자루 몽당이를 들고 춤을 추어도 농사 밑이 어

둑하다
타작을 하여 남에게 줄 것은 주고 빚을 갚고도 남는 것이 있어 농사일이란 어수룩하다는 말.

가을 무 껍질이 두꺼우면 겨울에 춥다
오랜 경험에서 하는 말.
[同類] 가을에 무 꽁지가 길면 겨울이 춥다.

가을 물은 소 발자국에 괸 물도 먹는다
가을 물은 맑고 깨끗하다.

가을 비는 떡 비
가을에 비가 오면 집안에서 떡이나 해 먹고 쉰다.
[同類] 여름 비는 잠 비, 가을 비는 떡 비.

가을 비는 장인의 나룻 밑에서도 긋는다(피한다)
가을 비는 잠깐 오다가 이내 그친다.

가을 상추는 문 걸어 잠그고 먹는다
가을 상추는 흔하지 않고, 맛도 좋다.
[同類] 가을 아욱국은 계집 내쫓고 먹는다.

가을에는 부지깽이도 덤벙인다
추수 때가 되면, 농촌에 일 안 하는 사람이 없다.
[同類] 가을철에는 죽은 송장도 꿈지럭한다. 가을판에는 대부인 마님이 나막신짝을 들고 나온다.

가을에는 손발톱이 다 먹는다
가을철에는 햇곡식이 나고 입맛도 나서 많이 먹게 된다.

가을에 못 지낸 제사를 봄에는 지낼까
형편이 넉넉할 때 못한 일을 궁할 때 어떻게 할 수가 있겠는가.
[同類] 가을에 내 아비 제(祭)도 못 지내거든 봄에 의붓아비 제 지낼까.

가을 일은 미련한 놈이 잘한다
가을 추수 때의 농촌에는 할 일이 많아 요령을 부리기보다는 하나하나 차근차근 해야 성과가 크다.

가을 중 싸대듯 한다
바빠서 부지런히 돌아다닌다.

가자니 태산(泰山)이요, 돌아서자니 숭산(嵩山)이라
앞으로 가지도 못하고 뒤로 돌아갈 수도 없어 난처한 지경

에 빠졌다. (태산, 숭산→중국의 큰 산 이름)
[同類] 진퇴 유곡(進退維谷).

가재는 게 편이요, 초록(草綠)은 한 빛이라
모양이 비슷한 같은 족속(族屬)끼리 한 편이 된다.
[同類] 가재도 게 편이다. 유유 상종(類類相從). 초록(草綠)은 동색(同色).

가재도 게 편이다
모양이 비슷하고 서로 인연 있는 데로 편든다.

가정 오랑캐 맞듯
매를 몹시 맞는다.

가지 나무에 목을 맨다
목매달아 죽으려 할 때 나뭇가지를 가리지 않는다. 곧 급하면 수단 방법을 가리지 않는다.
[出典] 茄枝樹結項《東言》

가지 따먹고 외수(外數)한다
못된 짓을 하고 시치미를 뗀다. (외수→남을 속이는 꾀)

가지 많은 나무 바람 잘 날 없다
자식 많이 둔 부모는 항상 자식을 위한 근심 걱정으로 편할 날이 없다.
[同類] 가지 많은 나무가 잠잠할 적 없다. 새끼 아홉 둔 소가 길마 벗을 날 없다. 새끼 많은 소 길마 벗을 날 없다.

각관 기생 열녀(烈女)되랴
사람은 타고난 본바탕은 무시할 수 없다. 곧 애써 노력한다고 해서 그 본질(本質)이 바뀌는 것은 아니다.
[同類] 까마귀 학이 되랴? 나무 접시 놋접시 될까? 닭의 새끼 봉이 되랴? 우마(牛馬)가 기린 되랴?

간다 간다 하면서 아이 셋 낳고 간다
벼르기만 하고 질질 끈다.
[同類] 솥 떼어 놓고 삼 년.

간담 상조(肝膽相照)
서로 진심을 터놓고 사귐.

간에 가 붙고 염통에 가 붙는다
자기 이익만 따져 체면이나 지조(志操) 없이 아무에게나 아첨한다.
[同類] 간에 가 붙고 쓸개에 가 붙는다.
[出典] 附肝附念通《東言》

간에 기별도 안 간다
음식을 조금 먹어 양에 차지 않는다.
[同類] 간에 안 찬다. 목구멍의 때도 못 씻었다. 범 바자 먹은 것 같다. 범 나비 잡아 먹은 듯. 쌍태 낳은 호랑이 하루살이 하나 먹은 셈. 주린 범의 가재다. 코끼리 비스킷 하나 먹으나마나. 황새 조알 까먹은 것 같다.

간에 붙었다 쓸개에 붙었다 한다
지조 없이 형편에 따라 아무에게나 아첨한다.

간이 콩알만하다
겁이 나서 몹시 두렵다.

갈모 형제라
아우가 형보다 낫다. (갈모→비올 때 갓 위에 덮어 쓰우는 모자로 위가 뾰족하다)
[出典] 笠帽兄弟 《東言》

갈수록 태산이라
일이 갈수록 점점 더 어려워진다.
[同類] 가도록 심산(深山)이라. 갈수록 수미산(須彌山)이라.
[出典] 去愈須彌山 《東言》

갈치가 갈치 꼬리 문다
동족이나 친한 사이에 서로 헐뜯는다.
[同類] 망둥이가 제 동무 잡아 먹는다. 동족 상쟁(同族相爭).

감기 고뿔도 남을 안 준다
몹시 인색하다.

감나무 밑에 누워 연시 입 안에 떨어지기 바란다

불로소득(不勞所得)이나 요행수를 바란다.
[同類] 홍시(紅柿) 떨어지면 먹으려고 감나무 밑에 가서 누웠다. ↔감나무 밑에 누워도 삿갓 미사리를 대어라.
[出典] 臥柿樹下 望柿落 《東言》

감사(監司) 덕분에 비장(裨將) 나으리 호사한다
남의 덕분에 호사한다. (감사→관찰사(觀察使) 비장→감사를 따라다니는 관원(官員)의 하나)
[同類] 원님 덕분에 나발 분다.

감출 줄 모르고 훔칠 줄만 안다
하나는 알고 둘은 모른다.

감투가 커도 귀가 짐작
어떤 사물의 내용을 짐작한다.
[出·典] 大帽子斟酌耳 《洌上》

갑갑한 놈이 송사(訟事)한다
제게 필요한 사람이 먼저 행동한다.
[同類] 목마른 놈이 샘 판다.

갑작 사랑, 영 이별
갑자기 사랑에 빠지면 오래 가지 않아 아주 헤어진다.
[同類] 쉬 더운 방 쉬 식는다.

값도 모르고 싸다 한다
사정도 모르고 참견한다.
[同類] 값도 모르고 쌀자루 낸다. 금도 모르고 싸다 한다.

값싼 갈치 자반
값싸고 쓰기에도 무던한 물건.

값싼 것이 비지떡
무슨 물건이고 값이 싸면 품

질이 나쁘다.

同類 싼 것이 비지떡.

갓마흔에 첫 버선

오랫동안 바라던 일을 처음으로 이루었을 때 하는 말.

同類 사십에 첫 버선.

갓 쓰고 박치기해도 제 멋

제가 하고 싶어 하는 짓이니 내버려 두라.

同類 도포(道袍) 입고 논을 갈아도 제 멋이라. 동냥 자루도 제 맛에 찬다. 동냥치 첩도 제 멋에 취한다. 오이를 거꾸로 먹어도 제 멋. 지게를 지고 제사를 지내도 제멋이다.

강계(江界)도 평안도 땅이다

동떨어져 퍽 다르게 보이나 사실은 연관이 있다.

강똥 누는 집에는 가지도 말랬다

인색한 사람은 상대도 말라.

강물도 쓰면 준다

흔한 물건이라도 헤프게 쓰면 줄어드니 아껴 쓰라.

강물이 돌을 굴리지 못한다

흐르는 물이 돌을 굴리지 못한다. 곧, 유행(流行)이나 대세(大勢)에 좀처럼 움직이지 않는다.

同類 강류 석불전(江流石不轉). 양반은 물에 빠져도 개헤엄은 안한다. 양반이 얼어 죽을지언정 겻불은 안 쬔다.

강아지 똥은 똥이 아닌가

① 분량이 적다고 그 본질이야 다르겠느냐. ② 아무리 사소한 작은 잘못이라도 발뺌을 할 수는 없다.

강아지 메주 멍석 맡긴 것 같다

믿을 수 없는 사람에게 중요한 일을 맡겨 불안하다.

同類 개에게 된장 덩어리 지키게 하는 격(格). 고양이에게 생선가게를 맡긴 셈. 고양이한테 반찬 단지 맡긴 것 같다. 도둑 팽이더러 제물(祭物) 지켜 달란다. 범에게 개를 빌려준 셈. 호랑이더러 날고기 봐 달란다. 호랑이에게 개를 꿔 준다.

出典 莫以狗子 監此麴肢《耳談》, 犬守燋造網席《東言》

강원도 포수(砲手)

밖에 나간 사람이 얼른 돌아오지 않을 때 하는 말.

同類 의붓아비 소 팔러 보낸 것 같다. 지리산 포수. 함흥차사(咸興差使).

강철이 간 데는 가을도 봄이다
운수가 사나우면 못된 사람의 방해로 일이 실패된다. (강철→전설상 독이 있는 용)

[同類] 황충이 가는 데는 가을도 봄.

[出典] 强鐵去處 秋亦春《旬五》, 强鐵去處 雖秋如春《芝峰》, 强鐵秋《東言》

강태공(姜太公)이 세월 낚듯
시간에 얽매이지 않고 일을 아주 천천히 한다.

[풀이] 중국 주(周)나라 때의 정치가 강태공이 벼슬을 하기 전에 세월을 보내기 위하여 위수(渭水)가에서 곧은 낚시질을 하였다는 고사(故事)에서 나온 말.

[同類] 강태공의 곧은 낚시질. 세월아 좀 먹어라.

강한 말은 매놓은 기둥이 상한다
집에서 아이들을 심하게 다루면 마음이 상하여 좋지 않다.

갖바치 내일 모레
약속한 날짜를 하루 이틀 자꾸 미룬다. (갖바치→가죽신을 만드는 사람)

[同類] 고리 백정 내일 모레. 차일피일(此日彼日). 피쟁이 내일 모레.

[出典] 皮匠再日《東言》

갖에서 좀 난다
제 가죽에서 좀이 난다. 곧 한 형제나 집안끼리의 다툼 (갖→가죽)

[同類] 자피생충(自皮生虫).
제 갖에 좀 난다. 제 언치 뜯는 말이라.

같은 값이면 다홍치마
값이 같다면 소득이 더 많거나 겉보기에 좋은 것으로 택한다.

[同類] 같은 값이면 과부집 머슴살이. 같은 값이면 검정소를 삼아먹는다. 같은 값이면 처녀. 같은 새경이면 과부집 살이. 같은 열닷 냥이면 과부집 머슴살이. 동가 홍상(同價紅裳).

[出典] 同價紅裳《松南》, 同價粉紅裳《東言》

같은 값이면 은가락지 낀 손에 맞으랬다
꾸지람 들을 형편이면 덕망이 있는 사람에게 꾸지람을 듣는 편이 낫다.

[同類] 뺨을 맞아도 은가락지 낀 손에 맞는 것이 좋다. 욕을 먹어도 당감투 쓴 놈한테 들어라.

같은 떡도 맏며느리 주는 것이 더 크다
맏며느리는 한 집안의 살림을 관장하고 있으며, 시부모를 직접 봉양하는 처지이기 때문에 하는 말.

같이 우물 파고 혼자 먹는다
노력은 여럿이 하고 그 이득은 혼자 차지한다.

개가 똥을 마다한다
좋아하는 것을 싫다고 거절할 때 하는 말.
[同類] 까마귀가 고욤을 마다한다. 까마귀가 오디를 마다한다. 고양이가 쥐를 마다한다. 개가 똥을 피한다.

개같이 벌어서 정승같이 먹는다
천한 직업일지라도 부지런히 벌어서 떳떳하게 산다.

개같이 벌어서 정승같이 산다
천한 일을 가리지 않고 돈을 벌어서 고귀하게 산다.
[同類] 개처럼 벌어서 정승같이 쓴다. 돈은 더럽게 벌어 깨끗이 쓰면 된다.

개고기는 언제나 제 맛이다
제 버릇은 버리지 못한다.
[同類] 제 버릇 개 줄까? 보리로 담근 술에 보리 냄새 안 빠진다.

개구리 낯짝에 물 붓기
어떤 일을 당하여도 태연하다.

개구리도 옴쳐야 뛴다
무슨 일을 하든지 준비 기간이 있어야 한다.
[同類] 나는 새도 깃을 쳐야 난다. 나는 새도 움직여야 한다.
[出典] 蛙惟跼矣 乃能躍矣《耳談》

개구리 올챙이 적 생각을 못한다
부자가 되면 가난하던 때 생각은 못 한다.
[同類] 올챙이 적 생각은 못 하고 개구리 된 생각만 한다.

개구리 주저앉은 뜻은 멀리 뛰자는 뜻이다
남이 보기에는 좌절한 것처럼 보이나 큰 일을 하기 위한 준비 태세다.
[同類] 굼벵이가 지붕에서 떨어지는 것은 매미 되자는 예산이 있어 떨어진다. 굼벵이가 지붕에서 떨어질 때는 생각이 있어 떨어진다. 장비자익복(將飛者翼伏).

개구멍에 망건(網巾) 치기
한 가지 손해를 막으려다가 두 가지 손해를 본다.

개구멍으로 통량(統涼) 갓을 굴려 낼 놈
교묘하게 사기 수단을 쓰는 사람.

개꼬락서니 미워서 낙지 산다
제가 미워하는 사람에게 그 사람이 싫어하는 일을 한다.

개 꼬리 삼 년 두어도 황모(黃毛) 못 된다.
제 천성은 고치기가 어렵다.
[同類] 개 꼬리 삼 년 묻어도 황모되지 않는다. 오그라진 개 꼬리 대봉통에 삼 년 두어도 아니 펴진다.
[出典] 狗尾三朞 不成貂皮《耳談》, 三年狗尾 不爲黃毛《東言》

개 눈에는 똥만 보인다
자기가 어떤 물건을 좋아하면 비슷한 것이 다 그것처럼 보인다.

개도 나갈 구멍을 보고 쫓아라
빠져 나갈 길을 내 놓고 쫓아야 한다.

개도 무는 개를 돌아본다
악한 사람인 줄 알면 화를 입을까 하여 조심하고 잘 대하여 준다.
[同類] 개도 사나운 개를 돌아본다. 보채는 아이 젖 준다.
[出典] 諸狗趁後 必顧瘋狗《耳談》

개도 주인을 알아본다
은혜를 모르는 사람을 개만도 못하다고 비유하는 말.
[同類] 개도 닷새가 되면 주인을 알아본다. 개 새끼도 주인을 보면 꼬리를 친다.

개두 환면(改頭換面)
일의 근본을 고치지 않고 사람만 갈아서 그대로 시킴.

개똥도 약에 쓰려면 없다
흔한 물건도 필요하여 찾으면 눈에 띄지 않는다.
[同類] 까마귀 똥도 약이라니까 물에 깔긴다. 까마귀 똥도 열닷 냥 하면 물에 깔긴다. 하던 지랄도 멍석 펴 놓으면 안 한다. 개똥도 약에 쓰려면 안 보인다.

개똥밭에 굴러도 이승이 좋다
아무리 구차하게 살지라도 죽는 것보다는 사는 것이 낫다.
[同類] 거꾸로 매달아도 사는 세상이 낫다. 말똥에 굴러도 이승이 좋다. 산 개가 죽은 정승보다 낫다. 소여(小輿), 대여(大輿)에 죽어 가는 것이 헌 옷 입고 볕에 앉았는 것만 못하다. 죽은 정승이 산 개만 못하다.

개똥밭에 이슬 내릴 때가 있다
천한 사람이라도 행운을 만날 날이 있다.

개똥밭에 인물 난다
지체 낮은 집안에서 호걸이 난다.

개똥이 무서워서 피하나, 더러워 피하지
악한 사람하고는 아예 상종하지 않고 피하는 것이 낫다.

개똥 참외는 먼저 맡는 이가 임자다
주인이 없는 물건은 먼저 맡는 사람이 가지게 된다.

개를 따라가면 측간으로 간다
좋지 않은 사람과 사귀면 결국 좋지 못한 데로 가게 된다.
[出典] 較狗如厠《東言》

개 머루 먹듯
그 내용은 알지 못하고 건성으로 넘긴다.
[同類] 개가 약과 먹는 것 같다. 꿀단지 겉 핥는다. 수박 겉 핥기. 후추 왼 채로 삼킨다. 주마 간산(走馬看山).

개 못된 것은 들에 가서 짖는다
집에서는 짖지 않고 나가서 짖는다. 곧 못난 이는 아무 소용도 없는 짓을 한다.

개미가 거동하면 비가 온다
개미떼가 길에 많이 나오면 비가 올 징조다.

개미 구멍으로 공든 탑 무너진다
조그마한 불실(不實)로 큰 손해를 가져온다.

[同類] 큰 방축도 개미 구멍으로 무너진다.

개미 금탑(金塔) 모으듯 한다
부지런히 벌어서 알뜰히 재산을 저축한다.

[出典] 如蟻輸垤 《旬五》, 如蟻偸垤 《松南》

개미에게 불알 물렸다
보잘것없는 것한테 피해를 입었다.

개미 쳇바퀴 돌듯 한다
① 가지 못하고 제자리에서 뱅뱅 맴돌기만 한다. ② 애는 쓰지만 큰 진전이 없이 제자리 걸음만 한다.

[同類] 다람쥐 쳇바퀴 돌듯. 돌다가 보아도 물방아.

[出典] 蟻環篩輪 《松南》

개 발에 편자
격에 어울리지 않는다. (편자→말굽에 붙이는 쇳조각)

[同類] 개 발에 놋대갈. 개 발에 주석 편자. 가게 기둥에 입춘(立春). 개에게 호패(號牌). 거적문에 돌쩌귀. 돼지 우리에 주석 자물쇠. 사모(紗帽)에 영자(纓子). 삿갓에 쇄자질. 조리에 옻칠한다. 짚신에 구슬 감기. 짚신에 국화 그리기. 짚신에 정분 칠하기.

개 밥에 도토리
여러 사람과 어울리지 않고 혼자 외톨로 돈다.

[出典] 狗飯橡實 《東言》

개 방귀 같다
시시해서 있는지 없는지 잘 알지 못한다.

개 보름 쇠듯 한다
명절날 음식도 해 먹지 못하고 넘긴다.

[풀이] 옛날 풍속에 정월 대보름날은 개에게 음식을 주면 그 해 여름에 파리가 많이 꾀고 개가 마른다 하여 개를 굶긴 데서 나온 말.

[同類] 상원(上元) 개 같다. 상가(喪家)집 개 같다.

[出典] 是日不飼犬 飼之則多蠅而瘦 故也 俗戲餓者 比之上元犬 《東歲》

개 뼈다귀 은(銀) 올린다
아무 쓸데없는 겉치레에 돈을 들인다.

개살구도 맛들일 탓
무슨 일이든지 재미를 붙이면 좋아진다.

[同類] 쓴 배도 맛들일 탓.

개살구 지레 터진다
시원찮은 놈이 젠체하고 날뛴다. (지레→먼저)

[同類] 시지도 않아서 군내부터 먼저 난다. 열무 김치 맛도 안 들어서 군내부터 난다.

개새끼도 주인을 보면 꼬리를 친다
은혜를 모르는 사람을 빗대어 조롱하는 말.
[同類] 개도 닷새가 되면 주인을 알아본다. 개도 주인을 알아본다.

개 쇠 발괄 누가 알꼬
조리 없는 말은 아무도 이해할 수 없다.

개싸움에 물 끼얹는다
개싸움에 물을 끼얹으면 더 시끄러워지니, 몹시 시끄럽게 떠들어댄다.

개 잡아먹고 동네 인심 잃고, 닭 잡아먹고 이웃 인심 잃는다
색다른 음식을 해서 고루 나누어 먹기 힘들다.

개 장수도 올가미가 있어야 한다
무슨 일이나 그에 필요한 준비가 잘 되어 있어야만 좋은 결실을 볼 수 있다.
[同類] 거미도 줄을 쳐야 벌레를 잡는다.

개천에 나도 제 날 탓이라
미천(微賤)한 집안에 태어나도 저만 잘 하면 얼마든지 훌륭하게 될 수 있다.

개천에 내다 버릴 종 없다
미련하고 못난 사람도 쓰일 데가 있다.
[同類] 사람과 쪽박은 있는 대로 쓴다.
[出典] 豈有溝瀆 可棄奴僕《耳談》

개천에 든 소
개천에 든 소는 양편 언덕의 풀을 뜯어 먹을 수 있다. 곧 먹을 복이 터졌다. 또는 양쪽 이익을 동시에 볼 수 있다.
[同類] 도랑에 든 소. 일석이조(一石二鳥). 일거양득(一擧兩得).

개천에서 용 난다
보잘것없는 변변찮은 집안에서 훌륭한 인물이 나온다.
[同類] 개똥밭에 인물 난다. 누더기 속에서 영웅 난다.
[出典] 未有窪溝而産神蚪《耳談》, 開川龍出乎《東言解》

개 팔아 두 냥반
못난 양반을 놀리는 말.
[同類] 돌 팔아 한 냥, 개 팔아 닷 돈 하니 양반인가, 양반(兩班)인가, 두 냥반(兩半)인가?

개 팔자가 상팔자라
한가하게 놀 수 있는 형편, 벌이하지 않아도 밥 걱정 없다.

개하고 똥 다투랴
본성이 포악한 사람하고 이득이나 시비를 가릴 수 없다.

객주(客主)가 망하려니 짚단만 들어온다
일이 잘 안 되려면 이득이 없는 일만 생긴다. (객주→물건의 매매를 소개하고 장사꾼들을 재우기도 하는 영업)

[同類] 마판이 안 되려면 당나귀 새끼만 모여든다. 어장(漁場)이 망하려면 해파리만 끓는다. 여각(旅閣)이 망하려면 나귀만 든다.

객지 생활 삼 년에 골이 빈다
제 집을 떠나면 아무리 잘 해준다 해도 고생이다.

거둥길 닦아 놓으니까 깍쟁이가 먼저 지나간다
애써 해 놓으니까 하찮은 것이 먼저 이용한다.

[同類] 길 닦아 놓으니까 미친 년이 먼저 지나간다. 길 닦아 놓으니까 용천뱅이 지랄한다. 치도(治道)하여 놓으니까 거지가 먼저 지나간다. 길 닦아 놓으니 문둥이부터 지나간다.

거둥에 망아지 새끼 따라다니듯 한다
요긴하지 않은 사람이 쓸데없이 이곳 저곳 따라다닌다.

거문고 인 놈이 춤을 추면 칼 쓴 놈도 춤을 춘다
거문고와 형틀[刑具]인 칼의 모양이 비슷하여 저는 할 만한 처지가 못되는 데도 남이 하니까 따라 한다.

[同類] 남이 은장도(銀粧刀)를 차니 나는 식칼을 낀다. 남이 장 간다고 하니 거름지고 나선다. 비단 올이 춤을 추니 베 올도 춤을 춘다. 잉어·숭어가 오니 물고기라고 송사리도 온다. 학(鶴)이 곡곡하고 우니 황새도 곡곡하고 운다.

[出典] 荷琵琶者抃荷桎梏者亦抃《旬五》, 瑟琶者舞 枷者亦舞《東言》

거미는 작아도 줄만 친다
몸집은 작지만 저 할 일은 제 스스로 다한다.

[同類] 제비는 작아도 강남 간다. 참새는 작아도 알만 잘 낳는다.

거미도 줄을 쳐야 벌레를 잡는다
무슨 일을 하든지 거기에 필요한 준비나 도구가 있어야 그 일을 할 수 있다.

[同類] 개 장수도 올가미가 있어야 한다. 잠을 자야 꿈을 꾸지. 산에 가야 범을 잡지.

거미 알 까듯
좁은 곳에 많은 수가 밀집하여 있는 모양.

거미 알 슬듯
① 동식물이 많이 번식하는 모양. ② 이리저리 어수선하게 흩어져 있는 모양.

거미줄로 방귀 동이듯 한다

몹시 가늘고 약한 거미줄로 형상도 없는 방귀를 동여맨다는 것이니, 건성으로 일하는 체 한다.

거북이 잔등의 털을 긁는다
털이 나지 않는 거북이 등에서 털을 긁을 수 없듯이 찾아도 구할 수 없는 데서 구한다.
[同類] 연목 구어(緣木求魚)
[出典] 龜背上刮毛《旬五》

거적문에 돌쩌귀
격에 어울리지 않는다.
[同類] 개 발에 편자.

거지가 도승지(都承旨)를 불쌍타 한다
제 불행한 처지는 생각하지 않고 도리어 저보다 나은 사람을 동정한다. (도승지→승정원(承政院)의 으뜸가는 벼슬로서 아침 일찍 대궐에 들어가 임금께 문안을 드렸음).
[同類] 비렁뱅이가 하늘을 불쌍히 여긴다.
[出典] 乞人憐天《松南》

거지가 말 얻은 것
피로운 중에 더욱 피로운 일이 생겼음.

거지가 밥술이나 먹게 되면 거지 밥 한 술 안 준다
가난하게 살던 사람이 형세가 나아지면 어려운 사람 생각을 못 한다.
[同類] 개구리 올챙이 적 생각을 못한다.

거지도 부지런하면 더운 밥을 얻어먹는다
사람은 부지런해야 잘 살 수 있다.
[同類] 개도 부지런해야 더운 똥을 얻어먹는다.

거지도 손볼 날이 있다
아무리 가난하더라도 어쩌다가 손님이 올 때가 있으니 대접할 물건은 미리미리 장만해 두어야 한다.
[同類] 개도 손들 날이 있다.

거지 옷해 입힌 셈이다
보답(報答)할 처지가 못되는 이에게 은혜를 베푼다.
[同類] 거지 베 두루마기 해 입힌 셈만 친다.

거짓말이 외삼촌보다 낫다
거짓 말도 경우에 따라서는 처세(處世)에 이롭다.
[同類] 거짓말도 잘하면 오히려 논 닷 마지기보다 낫다.

걱정도 팔자
남의 일까지 걱정할 때 핀잔주는 말.

건곤 일척(乾坤一擲)
운명과 흥망을 걸고 단판걸이로 승부나 승패를 겨룸.

건너다보니 절터
① 겉으로만 봐도 거의 짐작할 수 있다. ② 남의 것이라 욕심을 내어도 소용이 없다.

건넛 산 보고 꾸짖기
남을 비난하거나 욕할 때, 직

접 하지 않고 간접으로 한다.

同類 전녓 술막 꾸짖기

건대놈 풋 농사 짓기
① 애써 한 일이 헛일이 되다.
② 처음에는 남보다 잘 되어도 나중에는 뒤떨어진다.

건들 팔월
음력 팔월은 추수 때이므로 바삐 왔다갔다 하다 보면 어느 새 지나간다는 말.

同類 동동 팔월.

걷고 가다가도 날만 보면 타고 가자 한다
① 혼자 있을 때는 저 혼자 일을 처리해 나가다가도 사람만 만나면 의지하려고 한다. ② 사람이 궁하면 비천해져서 모두가 업신여긴다.

同類 저 걷던 놈도 날만 보면 타고 가려네.

걷기도 전에 뛰려고 한다
쉬운 것도 못하면서 단번에 어려운 일을 하려고 한다.

同類 기도 못하고 뛰려 한다. 기도 못하는 게 날려 한다. 기지도 못하면서 뛰려고 한다. 아직 이도 나기 전에 갈비 뜯는다. 이도 아니 나서 콩밥을 씹는다. 이도 아니 나서 황밤을 씹는다. 이도 안 난 것이 뼈다귀 추렴하겠단다. 지붕의 호박도 못 따며 하늘의 천도(天桃) 따겠단다. 푸둥지도 안 난 것이 날려고 한다.

검둥개 목욕 감기듯
① 원체 검어 좀처럼 깨끗해지기 어렵다. ② 나쁜 사람이 끝내 제 잘못을 뉘우치지 못한다.

出典 烏狗之浴 不變其黑《耳談》, 黔狗浴《東言》

검은 고기 맛 좋다 한다
피부가 검은 사람을 놀리며 하는 말.

검은 머리 짐승은 구제 말란다
사람은 제가 입은 은혜를 갚을 줄 모르고 오히려 해를 입히려 한다고 핀잔 주는 말.

同類 머리 검은 짐승은 남의 공을 모른다.

겉보릿단 거꾸로 묶은 것 같다
보릿단을 이삭 쪽에서 묶어 놓은 것같이 모양이 없다.

겉 볼 안이라
겉만 보아도 그 속 내용이 어떠한가 짐작할 수 있다.

同類 건너다보니 절터.

게 눈 감추듯 한다
게가 눈을 감추는 것처럼 빨리 음식을 먹는다.
[同類] 두꺼비 파리 잡아먹듯. 마파람에 게 눈 감추듯.

게도 구럭도 다 잃었다
어떤 일을 하려다가 이루지도 못하고 도리어 손해를 보았다.
(구럭→망태기)
[同類] 달아나는 노루 보고 얻은 토끼 놓았다. 멧돝 잡으려다 집돝까지 잃었다. 혹 떼러 갔다가 혹 붙였다.
[出典] 蟹筐俱失《旬五》,《松南》,《東言》, 蟹旣逸 網又失《洌上》

게 새끼는 나면서 집는다
① 누구든지 타고난 천성(天性)대로 행동한다. ② 본성이 나쁜 놈은 어려서부터 못된 짓을 한다.
[同類] 게 새끼는 집고 고양이 새끼는 할퀸다.
[出典] 蟹子雖纖 螯已知箝《耳談》

게으른 선비 책장 넘기기
글 읽는 데 몰두하지 않고 얼마나 읽었나 책장만 헤아린다. 곧 일에 정신을 쏟지 않고 그 일에서 벗어날 궁리만 한다.
[同類] 게으른 년이 삼가래 세고, 게으른 놈이 책장 센다. 게으른 여편네 밭고랑 세듯. 게으른 일꾼 밭고랑 세듯. 풀 베기 싫은 놈이 단수만 센다.
[出典] 如懶儒翻册丈《東言》

게 잡아 물에 놓았다
애써서 한 일이 아무 소득이 없다.
[出典] 捉蟹放水《旬五》,《松南》,《東言》

겨 묻은 개가 똥 묻은 개를 나무란다
제 허물은 모르고, 남의 잘못만 탓한다.
[同類] 겨 묻은 개, 똥 묻은 개를 흉본다. 겨 묻은 돼지가 똥 묻은 돼지를 흉본다. 가랑잎이 솔잎더러 바스락거린다고 한다. 겨울 바람이 봄바람 보고 춥다 한다. 샛바리 짚바리 나무란다.

겨울이 지나지 않고 봄이 오랴
무슨 일에나 순서가 있는 법인데 아무리 급하다 해도 그 순서를 무시하고 건너뛰거나 뒤바꾸어 행할 수 없다.

겨울 화롯불은 어머니보다 낫다
추울 때는 화롯불이 제일이다.

격화 소양(隔靴搔癢)
신을 신고 발바닥을 긁는다. 곧 성이 차지 않는다.

견마지로(犬馬之勞)
① 임금이나 나라에 충성을 다하는 노력. ② 자기의 노력.

견물 생심(見物生心) 물건을 보니 갖고 싶은 욕심이 생긴다.

견원지간(犬猿之間)
개와 원숭이처럼 서로 원수처럼 지내는 나쁜 사이.

결초 보은(結草報恩)
죽어 혼령이 되어도 은혜를 잊지 않는다. 남의 은혜에 깊이 느낄 때 하는 말.

경주(慶州) **돌이면 다 옥돌**〔玉石〕**인가**
경주 돌이 다 옥돌이 아니듯이 좋은 집안에서 악인이 나오기도 하므로 무엇이나 그 이름만 따를 것이 아니다.
[同類] 처녀면 다 처년가.

경주인(京主人) **집에 똥 누러 갔다가 잡혀 간다**
억울한 일을 당하였을 때 하는 말.
[풀이] 경주인은 지방 관아(官衙)의 일을 보는 서울에 거주하는 관리. 체납(滯納)이 되면 차사(差使)가 와서 그 집 사람을 몽땅 잡아 간데서 나온 말.

계란에도 뼈가 있다
운수 나쁜 사람은 무슨 일을 해도 잘 되지 않는다.
[同類] 계란에 유골(有骨).
[出典] 鷄卵有骨《松南》,《東言》

계(契) **술에 낯내기**
남의 것으로 생색을 낸다.
[同類] 계주 생면(契酒生面). 상주 쌀에 낯내기. 상주 술에 낯내기. 상주 술에 벗 사귄다.
[出典] 母將社酒 以悅吾友《耳談》, 契酒生面《東言》

계집 둘 가진 놈의 창자는 호랑이도 안 먹는다
처첩(妻妾)을 여럿 거느리고 사노라면 속 썩이는 일이 많아 날고기를 먹는 호랑이가 썩은 속(창자)은 안 먹는다.

계집 때린 날 장모 온다
불화(不和)가 있을 때 우연히 난처한 일이 겹친다.
[同類] 이 아픈 날 콩밥 하기.

계집 바뀐 건 모르고 젓가락짝 바뀐 건 안다
큰 변화는 모르고 지내면서 작은 이상(異常)은 금방 안다.

계집의 곡한 마음 오뉴월에 서리 친다
여자들의 원한과 저주(詛呪)는 오뉴월에 서릿발이 칠 만큼 매섭고 독하다.
[同類] 일부 함원(一婦含怨)에 오월 비상(五月飛霜)이라. 계집의 말은 오뉴월 서리가 싸다. 계집의 악담은 오뉴월에 서리 온 것 같다.

[出典] 五月飛霜《松南》

계집의 매도 너무 맞으면 아프다
서로 가까운 사이라도 여러 번 무람없이 굴면 불쾌하다. 친한 사이라도 서로간에 지켜야 할 예의는 잃지 말라.

[同類] 어린 아이 매도 많이 맞으면 아프다.

[出典] 妻毆雖弄 恒受則痛《耳談》

계집 입싼 것
여자들의 말 많은 것은 유익함이 없이 화만 가져 온다.

[同類] 어린애 입 잰 것. 노인 부랑한 것. 돌담 배부른 것. 맏며느리 손 큰 것. 사발 이 빠진 것. 중 술 취한 것. 지어미 손 큰 것.

계(契) 타고 집 판다
운이 좋아 이를 보았다가 그 때문에 더 손해를 보게 된다.

고기 값이나 하지
개죽음을 당하지 말라.

고기는 씹어야 맛이요, 말은 해야 맛이라
할 말이 있으면 마음 속으로만 끙끙 앓지 말고 속 시원히 해야 한다.

[同類] 고기는 씹어야 맛이 나고, 말은 해야 시원하다. 말 아니하면 귀신도 모른다.

고기도 씹어야 맛을 안다
겉으로만 핥아서는 진정한 맛을 알 수 없다.

고기도 저 놀던 물이 좋다
자기가 살던 정든 고장, 정든 사람들과 지내는 것이 좋다.

고기 말린(만진) 손 국 솥에 씻는다
지나치게 인색한 사람을 흉보는 말.

[同類] 모기 다리의 피 뺀다. 벼룩의 간을 내어 먹는다. 벼룩의 선지를 내어 먹는다.

고기 보고 부럽거든 가서 그물을 뜨라
무슨 일이든지 실행하지 않으면 성공할 수 없으니 어려운 일이라도 준비 단계부터 차근차근 행동에 옮겨야 한다.

[出典] 臨淵羨魚 不如退而結網《漢書》, 臨河而羨魚 不如歸家織網《淮南》

고기 한 점이 귀신 천 마리를 쫓는다
병약(病弱)하면 온갖 잡신(雜神)이 모여 든다. 곧 몸이 쇠약해졌을 때는 고기를 먹고 몸을 보해야 한다.

[同類] 밥 한 알이 귀신 열을 쫓는다.

고드름 초장 같다
겉으로 보기에는 훌륭하나 아무 맛이 없다.

고래 싸움에 새우 등 터진다
남의 싸움에 끼어 들면 피해를 입는다.

[同類] 고래 싸움에 치인 새우. 독 틈에 탕관(湯罐).

出典 鯨戰鰕死《旬五》,《東言》鯨鬪鰕死《耳談》

고려 공사 삼일(高麗公事三日)
계획성이 없어서 자주 고치고 바꾼다.
同類 조선 공사 삼일(朝鮮公事三日). 중의 공사가 삼일.
出典 高麗公事三日《世宗》,《旬五》

고려 적 잠꼬대
현실과 동떨어진 말을 하는 것을 비웃는 말.

고름이 살 되랴
이왕 그르친 일은 돌이킬 수 없으니 깨끗이 단념하라.
同類 부스럼이 살 될까? 코딱지 두면 살이 되랴?

고리 백정(白丁) 내일 모레
同類 갓바치 내일 모레.

고린 장이 더디 없어진다.
좋지 않은 물건은 쉬 없어지기를 바라나 그렇지 못하다.

고삐가 길면 밟힌다
계속하면 마침내 들키게 된다.
同類 오래 앉으면 새도 살을 맞는다. 재미나는 골에 범 나온다. 꼬리가 길면 밟힌다.

고사리도 꺾을 때 꺾는다
무슨 일이든 그에 알맞는 시기가 있으니 그 때를 놓치지 말고 하라는 뜻.
同類 쇠뿔도 단김에 뽑는다.

고생 끝에 낙(樂)이 있다
어려운 일을 겪고 나면 즐거운 일이 돌아온다.
同類 고진 감래(苦盡甘來)

고슴도치도 제 새끼는 함함하다고 한다.
① 제 자식의 잘못은 모르고 덮어놓고 옹호한다는 뜻. ② 부모의 눈에는 제 자식이 다 잘나 보인다는 뜻.
同類 범도 제 새끼 있는 데를 두남둔다.
出典 蝟愛子 謂毛美《洌上》

고슴도치 외 따 지듯
빚을 많이 걸머짐.

고양(高陽) 밥 먹고 양주(楊州) 구실
제가 할 일은 않고 남의 일을 하다. (고양·양주→경기도의 서로 인접한 군(郡) 이름)
同類 제 밥 먹고 상전 위한다. 양주 밥 먹고 고양 구실.

고양이가 발톱을 감춘다
① 재주 있는 사람은 그 능력을 드러내지 않는다. ② 남을 해칠 속셈을 드러내지 않는다.
同類 포서지묘(捕鼠之猫)는 익조(匿爪)라. 군자애구 호표애피(君子愛口 虎豹愛皮).

고양이 덕(德)과 며느리 덕은 알지 못한다
모르는 사이에 은공을 많이 입지만 눈에 뚜렷이 나타나지 않으므로 은혜를 입은 자가 알아주지 않는다.
出典 猫德婦德不知《東言》

고양이 목에 방울 달기
실천에 옮기기 불가능한 일을 가지고 서로 헛되이 토의한다.
[同類] 묘항 현령(猫項懸鈴)
[出典] 猫項縣鈴《旬五》,《松南》,《東言》

고양이 보고 반찬 가게 지켜 달란다
[同類] 강아지에게 메주 멍석 맡긴 것 같다. 호랑이더러 날고기 봐 달란다.

고양이 앞에 고기 반찬
제가 좋아하는 것이면 남이 손 댈 겨를 없이 처치한다.

고양이 앞의 쥐걸음
무서운 사람 앞에서 썰썰 김.

고양이 죽은 데 쥐 눈물만큼
쥐가 고양이 죽은 데 눈물 흘 릴 리 없으니 아주 없거나 있 어도 극히 적다.
[同類] 시앗 죽은 눈물만큼.

고양이 쥐 생각
생각지도 않으면서 겉으로만 위하는 체하다.

고와도 내 님, 미워도 내 님
좋으나 나쁘나 한 번 맺은 정은 어쩔 수 없다.
[同類] 흥 각각, 정 각각.

고운 사람 미운 데 없고, 미운 사람 고운 데 없다
남을 한 번 좋게 보면 그 사 람이 하는 일이 모두 좋게 보 이고, 한 번 밉게 보면 다 밉 게만 보인다.
[同類] 고용 사람은 떡 쒸워도 곱다.
[出典] 愛人無可憎 憎人無可愛《旬五》

고운 일 하면 고운 밥 먹는다
좋은 일을 하면 좋은 결과가, 나쁜 일을 하면 나쁜 결과가 돌아온다.
[同類] 인과 응보(因果應報). 고자쟁이가 먼저 죽는다.

고육지책(苦肉之策)
적을 속이는 수단으로 제 몸을 괴롭히는 것도 돌보지 않고 쓰는 계책.

고자리 쑤시듯 하다
함부로 쑤시다.

고자쟁이가 먼저 죽는다
남을 해치려고 하면 오히려 자기가 먼저 해를 당한다.

고자 처가집 드나들듯
분주하게 왔다갔다 한다.
[同類] 내관의 처가 출입하듯.

고장 난명(孤掌難鳴)
혼자서는 하기 어렵다. 서로 같으면 싸움이 안 된다.

고추나무에 그네를 뛰고 잣 껍질로 배를 만들어 타겠다
세상 말세에나 있을 괴상망측한 짓을 한다.

고추는 작아도 맵다
몸집은 작지만 성질이 모질고, 일을 당차게 한다.
[同類] 고추보다 후추가 더 맵다. 작은 고추가 더 맵다.

작아도 고추알. 제비는 작아도 강남 간다.

고추보다 후추가 더 맵다
① 작은 이가 큰 사람보다 뛰어남의 비유. ② 뛰어난 사람보다 더 뛰어난 사람이 있다.

고추장 단지가 열둘이라도 서방님 비위를 못 맞춘다
성미가 까다로워 비위 맞추기가 힘들다.
[同類] 반찬 항아리가 열둘이라도 서방님 비위를 못 맞추겠다.

고침 단명(高枕短命)
베개를 높이 베고 자면 오래 살지 못한다.
[同類] 동방삭(東方朔)이는 백지장도 높다고 하였다 한다.

곡식 이삭은 잘 될수록 고개를 숙인다
이삭이 잘 익으면 고개를 숙이듯이 훌륭한 사람일수록 교만하지 않고 겸손하다.
[同類] 조 이삭은 팰수록 고개를 숙인다.

곡우(穀雨)에 가물면 땅이 석 자가 마른다
늦은 봄철에 가물면 그 해는 한해(旱害)로 농사에 큰 지장이 있다.

곡학 아세(曲學阿世)
정도를 벗어난 학문으로 세상 사람에게 아첨함.

곤자소니에 발기름이 끼었다
자기 형편이 좀 넉넉하게 되었다고 호기 있게 뽐내는 사람을 이르는 말. (곤자소니→소의 똥구멍 속에 있는 창자. 발기름→짐승의 뱃가죽 바닥에 붙어 있는 기름덩이)
[同類] 배 때가 벗었다. 배에 발기름이 끼었다.

곤장 메고 매 맞으러 간다
스스로 화를 부른다.
[同類] 폭탄(爆彈) 지고 불로 들어간다. 형틀 지고 와서 볼기 맞는다.

곤쟁이 주고 잉어 낚는다
적은 자본을 들이고 큰 이익을 본다.
[同類] 되로 주고 말로 받는다. 보리밥알로 잉어 낚는다. 새우 새끼로 잉어 낚는다. 한 되 주고 한 섬 받는다.
[出典] 蝦爲餌 釣巨鯉《洌上》

곤지 주고 잉어 낚는다
[同類] 곤쟁이 주고 잉어 낚는다. 되로 주고 말로 받는다.

곧은 나무 먼저 찍힌다
촉망 받던 똑똑한 사람이 먼저 사라진다.
[同類] 곧은 나무 쉬 꺾인다. 나무도 쓸 만한 건 먼저 베인다. 모난 돌이 정 맞는다.

끓어도 젓국이 좋고, 늙어도 영감이 좋다
다 절은 젓국이 맛있듯이 사람은 늙어도 제 남편이 좋다.

곰 가재 뒤지듯
느릿느릿 물건을 뒤지는 꼴.

곰 창날 받듯
어리석고 미련한 사람이 제가 저를 해치는 짓을 한다.

곱슬머리(고수머리) 옥니박이하고는 말도 말랬다
흔히 박정(薄情)하고 인색하다 하여 이르는 말.

공것이라면 소도 잡아먹는다
공것을 좋아한다.

同類 공것이라면 눈도 벌렁 코도 벌렁. 공것이라면 비상(砒霜)도 먹는다. 공것이라면 양잿물도 들고 마신다. 공술 한 잔 보고 십 리 간다.

공든 탑이 무너지랴
공을 들이고 힘을 들여서 한 일은 쉽사리 실패하지 않는다.

出典 積功之塔 不墮《旬五》,《松南》, 積功塔 不虛塌《洌上》, 積功之塔 終古不塌《耳談》, 功之塔 豈毀乎《東言》

공부하랬더니 개잡이를 배웠다
좋은 일을 하라고 권했더니 엉뚱하게도 못된 짓을 배웠다.

공연한 제사 지내고 어물(魚物)값에 졸린다
하지 않아도 될 일을 하고 그 후환을 입게 되었다.

공중에 쏘아도 알관만 맞춘다
힘들이지 않고 한 일이 아주 중요한 성과를 거두었다.
(알관→알과녁, 과녁의 한복판)

出典 射空中鵠《旬五》, 仰射空貫革中《洌上》

곶감 꼬치에서 곶감 빼먹듯
힘들여 저축한 것을 하나하나 소비해 간다.

과공(過恭)이 비례(非禮)
지나치게 공경함은 도리어 예의가 아니다.

과물전(果物廛) 망신은 모과(木瓜)가 시킨다
못난 것일수록 동료(同僚)를 망신시키는 못된 짓을 한다.

同類 과일 망신은 모과가 시킨다. 둠벙 망신은 미꾸라지가 시킨다. 생선 망신은 꼴뚜기가 시킨다. 어물전 망신은 꼴뚜기가 시킨다. 친구 망신은 곱사등이가 시킨다. 황아장수 망신 고불통이 시킨다.

과부는 은이 서 말, 홀아비는 이가 서 말
과부는 돈 모으고 살아도 홀아비는 생활이 곤궁하다.

과부 사정은 과부가 안다
남의 사정은 같은 처지에 있는 이만이 안다.
[同類] 과부 설움은 동무 과부가 안다.

과부 은(銀) 팔아먹기
과부는 가지고 있는 재산으로 먹고 산다.
[同類] 과부는 은이 서 말이다.
[出典] 寡婦宅賣銀食 《東言》

과부집 수캐 같다
근거 없는 말을 사실인 것처럼 꾸며 일을 저지르는 사람을 이르는 말.
[同類] 장난을 하는 것은 과부집 수캐.
[出典] 寡婦宅雄猫 《東言》

과전 불납리(瓜田不納履)
오이 밭에서 신을 고쳐 신지 말라는 뜻으로, 오해 받기 쉬운 일은 하지 말라는 말.

곽란에 약 지으러 보내면 좋겠다
행동이 매우 둔하다.

관가 돼지 배 앓는 격
근심이 있어도 알아주는 이 없이 혼자 끙끙 앓는다.

관 돼지 배앓기
관가의 돼지가 배를 앓아도 누가 알아서 걱정해 주는 사람이 없다.
[同類] 관가 돼지 배 앓는 격.
[出典] 官猪腹痛 《旬五》,《東言》

관포지교(管鮑之交)
중국의 관중과 포숙 같은 사귐. 곧 친구 사이의 허물없이 다정한 교제.

광에서 인심 난다
여유가 있어야 남을 돕는다.
[同類] 쌀독에서 인심 난다.

광음 여전(光陰如箭)
세월은 화살처럼 빠르고 다시 돌아오지 않는다.

괴 죽 쑤어 줄 것 없고, 생쥐 볼가심할 것 없다
몹시 가난하여 아무것도 없다.
(괴→고양이의 옛말, 방언)
[出典] 無饋猫鼻 無界鼠腮 《耳拾》

교각 살우(矯角殺牛)
결점이나 흠을 고치려다가 수단이 지나쳐 일을 그르침.

교언 영색(巧言令色)
남의 환심을 사려고 아첨하는 교묘한 말과 보기 좋게 꾸민 얼굴빛.

구관(舊官)이 명관(名官)이다
① 먼저의 사람이 나중 사람보다 일을 더 잘한다. ② 사람은 지나간 것을 더 좋게 여긴다.
[同類] 놓친 고기는 더 크다. 나간 머슴이 일은 잘했다.

구년 홍수에 햇볕 기다리듯
오랜 세월 동안 간절히 바라고 기다린다.
[同類] 구년지수(九年之水) 해 바라듯. 칠년 대한(大旱)에 대우(大雨) 기다리듯.

구더기 무서워 장 못 담글까
① 다소 방해되는 일이 있더

라도 할 일은 해야 한다. ② 큰 일을 하려면 사소한 비방을 두려워해서는 안 된다.

[同類] 구더기 날까봐 장 못 담글까? 범 무서워 산에 못갈까?

구럭엣 게 놔 주겠다

잡은 것도 놓쳐 버릴 만큼 조심성이 없다.

구럭의 게도 놓아 주겠다

제 손에 들어온 것도 못 먹고 내준다.

[同類] 둥우리의 찰밥도 쏟치겠다. 용수에 담은 찬밥도 엎지르겠다.

구렁이 담 넘어가듯 한다

일을 음흉하게 슬그머니 해치움을 비유하는 말.

[同類] 괴 다리에 기름 바르기.

구멍 보아 가며 쐐기 깎는다

형편에 맞게 일을 잘 조절하여 처리한다.

[同類] 구멍을 보아 말뚝 깎는다. 이불깃 봐 가며 다리 편다.

구멍은 깎을수록 커진다

잘못된 일을 수습하려다가 더 악화시킨다.

구사 일생(九死一生)

죽을 고비를 여러 차례 넘기고 겨우 살아남.

구슬이 서 말이라도 꿰어야 보배다

① 아무리 훌륭한 일이라도 끝맺음을 잘해야 그 가치가 있다. ② 아무리 좋은 물건이라도 쓸모있게 다듬은 후에야 진정한 가치를 발휘한다.

[同類] 부뚜막의 소금도 집어 넣어야 짜다. 진주가 열 그릇이나 꿰어야 구슬.

구시월에 세(細)단풍

한때는 고우나 쉬 흉하게 되는 것.

구우 일모(九牛一毛)

많은 가운데 미세한 부분을 차지하는 하찮은 것.

구운 게도 다리를 떼고 먹는다

무슨 일을 조심해서 해나간다.

[同類] 구운 게도 매어 먹어라. 돌다리도 두들겨 보고 건너라. 무른 감도 쉬어 가면서 먹는다. 식은 죽도 불어 가며 먹어라. 삼 년 벌던 전답도 다시 돌아보고 산다. 아는 길도 물어 가라. 얕은 내도 깊게 건너라.

[出典] 旣燔之鱉 亦去其罄《耳談》, 炙蟹去足食《東言》

구제할 것은 없어도 도둑 줄 것은 있다
아무리 가난한 집안이라도 도둑맞을 물건이 있다.

국수 먹은 배
실속이 없고 헤프다.

국수 잘하는 솜씨가 수제비 못하랴
한 가지 일을 잘하는 사람은 다른 일도 잘한다.
[同類] 수제비 잘하는 사람이 국수도 잘한다.

국에 덴 놈 물 보고도 분다
어떤 일에 한 번 놀라면 그와 비슷한 일에도 미리 겁을 먹는다.
[同類] 국에 덴 것이 냉수를 불고 먹는다. 더위 먹은 소 달보고도 헐떡인다. 몹시 데면 회(膾)도 불어 먹는다. 불에 놀란 놈 부지깽이만 보아도 놀란다. 자라 보고 놀란 가슴 소댕 보고 놀란다.

군계 일학(群鷄一鶴)
평범한 사람 가운데서 뛰어난 사람을 이름.

군불에 밥 짓기
한 가지 일에 곁들여 다른 일까지 한다.
[同類] 떡 삶은 물에 중의 데치기. 떡 삶은 물에 풀 한다.

군자(君子) 말년에 배추씨 장사
높은 신분(身分)에 있던 사람이 늘그막에 곤궁하게 살 때 하는 말.

굳은 땅에 물이 괸다
헤프게 쓰지 않는 사람이 재산을 모은다.
[同類] 단단한 땅에 물이 괸다.
[出典] 行潦之聚 亦于硬土《耳談》

굴우물에 돌 넣기
아무리 넣어도 차지 않음.

굴우물에 말똥 쓸어 넣듯한다
음식을 가리지 않고 마구 먹는 것을 조롱하는 말.

굴원(屈原)이 제 몸 추듯
자화 자찬(自畫自讚)하는 사람을 이르는 말. (굴원→중국 초나라의 유명한 문장가. 그의 글에 자화 자찬의 내용이 많다)
[同類] 구렁이 제 몸 추듯.

굶어 죽기 정승하기보다 어렵다
아무리 가난하여 굶주린 사람이라도 생명만은 유지할 수 있다. 여간해서 죽지는 않는다.
[同類] 가난이 질기다. 산 사람 목구멍에 거미줄 치랴. 산 입에 거미줄 치랴? 사흘 굶으면 양식 지고 오는 놈 있다.

굼벵이도 꾸부리는 재주가 있다
아무리 미련하고 못난 사람이라도 나름대로 한 가지 재주는 가지고 있다.
[同類] 굼벵이도 떨어지는 재주는 있다.

굼벵이 천장(遷葬)하듯

일을 지체하며 빨리 성사시키지 못함을 비유하는 말.

굴에 든 뱀 길이를 모른다
남의 재능이나 비밀은 짐작할 수 없다. (굴→구멍의 옛말)
[同類] 굴에 든 뱀이 몇 자인 줄 아나?

굽은 나무가 선산(先山) 지킨다
사람이나 물건의 못생긴 것이 오히려 잘생긴 것보다 쓸모가 있다. (선산→선영(先塋). 조상의 무덤이 있는 곳)
[同類] 꾸부렁 나무도 선산을 지킨다. 나간 며느리 효도 한다. 버리댁이 효자 노릇한다. 병신 자식이 효도한다. 굽은 나무는 길마 가지가 된다.

굿 구경하려면 계면떡이 나오도록 해라
무슨 일이든지 끝까지 해야 이익이 생긴다. (계면떡 : 界面→굿이 끝나고 무당이 구경꾼들에게 나누어 주는 떡)

굿 뒤에 날장구 친다
일이 끝난 뒤에 쓸데없는 문제를 들고 나온다.
[同類] 굿 뒤에 쌍장구 친다. 굿 마친 뒷 장구. 다 된 농사에 낫 들고 덤빈다.
[出典] 神祀後 鳴缶《旬五》, 神祀後 浪鳴缶《洌上》

굿든 무당, 재(齋)든 중
바라던 일을 하게 되어 신이 나는 사람의 비유.

굿이나 보고 떡이나 먹지
남의 일에 간섭하지 않고 형편을 보다가 이득이나 얻는다.

굿하고 싶어도 맏며느리 춤추는 꼴 보기 싫다
무슨 일을 하려 해도 제 미운 사람이 기뻐하는 꼴을 보기 싫어 꺼린다.

굿해 먹은 집 같다
어수선한 일이 끝난 뒤 갑자기 조용하다.

궁둥이에서 비파 소리가 난다
분주하게 싸돌아다닌다.
[同類] 궁둥이에서 소리가 난다. 비파 소리가 나도록 갈팡질팡한다.

궁서가 고양이를 문다
처지가 궁박한 사람을 괴롭히면 그 사람으로부터 피해를 입는다.

궁지에 든 쥐가 고양이를 문다
아무리 약한 놈이라도 죽을 지경에 이르면 용기를 내어 적에게 달려든다.
[同類] 궁서(窮鼠)가 고양이를 문다. 궁서 설묘(窮鼠齧猫). 궁구 막추(窮寇莫追).

궁하면 통한다
매우 어려운 처지에 놓이면 펴날 도리가 생긴다.
[同類] 궁즉통(窮則通).

궂은 일에는 일가만한 이가 없다
상사에는 일가가 서로 도와 초상을 치러 낸다는 말.

권불십년(權不十年)

권세가 십 년을 가지 못한다.

[同類] 열흘 붉은 꽃 없다. 봄 꽃도 한때. 그릇도 차면 넘친다. 달도 차면 기운다. 화무 십일홍(花無十日紅).

권선 징악(勸善懲惡)

착한 일을 권장하고 악한 일을 징계함.

권에 못 이겨 방갓〔方笠〕 쓴다

남이 권하는 데 못 이겨 어쩔 수 없이 따라 하게 된다. (방갓→부모상 때 쓰는 상립(喪笠))

[同類] 권에 띄어 방갓 산다. 권에 비지떡. 동무 따라 강남(江南) 간다.

귀가 보배다

얻어들어서 아는 것이 많다.

귀 막고 방울 도둑질한다

아무 효과도 없는 일을 한다.

[同類] 가랑잎으로 눈 가리고 아옹한다. 낯으로 눈 가리기. 눈 가리고 아옹한다. 머리카락 뒤에서 숨바꼭질한다. 입 가리고 고양이 흉내.

[出典] 掩耳偸鈴《旬五》, 掩耳盜鈴《松南》

귀머거리 삼 년, 벙어리 삼 년

시집살이 하기가 매우 어려우니, 모든 일에 조심하여 듣고도 못 들은 체, 보고도 못 본 체하라.

귀신도 빌면 듣는다

남이 진심으로 사과하면 용서하지 않을 수 없다.

귀신 듣는 데 떡 소리 한다

그 사람이 좋아하는 것을 그 사람 앞에서 이야기하면 가지고 싶어한다.

귀신은 경문(經文)**에 막히고, 사람은 인정**(人情)**에 막힌다**

경문을 읽으면 귀신도 꼼짝 못 하듯이 사람은 인정이 있어 딱한 사정을 호소하면 듣는다.

귀신이 곡한다

신기하고 기묘하다.

귀에 걸면 귀걸이, 코에 걸면 코걸이

① 한 가지 사물이 보기에 따라 이렇게도 저렇게도 보인다. ② 주견이 없이 이랬다 저랬다 하는 사람을 이르는 말.

[同類] 이현령 비현령(耳懸鈴 鼻懸鈴). 녹비(鹿皮)에 가로 왈(曰)자.

귀 장사하지 말고 눈 장사하라

소문만 듣지 말고 실지로 보고 확인하라.

귀한 자식 매 한 대 더 때리고, 미운 자식 떡 한 개 더 준다

자녀가 귀여울수록 버릇을 잘 가르쳐 길러야 한다.

[同類] 귀한 애한테는 매채를 주고, 미운 애한테는 엿을 준다. 귀한 자식 매로 키워라.

그림의 떡

형체는 있으나 실속이 없는 것을 말한다.

그물에 든

同類 화중지병(畵中之餠). 고양이 꼬막 조개 보기. 보고 못 먹는 것은 화중지병.

出典 畵餠《旬五》,《松南》

그물에 든 고기

이미 잡힌 몸이 되어 벗어날 수 없는 신세.

同類 독 안에 든 쥐.

그물이 삼천 코라도 벼리가 으뜸이다

수효가 많아도 그것을 주장하는 것이 없으면 소용이 없다. (벼리→그물 위쪽 코를 꿰어 잡아 당기는 동아줄)

同類 그물이 열 자라도 벼리가 으뜸이다.

그물이 천 코면 걸릴 날이 있다

준비가 충분하면 언젠가는 일이 이루어질 날이 있다.

同類 그물코가 삼천이면 걸릴 날이 있다.

그믐밤에 홍두깨 내민다

생각지 않던 일이 갑자기 일어난다.

그슬린 돼지가 달아맨 돼지 타령한다

제 흉은 모르고 남의 결점만 들춘다.

그 식이 장 식이다

늘 변함이 없다.

그 아비에 그 아들

잘난 어버이에게서는 잘난 자식, 못난이한테서는 못난 자식이 태어난다.

同類 개가 개를 낳지. 가시나무에 가시가 난다. 왕대 밭에 왕대 난다. 외 심은 데 콩 나랴? 콩 심는 데 콩 나고, 팥 심은 데 팥 난다. 부전 자전. ↔호부 견자(虎父犬子)

극락 길 버리고 지옥 길로 간다

좋은 일은 하지 않고 나쁜 일만 한다.

근묵자흑(近墨者黑)

나쁜 사람과 사귀면 물든다.

근원 벨 칼 없고, 근심 없앨 약 없다

부모와 자식 사이의 인륜(人倫)이나 부부간의 금슬은 끊을 수 없고, 인간 생활의 근심은 없앨 수 없다.

근주자적(近朱者赤)

同類 근묵자흑.

글 못한 놈 붓 고른다

제 학식이나 기술이 서투른 사람일수록 다른 것을 탓한다.

同類 글 잘 쓰는 사람은 필묵을 탓 안한다. 서투른 과방 안반 타령. 서투른 무당이 장구만 나무란다. 서투른 숙수 피나무 안반만 나무란다. 선 무당이 장구 탓한다.

글에 미친 송(宋) 생원(生員)

다른 일은 돌보지 않고 글만 읽고 있는 사람을 비웃는 말.

긁어 부스럼

쓸데없이 건드려서 일거리를 만든다.

[同類] 곤장(棍杖)을 메고 매 맞으러 간다. 도둑 문 열어준 셈. 도둑에게 열쇠 준다. 아무렇지 않은 다리에 침 놓기. 찔러 피를 낸다.

금값도 모르고 싸다 한다
어떤 일에 대해 아무 것도 모르면서 아는 체한다.

금강산도 식후경(食後景)
아무리 좋은 일이라도 배가 고프면 시들하다.

금과 옥조(金科玉條)
금옥과 같이 귀중히 여기어 신봉하는 법칙이나 규정.

금관자(金貫子) 서슬에 큰 기침 한다
벼슬 자리에 올라 권력을 믿고 나쁜 짓을 하면서도 오히려 큰소리를 한다.

[同類] 사모(紗帽) 바람에 거드럭거린다.

금방 먹을 떡에도 소를 박는다
① 아무리 급하더라도 할 격식은 갖춰야 한다. ② 곧 써서 없어질 물건일지라도 제대로 만든다. (소ㅡ떡 따위의 속에 맛을 내기 위하여 넣는 음식)

[同類] 하룻밤을 자도 만리성을 쌓는다.

금사망을 썼다
무엇에 얽혀서 벗어날래야 벗어날 수가 없다.

금상 첨화(錦上添花)
좋은 일에 또 좋은 일이 더함.

금슬 상화(琴瑟相和)
부부가 서로 화합함.

금의 환향(錦衣還鄕)
객지에 가서 훌륭한 사람이 되어 고향으로 돌아온다.

[出典] 衣錦還鄕《南史》, 衣錦之榮《歐陽》

금일 충청도, 명일 경상도
정처없이 떠돌아다닌다.

급하기는 우물에 가서 숭늉 달라겠다
성미가 몹시 급한 사람을 비웃는 말.

[同類] 급하면 바늘 허리에 실 매어 쓸까? 급한덴 콩마당에 서슬 치겠다.

급하다고 바늘 허리에 실 매어 쓸까
아무리 급하더라도 일에는 순서가 있다.

[同類] 겨울이 지나지 않고 봄이 오랴? 급하다고 갓쓰고 똥 싸랴? 급하기는 우물에 가서

숭늉 달라겠다. 급하면 콩 마당에 간수 치랴? 급한멘 콩마당에 서슬 치겠다.

出典 雖忙針腰繫用乎《東言》

급하면 관세음보살을 왼다

평시에는 등한히 하다가도 위급하게 되면 관세음보살을 왼다. 곧 일이란 뒷걱정이 없이 하랴.

同類 급하면 부처 다리를 안는다.

出典 臨急 誦觀世音《松南》

급히 먹는 밥이 목이 멘다

바쁘다고 일을 서두르면 실패하기 쉽다.

出典 忙食噎喉《旬五》, 《松南》, 饕餮之食 必咽其嗉《耳談》, 急 噉飯 塞喉管《洌上》

기는 놈 위에 나는 놈이 있다

잘난 사람 위에 더 잘난 사람이 있다.

同類 나는 놈 위에 타는 놈 있다. 뛰는 놈 위에 나는 놈 있다. 뛰는 놈이 있으면 나는 놈이 있다. 치상유치(齒上有齒). 치 위에 치가 있다.

기도 못하는 게 날려 한다

실력 이상의 일을 하려 한다.
同類 기도 못하고 뛰려 한다. 걷기도 전에 뛰려 한다.

기둥을 치면 대들보가 울린다

알아듣도록 암시한다.
同類 기둥 치면 봇장이 울린다. 변죽 치면 복판이 운다.

기 들고 북 치고

이미 일이 다 틀어져서 더 이상 낭패되어 희망이 없다.

기르던 개에게 다리를 물렸다

도움을 받은 사람이 도와준 이에게 해를 입혔다.
同類 개를 기르다가 다리를 물렸다. 내 밥 준 개 내 발등 문다. 삼 년 먹여 기른 개가 주인 발등을 문다. 제가 기른 개에게 발꿈치 물린다. 제 밥 먹는 개가 제 발등 문다.

出典 畜狗噬踵《旬五》,《松南》

기름을 엎지르고 깨를 줍는다

많은 손해를 보고 조그만 이익이나마 구한다.
同類 기름을 버리고 깨를 줍는다. 노적가리에 불붙이고 튀각 주워 먹는다. 노적가리에 불지르고 싸라기 주워 먹는다. 노적섬에 불붙여 놓고 박산 주워 먹는다. 집 태우고 못 줍기. 집 태우고 바늘 줍는다.

기역자 왼 다리도 못 그린다

아주 무식함을 이르는 말.

기와 한 장 아끼다가 대들보 썩힌다

작은 것을 아끼다가 큰 손해를 본다.
同類 닭 잡아 겪을 나그네 소 잡아 겪는다. 새 잡아 잔치할 것을 소 잡아 잔치한다. 제 때의 한 수는 때늦은 백수보

다 낫다. 좁쌀만큼 아끼다가 담돌만큼 해(害) 본다. 한푼 아끼다 백 냥 잃는다.

[出典] 由惜一瓦 梁摧大厦《耳談》, 惜一瓦 榱挫《洌上》

기운이 세면 소가 왕 노릇 할까
힘이 있어도 지략(智略)이 없으면 지도적(指導的) 위치에 설 수 없다.

[同類] 기운이 세면 장수 노릇 하나? 소가 크면 왕 노릇 하나?

긴 병(病)에 효자 없다
시일이 너무 오래 걸리면 성의가 덜하게 된다.

[同類] 삼 년 구병에 불효 난다. 잔병에 효자 없다.

길고 짧은 것은 대보아야 안다
대소 우열(大小優劣)은 실지로 겨루어 보아야 안다.

길 닦아 놓으니까 미친 년이 먼저 지나간다
애써 일을 이루어 놓으니까 별로 달갑지 않은 사람이 먼저 이용한다.

[同類] 길 닦아 놓으니까 용천뱅이 지랄한다. 거둥길 닦아 놓으니까 깍쟁이가 먼저 지나간다. 치도(治道)하여 놓으니까 거지가 먼저 지나간다.

길로 가라니까 뫼로 간다
이로운 방법을 가르쳐 줘도 고집을 부리어 불리한 방법을 택하여 행동한다.

[同類] 길을 두고 메로 갈까? 청개구리 용신 들렸나?

길마 무서워 소 드러누울까
힘이 들지마는 애써 하면 못할 것 없다.

[同類] 구더기 무서워 장 못 담글까? 범 무서워 산에 못 가랴?

길은 갈 탓, 말은 할 탓
같은 말이라도 하기에 따라서 어감(語感)이 다르다.

[同類] 아 다르고 어 다르다.

길을 두고 뫼로 갈까
더 편리한 곳이 있는 데도 불구하고 불편한 곳으로 가랴.

길을 떠나려거든 눈썹도 빼어 놓고 가라
여행을 하는 데는 될 수 있는 대로 짐을 덜고 나서라.

[同類] 서울 가는 놈이 눈썹을 빼고 간다.

길이 아니면 가지 말고, 말이 아니면 탓하지 마라
사리(事理)에 어긋나는 일이면 아예 참견하지도 말라.

[同類] 길 아니거든 가지 말고, 말 아니거든 탓하지 마라.

길이 없으니 한 길을 걷고, 물이 없으니 한 물을 먹는다
본의는 아니지만 달리 방도가 없어 같이 일하게 된다.

김 안 나는 숭늉이 더 뜨겁다
말 많은 사람보다 말 없는 사람이 더 무섭다.

김장은 겨울철 반 양식
김장은 겨울을 나는 데 필요한 요긴한 식료(食料)다.

김칫국부터 마신다
제 짐작으로 지레 그렇게 될 것으로 믿고 행동한다.

깊던 물도 얕아지면 오던 고기도 아니 온다
사람이 늙거나 형세가 기울면 남들이 들여다보지도 않는 것이 세상 인심이다.

[同類] 꽃이라도 십일홍 되면 오던 봉접도 아니 온다. 낡이라도 고목이 되면 오던 새도 아니 온다.

까마귀가 까치집을 뺏는다
모양이 비슷하게 생긴 것을 빙자하여 남의 것을 억지로 빼앗는다.

까마귀가 알 물어다 감추듯 한다
건망증이 있는 사람을 조롱하여 하는 말.

[同類] 까마귀 떡 감추듯.

까마귀 겉 검다고 속조차 검을쏘냐
사람은 겉모양만 보고 평해서는 안 된다.

[同類] 까마귀가 검어도 마음도 검겠나? 까마귀가 검어도 살은 아니 검다. ↔까마귀 학이 되랴?

까마귀 고기를 먹었나
잊기를 잘하는 사람을 조롱하는 말.

까마귀 고음을 마다할까
매우 즐기는 음식을 싫다고 할 때 하는 말.

[同類] 까마귀가 메밀을 마다한다. 까마귀가 오디를 마다한다.

까마귀 날자 배 떨어진다
뜻밖의 일이 동시에 일어나 서로간에 관련이 있는 것처럼 혐의를 받게 된다.

[同類] 오비 이락(烏飛梨落)

[出典] 烏飛梨落《旬五》, 《東言》, 烏之方飛 有隕其梨《耳談》

까마귀 대가리 희거든
전혀 될 가망이 없다.

[同類] 곤 달걀 꼬끼오 울거든. 군밤에 싹 나거든. 배꼽에 노송나무 나거든. 병풍에 그린 닭이 홰를 치고 울거든. 용마 갈기 사이에 뿔이 나거든. 인경 꼭지가 말랑말랑하거든. 층암상(層岩上)에 묵은 팥 심어 싹나거든.

까마귀도 내 땅 까마귀라면 반갑다
무엇이든 제 고향 것이라면 반갑다.

[同類] 내 땅 까마귀는 검어도 귀엽다.

까마귀 똥도 약이라니까 물에 깔긴다
대단치 않던 물건도 요긴하게 쓰려고 하면 구하기 어렵다.

[同類] 까마귀 똥도 열닷 냥

하면 물에 깔긴다. 까마귀 똥도 오 백 냥 하면 물에 깔긴다. 개똥도 약에 쓰려면 없다. 하던 지랄도 멍석 펴놓으면 안 한다.

까마귀 열두 소리 하나도 좋지 않다
미운 사람이 하는 짓은 무엇이든 다 밉다.

[同類] 미운 사람 고운 데 없고, 고운 사람 미운 데 없다.

[出典] 烏聲十二 無一娬媚 《耳談》

까마귀 짖어 범 죽으랴
까마귀가 울면 불길하다지만 큰 일에는 별 영향이 없다.

까마귀 학(鶴)이 되랴
아무리 애를 써도 타고난 본바탕은 어찌 할 수 없다.

[同類] 각관 기생 열녀 되랴? 나무 접시 놋접시 될까? 닭의 새끼 봉(鳳)이 되랴? 우마가 기린 되랴? ↔까마귀 검어도 마음도 검겠나?

까막까치도 집이 있다
자기 집이 없는 처지를 한탄하는 말.

[同類] 갈매기도 제 집이 있다. 우렁이도 집이 있다.

까치 뱃바닥 같다
흰소리하는 것을 조롱하는 말.

까투리 북한 다녀온 셈이다
두루 돌아보기는 하였으나 무엇이 무엇인지 제대로 그 내용을 잘 알 수 없다.

[同類] 주마 간산(走馬看山). 하룻강아지 서울 다녀오듯.

깐깐 오월, 미끈 유월
오월달은 해가 길어 더디 가고, 유월달은 해가 짧고 할 일이 많아 어느 틈에 가는지 모르게 빨리 지나가 버린다.

[同類] 어정 칠월, 동동 팔월.

깨어진 그릇 맞추기
한 번 그르친 일을 이전의 상태로 돌이키려고 애쓰지만 헛일이다.

[同類] 깨어진 그릇. 이미 엎지른 물이다. 엎지른 물.

[出典] 甑已破 《松南》

껍질 상치 않게 호랑이를 잡을까
노력하여 어려운 일을 이루려 하나 장애가 많아 도무지 잘 되지 않는다.

[出典] 膚不毀虎難制 《洌上》, 不毀皮而虎捉乎 《東言》

꼬리가 길면 밟힌다
아무리 비밀히 한다 해도 옳지 못한 일을 오래 하면 결국 들키고 만다.

꼬리 먼저 친 개가 밥은 나중 먹는다
무슨 일이나 먼저 서두르고 나서면 도리어 남보다 뒤지는 수가 있다.

[同類] 먼저 꼬리친 개 나중 먹는다. 먼저 배 탄 놈 나중 내린다.

[出典] 先掉尾 後知味 《洌上》

꼬부랑 자지 제 발등에 오줌 눈다

제가 저지른 잘못은 결국 제게 화가 돌아간다.

[同類] 누워 침 뱉기. 자업 자득(自業自得)

꼭뒤에 부은 물이 발뒤꿈치로 내린다

윗사람의 좋지 못한 행동은 아랫사람에게 그 영향을 끼친다. (꼭뒤→뒤통수의 한가운데)

[同類] 상탁하부정(上濁下不淨). 윗물이 맑아야 아랫물이 맑다. 이마에 부은 물이 발뒤꿈치로 흐른다. 정수리에 부은 물이 발뒤꿈치까지 흐른다.

[出典] 灌頭之水 流下足底《旬五》, 灌頂水 流至趾《洌上》, 灌頂之水 必流于趾《耳談》, 灌頭之流 下水足底《松南》, 灌頣水 下足側《東言》

꼴 같지 않은 말은 이도 들춰 보지 않는다

겉모양이 시원치 않은 말은 입을 벌리어 나이도 세지 않는다. 겉모양이 제대로 생기지 않은 것은 거들떠보지도 않는다.

꼴 보고 이름 짓고, 체수(體數) 맞춰 옷 만든다

무슨 일이든지 그 모양과 크기에 따라 그에 알맞게 한다.

[同類] 꼴 보고 이름 짓는다. 체수 맞춰 옷 마른다.

[出典] 衣視其體 名視其貌《耳談》

꼴을 베어 신을 삼겠다

은혜를 잊지 않고 보답하겠다.

[同類] 결초 보은(結草報恩).

꼿꼿하기는 서서 똥누겠다

고집이 세어, 굽힐 줄 모르는 사람을 조롱하는 말.

꽁지 빠진 장닭 같다

꼴이 매우 초라하다.

꽃 본 나비 불을 헤아리랴

어떤 욕심을 충족시킬 대상이 생기면 어떠한 어려움도 무릅쓰고 이를 추구한다.

[同類] 꽃 본 나비, 물 본 기러기. 물 본 기러기 어옹(魚翁)을 두려워할까?

꽃샘 잎샘에 반 늙은이 얼어 죽는다

꽃피고 잎이 나는 삼사월에는 날씨가 춥고 일기가 고르지 못한 데서 하는 말.

[同類] 보리 누름에 설늙은이 얼어 죽는다.

꽃이 좋아야 나비가 모인다

① 내 딸이 예뻐야 좋은 사위를 고를 수 있다. ② 상품이 좋아야 살 사람이 많다.

[同類] 내 딸이 고와야 사위를 고른다. 내 물건이 좋아야 값을 받는다.

꽹매기 치고 나선다

꽹매기를 잘 치는 사람이 농악패의 앞잡이가 되므로 어떤 일에 주장이 된다.

꾸러미에 단 장 들었다
 겉모양은 좋지 않으나 그 속에 든 내용이 훌륭하다.
 [同類] 뚝배기보다 장 맛. 장독보다 장 맛이 좋다. 질병에도 감홍로(甘紅露).
 [出典] 苞苴甘醬入《旬五》, 草苞入甘醬《東言》

꾸어다 놓은 보릿자루
 여럿이 노는 데 끼어들지 않는 사람을 조롱하는 말.
 [同類] 주워 온 빗자루. 불모로 앉았다. 언 수탉 같다. 전당 잡은 촛대.

꿀도 약이라면 쓰다
 충고(忠告)의 말을 싫어한다.

꿀 먹은 벙어리
 어떤 일에 대하여 알면서도 아무 말 없는 사람을 이르는 말.
 [同類] 꿀 먹은 벙어리요, 침 먹은 지네.
 [出典] 食密啞《東言》

꿀은 적어도 약과만 달면 쓴다
 수단은 다르더라도 목적만 이루면 된다.

꿈보다 해몽
 실제보다 그 해석을 잘함.

꿈에 본 돈이다
 아무리 좋아도 가질 수 없다.

꿈에 서방 맞은 격
 ① 제 욕심에 차지 못함. ② 분명하지 못한 존재.

꿩 구워 먹은 자리
 무슨 일을 치르고도 흔적이 없이 깨끗하다.
 [同類] 꿩 구워 먹은 소식.

꿩 대신 닭을 쓴다
 쓰려던 물건이 없으면 그와 비슷한 것을 쓴다는 말.
 [出典] 雉之未捕 鷄可備數《耳談》

꿩 먹고 알 먹는다
 한 가지 일로써 두 가지 이익을 본다.
 [同類] 알도 먹고 꿩도 먹는다. 일거 양득(一擧兩得).
 [出典] 食雉食卵《松南》

꿩 잡는 것이 매
 명실 상부(名實相符)하게 제 구실을 하는 것이 제일이다.

끈 떨어진 뒤웅박
 혼자 뒤떨어져서 아무 데도 의지할 곳이 없는 처지.
 [同類] 끈 떨어진 둥우리. 끈 떨어진 망석중이. 어미 잃은 송아지.

끓는 국에 국자 휘젓는다
 ① 남의 불행을 돕지 않고 더 불행하게 만든다. ② 노한 사람을 더 노하게 만든다.
 [同類] 불난 집에 부채질한다. 개 싸움에 물 끼얹는다.

끓는 국에 맛 모른다.
 급한 일을 당하면 사리(事理) 판단을 옳게 할 수 없다.
 [同類] 뜨거운 국에 맛 모른다.
 [出典] 羹之方沸 罔知厥味《耳談》

끝 부러진 송곳
 쓸모가 없어진 존재.

ㄴ

나간 놈의 몫은 있어도, 자는 놈의 몫은 없다
　활동하는 이에게는 두었다 주어도 활동하지 않는 사람에게는 주지 않는다.

나갔던 며느리 효도한다
　시집살이가 싫다고 갔던 며느리가 되돌아와서는 시부모께 효도를 한다. 곧 좋지 않게 여겼던 사람이 뜻밖에 잘한다.
　[同類] 병신 자식 효자 노릇 한다. 굽은 나무가 선산 지킨다.

나귀는 샌님만 섬긴다
　하찮은 동물도 지조는 지킨다.

나귀에 짐지고 타나, 싣고 타나
　이렇게 하거나 저렇게 하거나 결과는 똑같다.
　[同類] 메치나 둘러치나.

나그네 모양 보아 표주박에 밥을 담고, 주인의 모양 보아 손으로 밥 먹는다
　사람을 대접할 때, 그 차림새와 생김새를 보아서 응대한다.
　[出典] 見客容以瓢饋飯 見主容以手喫飯《旬五》

나는 바담 풍(風)해도, 너는 바람 풍 해라
　저는 잘못하면서도 남만 잘하라는 사람을 비웃는 말.

나는 새도 깃을 쳐야 날아간다
　순서를 밟아 나가야만 목적을 달성할 수 있다.

나는 새도 떨어뜨리고, 닫는 짐승도 못 가게 한다
　권세가 등등하여 모든 일을 마음대로 한다.

나는 새도 떨어뜨린다
　권세가 등등하다.

나는 새도 움직여야 한다
　아무리 급한 일이라도 준비가 없이는 아니 된다.

나도 덩더쿵, 너도 덩더쿵
　타협하지를 않고 서로 버티고 있다.

나루 건너 배 타기
　① 일의 순서가 뒤바뀌었다.
　② 가까운 데 있는 것을 버리고 먼 데 것을 취한다.
　[出典] 越津乘船《旬五》,《東言》,《松南》, 未有涉川 而後乘船《耳談》

나룻이 석 자라도 먹어야 샌님
　제아무리 점잖은 샌님이라도 먹지 않을 수 없다. 곧 음식의 중요성을 강조한 말.
　[出典] 三尺髥 食令監《洌上》, 髥三尺 食令監《東言》

나 많은 말이 콩 마다할까
　무엇을 매우 좋아한다.

[同類] 까마귀 고음 마다할까?

나 먹자니 싫고, 개 주자니 아깝다

내게 필요치 않은 것도 막상 남에게 주기는 아깝다.

[同類] 나그네 먹던 김칫국도 나 먹자니 더럽고 남 주자니 아깝다.

[出典] 吾厭食 與犬惜《洌上》, 我厭其餐 予狗則慳《耳談》, 吾食厭 給犬惜《東言》

나무 거울

모양은 괜찮으나 쓸모없는 것.

[出典] 木鏡《東言》

나무는 큰 나무 덕을 못 보아도 사람은 큰 사람의 덕을 본다

큰 나무 밑에 있는 나무는 잘 자라지 못하나, 큰 사람 밑에 있으면 그 덕을 본다. 곧 남의 혜택을 입어 일이 성사되었을 때 하는 말.

[同類] 금강산 그늘이 관동(關東) 팔십 리.

나무에 오르라 하고 흔드는 격

남을 불행하게 만든다.

[出典] 登樓去梯《松南》, 俾上樹撼之《東言》

나무 잘 오르는 놈 떨어지고, 헤엄 잘 치는 놈 빠져 죽는다

자기가 가진 재주 때문에 때로 실수하게 된다.

[同類] 잘 헤는 놈 빠져 죽고, 잘 오르는 놈 떨어져 죽는다.

[出典] 善攀者落 善泅者溺《耳談》

나 부를 노래를 사돈 집에서 부른다

내가 하려고 하는 일을 상대편에서 먼저 할 때 쓰는 말.

[同類] 시어미 부를 노래 며느리 먼저 부른다.

[出典] 我歌君唱《旬五》, 我歌將放 婚家先唱《耳談》, 我歌査唱《東言》

나쁜 사람도 나이를 먹으면 좋게 된다

사람이 늙으면 인생무상(人生無常)을 느끼게 되어 나쁜 마음도 얼마쯤은 사라지게 된다.

나쁜 소문은 빨리 퍼진다

나쁜 일일수록, 숨기려 해도 세상에 널리 퍼진다.

나쁜 술 먹기는 정승하기보다 어렵다

음식, 특히 술은 지나치지 않고 알맞게 먹기가 어렵다.

나이 이길 장사 없다

튼튼하던 사람도 나이 들면 쇠하는 것을 어찌할 수 없다.

[同類] 백발 막을 장사 없다.

나이 젊은 딸이 먼저 시집간다

① 나이 적은 사람이 시집가기 쉽다. ② 젊은 사람이 사회에 잘 쓰인다.

나중 꿀 한 식기(그릇) 먹기보다 당장 엿 한 가락이 더 달다

먼 앞날의 큰 희망보다는 눈앞의 작은 이익 더 요긴하다.

[同類] 나중 꿀 한 식기 먹으려고 당장에 엿 한 가락 안 먹을까?

나중 난 뿔이 우뚝하다
후배가 선배보다 낫다.

[同類] 먼저 난 머리보다 나중 난 뿔이 무섭다.

[出典] 後生角高何特《洌上》, 後生角兀《東言》

나한(羅漢)에도 모래 먹는 나한이 있다
부처님의 제자인 나한 중에도 공양을 받지 못하고, 모래만 먹는 나한이 있다. 곧 지위가 높고 명성이 있는 사람이라도 고생하는 이가 있다.

낙락장송(落落長松)도 근본은 종자(種子)
아무리 훌륭한 인물이나 일도 캐어 보면 처음에는 보잘것없었다.

낙숫물이 댓돌을 뚫는다
한 가지 목표를 향해 꾸준히 노력하면 아무리 어려운 일이라도 이룰 수 있다.

낙태한 고양이 상
잔뜩 찌푸린 얼굴.

난리 난 해 과거했다
① 애써 한 일이 보람이 없다.
② 자랑은 하지만 흔적이 없어 인정하지 못한다고 핀잔 주는 말.

난봉 자식이 마음 잡아야 사흘
본성이 그른 자는 아무리 마음을 바로잡는대야 오래가지 못한다.

난쟁이 교자(轎子)꾼 참여하듯
자기 처지나 힘은 돌아보지 않고, 제가 못 해낼 엉뚱한 일에 참여한다.

[同類] 난쟁이 월천(越川)꾼 즐기듯. (월천꾼―사람을 업어서 내를 건네주는 사람)

날개 부러진 매
기운을 못 쓰는 신세가 되었음을 이르는 말.

날랜 장수 목 베는 칼은 있어도 윤기(倫紀) 베는 칼은 없다
다른 관계는 끊어도 인륜(人倫) 관계는 끊을 수 없다.

날면 기는 것이 능하지 못하다
여러 가지를 골고루 다 잘하기 어렵다.

날 샌 올빼미 신세
외롭고 의지할 곳 없는 처지.

날 잡은 놈이 자루 잡은 놈을 당하랴
월등하게 유리한 조건에 있는 사람과는 경쟁이 안 된다.

남 눈 똥에 주저앉고, 애매한 두꺼비 떡돌에 치인다
자기 잘못은 없이 남의 잘못으로 화를 당한다.

[同類] 남이 눈 똥에 주저앉는다.

남대문 입납(南大門入納)
주소도 모르고 막연히 찾아 나설 수도 없는 상태.

남 떡 먹는데 팥고물 떨어지는 걱정한다

자기하고는 아무 관계없는 남의 일에 쓸데없이 걱정한다.

[同類] 남의 잔치에 감 놓아라 배 놓아라 한다.

남산골 샌님이 신청안 고지기 시킬 재주는 없어도 뗄 재주 있다

취직시킬 수는 없어도 못하게는 할 수 있다.

(남산골 샌님→옛날 남산골에 살던 가난하고 세력 없는 샌님. 신청안→옛날 나라에 바치는 진상품을 관장하던 '선혜청'의 와전. 고지기→선혜청의 창고 관리를 맡은 하급관리로서 생기는 뇌물이 많아 먹고 살기가 풍족하였다)

[同類] 널도깨비가 복은 못 줘도 화는 준다.

남산골 샌님이 역적 바라듯

불우한 처지에 있는 사람이 늘 불만을 갖고 엉뚱한 일을 바란다.

남생이 등에 활쏘기

① 매우 어려운 일을 하려 함.
② 남에게 해를 입히려 하나 오히려 역부족임.

남아 일언(男兒一言)이 중천금(重千金)

남자의 말 한 마디가 천금같이 무겁다. 곧 말은 책임을 져야 하므로 신중히 하라.

[出典] 一言重千金《松南》

남을 물에 넣으려면 제가 먼저 물에 들어간다

남을 해치려고 하면 제가 먼저 그만큼의 어려움을 당하고 나서야 할 수 있다.

[同類] 남 잡으려다 제가 잡힌다.

남의 고기 한 점 먹고, 내 고기 열 점 준다

적은 이득을 보려다가 더 큰 손해를 본다.

[出典] 他肉一點飯食 己肉十點下《東言》

남의 고기 한 점이 내 고기 열 점보다 나아 보인다

자기 것은 두고 욕심 사납게 남의 것을 공연히 탐낸다.

남의 눈 속의 티만 보지 말고, 자기 눈 속의 대들보를 보라

남의 작은 결점만 찾지 말고, 제 큰 허물을 돌아보라.

남의 눈에 눈물 내면, 제 눈에는 피가 난다

남에게 악한 일을 하면 반드시 더 큰 죄를 받게 된다.

남의 눈에서 피 내려면 내 눈에서 고름이 나야 한다

남에게 악한 짓을 하면 반드시 저는 그보다 더한 벌을 받게 된다.

남의 다리 긁는다

① 나를 위해 한 일이 남의 이익이 되었다. ② 남의 일을 제 일로 알고 수고한다.

[同類] 남의 다리에 행전친다.

남의 말에 안장 지인다. 헛다리 긁는다.

남의 떡에 설 쇤다

남의 덕에 일이 이루어졌다.

[同類] 남의 불에 게 잡는다. 남의 바지 입고 새 베기. 남이 친 장단에 궁둥춤 춘다. 남이 켠 횃불에 조개 잡듯. 남의 팔매에 밤 줍는다. 지나는 불에 밥 익히기.

남의 말 다 들으면 목에 칼 벗을 날이 없다

남의 말을 가려서 들으라.

(칼ㅡ널빤지를 두 쪽 내어 목이 들어갈 만하게 도려낸 형틀)

남의 말이라면 쌍지팡이 짚고 나선다

남에게 시비를 걸고 번번이 나서서 참견을 한다.

남의 말하기는 식은 죽 먹기

남의 일이나 잘못을 말하기는 매우 쉽다.

[出典] 言他事 食冷粥《旬五》, 言人言 冷粥飡《洌上》, 他人事 如食冷粥《松南》, 談人事 如喫冷粥《東言》

남의 발에 감발한다

일껏 한 일이 결국 남 좋은 일했다.

남의 밥 보고 장 떠먹는다

자기와는 아무 관계가 없는 남의 것을 바란다.

[同類] 남의 밥 보고 시래깃국 끓인다.

남의 밥에 든 콩이 굵어 보인다

남의 것은 항상 제 것보다 좋게 보인다.

남의 버선 신긴다

일껏 한 일이 결국 남 좋은 일이 되어 버렸다.

남의 사정 보다가 갈보 난다

남의 사정을 보고 동정하다가 제 몸을 망친다. 곧 남의 사정도 분별하여 보아 주라.

남의 속에 있는 글도 배운다

직접 보고 배우는 것이야 못할 것 없지 않느냐.

남의 싸움에 칼 빼기

자기에게 관계없는 일에 흥분하고 나선다.

남의 염병이 내 고뿔만 못하다

남의 큰 걱정이나 위험도 자기와 관계없는 일이면 대단찮게 여긴다.

[同類] 남의 염병이 내 감기만 못하다.

남의 옷 얻어 입으면 걸레감만 남고, 남의 서방 얻어 가면 송장치레만 한다

남의 것을 얻어 쓰면 오래 쓰지 못한다.

남의 일은 오뉴월에도 손이 시리다

이득이 없는 남의 일은 도무지 하기 싫다.

남의 일을 보아 주려거든 삼년 내 보아 줘라

남을 도와 주려면 끝까지 철저히 도와 줘라.

[同類] 남의 일 봐 주려면 삼년상(三年喪)까지 봐 줘라.

남의 일이라면 쌍지팡이 짚고 나선다

걸핏하면 남에게 시비건다.

남의 잔치에 감 놓아라 배 놓아라 한다

상관없는 남의 일에 간섭한다.

[同類] 남의 장에 감 놓아라 배 놓아라 한다.

[出典] 他人之宴 曰梨曰柿《耳談》, 他人宴 排柿排梨《東言》

남의 집 금송아지가 우리 집 송아지만 못하다

좋은 남의 물건보다 나쁜 내 물건이 실속 있다.

[同類] 내 돈 서 푼이 남의 돈 사백 냥보다 낫다.

남의 집 머슴과 관장(官長) 살이는 끓던 밥도 두고 간다

남의 지시를 받는 머슴과 관리는 하라는 대로 움직여야 한다.

남의 집 불 구경 않는 군자(君子) 없다

어진 사람마저 구경이라면 좋아한다.

남의 집 소경은 쓸어나 보는데 우리 집 소경은 쓸어도 못 본다

남들은 자기 집 사정을 알려고 하는데 하물며 제 집 사정을 알려고도 하지 않는다.

[出典] 他瞽能睨《東言》

남의 집 제사에 절하기

관계없는 일에 참여하여 헛수고만 한다.

[同類] 남의 친환(親患)에 단지(斷指)한다.

남의 친환(親患)에 단지(斷指)한다

남의 집 제사에 절하기.

남의 흉이 한 가지면 제 흉이 열 가지

남의 흉을 보지 말라.

[同類] 남의 흉 한 가지면 내 흉이 몇 가지냐?

남이 놓은 것은 소도 못 찾는다

남이 놓아 둔 물건은 찾기 힘들다.

남이야 내 상전(上典)을 두려워할까

내가 두려워한다고 남이 그 사람을 두려워할 까닭이 없다.

[出典] 他不畏之吾上典《東言》

남이 장에 간다고 하니 거름지

고 나선다

주견없이 남의 행동을 따른다.

[同類] 남이 은장도(銀粧刀)를 차니 나는 식칼을 낀다. 남이 장에 간다 하니 무릎에 망건 씌운다.

남자는 배짱, 여자는 절개(節槪)

남자는 굽히지 않고 버티는 힘이, 여자는 깨끗한 절개가 있어야 한다.

남 잡이가 제 잡이

남을 해치려고 하면 도리어 제가 해침을 당하게 된다.

[同類] 남 잡으려다 제가 잡힌다.

남편 덕을 못 보면 자식 덕도 못 본다

시집을 잘못 가면 평생 고생을 면하지 못한다.

낡이라도 고목(枯木)되면 오던 새도 아니 온다

사람이 늙으면 찾아 오는 사람 없고, 권좌(權座)에서 물러나면 따르던 이도 물러간다.

[同類] 꽃도 십일홍(十日紅)이 되면 오던 봉접(蜂蝶)도 아니 온다. 깊던 물이라도 얕아지면 오던 고기도 아니 온다.

납일(臘日) 전에 눈이 세 번 오면 풍년 든다

동지 지나 납일 전에 눈이 여러 번 많이 오면 그해 농사가 풍년이 들 징조다.

납전 삼백(臘前三白)

납일 전에 세 번 눈이 내리는 일. 농가에서는 이 일이 있으면 그 이듬해에 풍년이 들 징조로 여긴다.

낫 놓고 기역자도 모른다

무식한 사람을 이르는 말.

낯으로 눈을 가린다

자기를 감추려 하나 감춰지지 않는다.

[同類] 가랑잎으로 하문(下門)을 가린다. 가랑잎으로 눈을 가린다. 손 샅으로 ×가리기.

[出典] 以鎌遮眼《旬五》,《松南》

낭중지추(囊中之錐)

주머니 속의 송곳. 곧 재능이 뛰어난 사람은 숨어 있어도 남의 눈에 띈다.

낭중 취물(囊中取物)

주머니 안에 든 물건을 얻었다. 손쉽게 얻을 수 있다.

낮말은 새가 듣고 밤말은 쥐가 듣는다

① 아무도 없는 데서도 말조

심하라. ② 극비(極秘)에 붙여도 한 말은 반드시 남의 귀에 들어가게 마련이다.

出典 晝語雀聽 夜語鼠聽《旬五》, 《松南》, 晝言雀聽 夜言鼠聆《耳談》, 晝語鳥聽 夜語鼠聆《東言》

낯에 난 도깨비
인사 불성이고 체면 없는 기피 망측한 자.

내가 중이 되니 고기가 천하다
필요하여 애써 구할 때는 귀하던 것도 구하지 않을 때는 흔하다.

出典 我爲僧 魚肉賤《東言》

내 건너 배 타기
순서를 뒤집어 하기.

내 것 주고 뺨 맞는다
이중으로 손해를 본다.

同類 내 것 잃고 내 함지박 깨뜨린다.

내닫기는(내뛰기는) 주막집 강아지라
누가 찾아오거나 무슨 일이 생기거나 하면 곧 뛰어나와 참견하는 사람을 이르는 말.

내 돈 서 푼은 알고, 남의 돈 칠 푼은 모른다
제 것은 작은 것도 소중히 여기고, 남의 것은 많은 것도 대수롭지 않게 여긴다.

同類 남의 돈 천 냥이 내 돈 한 푼만 못하다. 내 돈 서 푼이 남의 돈 사백 냥보다 낫다. 아버지 종도 내 종만 못하다.

내 딸이 고와야 사위를 고른다
① 자기 조건이 좋아야 좋은 것을 선택할 수 있다.

同類 꽃이 좋아야 나비가 모인다.

出典 吾女娟 擇婿賢《洌上》, 我有美女 迺擇佳婿《耳談》, 吾女美後 方擇婿《東言》

내리사랑은 있어도 치사랑은 없다
윗사람이 아랫사람을 사랑해도 아랫사람이 윗사람을 사랑하기는 어렵다.

同類 아래 사랑은 있어도 위에 사랑은 없다.

出典 下愛有 上愛無《東言》

내 마신 고양이 상
독살이 나서 찡그린 얼굴.

내 말은 남이 하고, 남 말은 내가 한다
누구나 사람은 제 잘못은 제쳐놓고 남의 잘못은 말하기를 좋아한다.

내 말이 좋으니 네 말이 좋으니 하여도 달려 보아야 안다
무슨 일이고 시험해 봐야 우열을 확실히 알 수 있다.

내 물건이 좋아야 값을 받는다
자기가 도리를 먼저 지켜야 대우를 받는다.

내 밑 들어 남 보이기
자기의 부주의한 언동(言動)으로 제 흠을 스스로 드러내 보인다.

내 발등의 불을 꺼야 아들 발등의 불을 끈다
자기가 당한 급한 일부터 처리하고서야 비로소 남의 급한 일을 돌본다.

[出典] 我上之火 兒上之火《旬五》, 膚爛之救 吾先兒後《耳談》

내 발등의 불을 꺼야 아비 발등의 불 본다
사람이 급한 경우를 당하면 아무리 위하는 사람이라도 제 일부터 먼저 한다.

내 밥 먹은 개가 발뒤축을 문다
자기의 은혜를 입은 자가 도리어 자기를 해친다.

내 배 부르니 평안감사가 족하(足下) 같다
살기가 풍족하면 아무리 좋은 것이라도 부럽지 않다.

내 배 부르면 종의 밥 짓지 말라 한다
자기 몸만을 알고 남은 조금도 이해하지 못한다.

[出典] 我腹旣飽 不察奴飢《耳談》

내 손톱에 장을 지져라
무엇을 장담할 때나 강력히 부인할 때 하는 말.

내 얼굴에 침 뱉기
자기가 한 짓이 자신을 모독하는 결과로 된다.

[同類] 드러누워 침 뱉기

내외간도 돌아누우면 남이다
부부 사이의 정이란 믿을 것이 못 된다.

내외간 싸움은 칼로 물 베기
부부간에 일시적 다툼으로 사이가 벌어져도 내버려 두면 자연히 화합한다.

[同類] 내외간 싸움은 개 싸움.

내 일 바빠 한댁 방아
제 일이 바쁘므로 제 일을 하기 위하여 남의 일부터 먼저 해치운다.

[出典] 緣我事急 野碓先蹋《耳談》, 吾事急 露春擣《東言》

내 절 부처는 내가 위해야 한다
자기 주인은 자기가 잘 섬겨야 한다.

내 칼도 남의 칼집에 들면 찾기 어렵다
자기 물건도 남의 손에 들어가면 제 마음대로 할 수 없다.

[出典] 吾刀入他鞘 難拔《旬五》, 《松南》, 我刀他鞘 旣揷難掉《耳談》, 我刀入他鞘 亦難《東言》

내 코가 석자(三尺)
내 사정이 급해서 남의 사정까지 돌볼 수가 없다.

[出典] 吾鼻涕垂三尺《旬五》,《松南》, 我涕三尺 何知爾憾《耳談》 吾鼻涕三尺曳《洌上》

내 할 말을 사돈이 한다
자기가 하려던 말이나 해야 할 말을 도리어 남이 한다.

내 행세는 개차반에 경계판(警戒板)을 짊어진다
제 행실은 나쁘면서 남의 시비만 가려서 따지려 한다. (개

차반→차반은 반찬이니 개가 먹을 언짢은 반찬, 즉 되지 못한 것)

냇물은 보이지도 않는데 신발부터 벗는다

아직 먼 일을 미리부터 쓸데없이 서두른다.

[同類] 월천(越川)꾼 다리부터 걷는다.

냉수 먹고 된똥 눈다

아무 건더기도 없는 것으로 실속 있는 결과를 만들어 낸다.

냉수 먹고 이 쑤시기

허세(虛勢)를 부린다.

[同類] 냉수 먹고 트림한다.

너구리 굴 보고 피물(皮物) 돈 내어 쓴다

잡기도 전에 가죽 팔아 얻을 돈을 미리 빚내어 쓴다. 곧 ① 확정되지 않은 일에서 나올 이익을 미리 앞당겨 쓰는 것을 비웃는 말. ② 일을 너무 급히 서둘러 한다.

너무 고르다 눈먼 사위 얻는다

좋은 것을 차지하려고 너무 고르면 결국에는 도리어 나쁜 것을 고르게 된다.

너울 쓴 거지

몹시 배가 고파 체면 차릴 여지가 없는 처지.

넉 달 가뭄에도 하루만 더 갰으면 한다

제게 무슨 행사가 있으면 가뭄 끝이라도 비 오는 것을 싫어한다.

넉동 다 갔다

일이 다 끝나거나, 어떤 사람의 신세가 몹시 보잘것없이 되었다.

넋이야 신이야 한다

잔뜩 마음먹었던 일을 물 퍼붓듯 말한다.

널감 장만하다

① 죽을 때까지 끝장을 본다.
② 걸핏하면 폐쓰려고 한다.

널 두께 같다

얇아야 될 것이 너무 무겁고 두껍다.

네 각담 아니면 내 쇠뿔이 부러지랴

자기 잘못으로 입은 손해를 남에게 책임을 지우기 위하여 억지를 쓴다.

네 떡 내 먹었더냐

제가 일을 저질러 놓고 시치미 뗀다.

[出典] 汝餠吾食乎《東言》

네 병이야 낫든 안 낫든 내 약값이나 내라

결과는 어찌되었든 간에 그 일의 대가만을 요구한다.

[出典] 爾病瘥否 藥債宜報 《耳拾》

네 쇠뿔이 아니면 내 담이 무너지랴

너 때문에 내가 손해를 보았다고 항변하는 말.

[出典] 非汝牛角 豈毁我墻《旬五》, 《松南》, 匪爾牛角 我墻何崩《耳談》, 非汝牛角 豈毁吾墻《東言》

네 콩이 크니, 내 콩이 크니 한다
어느 것이 낫고 못한지 분별하기 어려운 것을 가지고 서로 다툰다.

[同類] 콩 낫네 팥 낫네 한다. 콩팔칠팔한다. 참새가 기니 짧으니 한다.

노갑 이을(怒甲移乙)
갑에게서 당한 노여움을 을에게 옮긴다. 곧 어떤 일로 당한 화풀이를 엉뚱한 다른 데까지 옮긴다.

노는 입에 염불하기
아무 일도 하지 않고 노느니보다 무슨 일이든지 하는 것이 낫다.

[同類] 할 일 없거든 오금을 긁어라.

노닥노닥 기워도 마누라 장옷
지금은 헐고 보잘것없으나 처음엔 좋았다.

노래기 회도 먹겠다
염치 체면 불구하고 치사스럽게 행동한다.

노루가 제 방귀에 놀라듯
놀라기를 잘하는 침착하지 못한 사람의 비유.

노루 꼬리가 길면 얼마나 길까
남의 재주를 깔보고, 보잘것없는 제 재주를 과신하는 사람을 비웃는 말.

[出典] 獐毛曰長 幾許其長 《耳拾》

노루 때리던 막대기
어쩌다가 노루를 때려 잡은 막대기이니, 또 잡을 수 있으려니 하고 곧 요행을 바라는 어리석음. 곧 지난날의 방식을 덮어놓고 지금도 적용하려는 어리석음을 뜻한다.

[出典] 打獐杖 《東言》

노루를 피하니 범이 나온다
일이 점점 어렵게 되어 간다는 뜻.

[同類] 갈수록 태산(泰山). 첩첩 산중이다. 엎친 데 덮친 격이다. 설상 가상(雪上加霜).

[出典] 避獐逢虎 《東言》

노루잠에 개꿈이라
깊이 들지 못하는 잠에 개꿈을 꾸었으니 신통치 않은 일이다.

[同類] 돝잠에 개꿈. 쇠살에 말뼈.

노루 잡기 전에 골뭇감 마련한다
일이 채 이루어지기도 전에 다음 일을 서두른다.

노루 잡는 사람이 토끼가 보이나
큰 것을 바라보는 이는 사소한 것을 돌아보지 않는다.

노루 친 몽둥이 삼년 우린다
다소라도 이용 가치가 있다고 생각하면 한 가지 것을 두고 두고 이용한다.

노목궤(櫨木櫃)
조금도 융통성이 없는 사람을 이름.

[出典] 櫨木櫃 《旬五》

노송나무 밑이다
마음이 음충맞다.

노염은 호구 별성인가
노염을 잘 타는 이를 이름.
(호구 별성 : 戶口別星→집집마다 다니며 천연두를 앓게 한다는 역신)

노인 부랑한 것, 어린애 입 잰 것
해롭기만 하고 아무짝에도 쓸데없다.

[同類] 계집 입싼 것. 맏며느리 손 큰 것. 봄비 잦은 것. 사발 이 빠진 것. 어린애 입 잰 것, 중 술 취한 것. 지어미 손 큰 것.

[出典] 老人潑皮 小兒捷口 《稗官》

노장(老將)은 병담(兵談)을 아니하고, 양고(良賈)는 심장(深藏)한다
노련한 장군은 병담을 함부로 말하지 않고, 좋은 장사꾼은 물건을 깊이 감춘다. 곧 훌륭하고 참된 사람은 그가 가진 지식이나 덕을 경솔히 자랑하지 않는다.

노적가리에 불지르고 싸라기 주워 먹는다
큰 것을 다 없애고 작은 것을 아낀다.

[同類] 노적가리에 불붙이고 튀각 주워 먹는다. 노적 섬에 불붙여 놓고 박산(薄饊) 주워 먹는다.

노처녀가 시집을 가려니 등창이 난다
오랫동안 벼르던 일이 막상 되려고 하니, 뜻하지 않은 일이 생겨 방해가 된다.

노파심(老婆心)
남의 걱정을 너무 하는 마음.

녹비(鹿皮)에 가로 왈(曰)자
사슴 가죽에 가로 왈(曰)자를 써서 세로로 당기면 날 일(日)자가 되고, 가로로 당기면 가로 왈(曰)자가 된다. 곧 ① 일정한 주견 없이 남의 말만 듣고 이랬다 저랬다 행동한다.
② 일이 이렇게도 저렇게도 된다.

[同類] 귀에 걸면 귀걸이, 코에 걸면 코걸이.

[出典] 熟鹿皮大典 《旬五》, 《松南》

논두렁에 구멍 뚫기
매우 심술이 사납다.

놀기 좋아 넋동치기
심심할 때에는 소용없는 일이라도 마지못해 한다.

농부는 두더지다
 농부는 땅을 파고 산다.
농사꾼이 굶어 죽어도 종자는 베고 죽는다.
 ① 농사꾼은 씨앗을 매우 소중하게 여긴다. ② 어리석고 인색한 사람을 이르는 말.
 [同類] 종자는 베고 죽는다.
 [出典] 農夫餓死 枕厥種子 《耳談》
농사 물정 안다니까 피는 나락 홱 뺀다
 남이 추어 주는 말을 바로 깨닫지 못하고 잘난 체하며 사리에 어긋난 일을 한다.
농자는 천하지대본 (農者天下之大本)이라
 농업은 한 나라의 근본(기본적 산업)이다.
 [出典] 夫食爲人天 農爲國本 《帝範》
놓친 고기가 더 크다
 먼젓 것이 지금 것보다 더 좋았다고 생각한다.
 [同類] 나간 머슴이 일을 더 잘했다. 놓친 고기 크게 뵌다.
뇌성에 벼락
 엎친 데 덮친 격으로 어려운 일이 겹쳐 일어난다.
누가 흥(興)이야 항(恒)이야 하랴
 관계없는 남의 일에 누가 이래라 저래라 하겠는가.
 [同類] 흥이야 항이야.
 [出典] 興伊恒伊 《松南》
누란지세 (累卵之勢)
 쌓아 놓은 새알처럼 언제 무너질지 모르는 위험한 형세.
누운 소 타기
 하기가 아주 간단하고 쉽다.
누울 자리 봐 가며 발 뻗는다
 다가올 일의 경과를 미리 생각해 가면서 시작한다.
 [同類] 이불깃 봐 가며 발 편다.
 [出典] 量吾被 量吾趾 《洌上》, 量衾伸足 《旬五》, 先視爾褥 乃展厥足 《耳談》
누워 떡 먹기
 일하기가 매우 쉽다.
 [同類] 겉보리 돈 삼기.
누워서 떡을 먹으면 팥고물이 눈에 들어간다
 제 몸이 편한 것 같아도 해로움이 따른다.
 [出典] 餠臥喫 豆屑落 《洌上》
누워서 침 뱉기
 남을 해치려다가 도리어 제게 해로운 결과가 돌아온다.
 [同類] 제 얼굴에 침 뱉기.
누이 믿고 장가 안 간다
 도저히 불가능한 일을 바라고 다른 방책을 세우지 않는다.
누이 좋고 매부 좋다
 피차 서로 좋다.
눈 가리고 아웅
 얕은 수로 남을 속이려 한다.
눈 감으면 코 베어 먹을 세상
 세상 인심이 험악하여. 언제 피해를 입을지 모른다.

눈뜨고 도둑 맞는다
알면서도 할수없이 손해를 본다.

눈뜨고 코 베어 갈 세상
보는 데서 해를 입힌다.

눈 먹던 토끼, 얼음 먹던 토끼가 다 각각
자기가 겪어온 경험과 환경에 따라 그 능력과 습성이 제각기 다르다.

눈먼 놈이 앞장선다
못난이가 껍적거리고 남보다 먼저 나선다.

눈먼 말 워낭 소리 따라간다
무식한 사람이 주견 없이 남이 하는 대로 좇아서 한다.
(워낭→마소의 귀 밑에서 턱 밑으로 늘여 단 방울)
[同類] 고마 문령(瞽馬聞鈴).

눈먼 소경더러 눈멀었다 하면 성낸다
누구든지 제 잘못이나 결점을 남이 말하는 것을 싫어한다.

[出典] 瞽非不瞽 謂瞽則怒 《耳談》

눈먼 자식이 효자 노릇 한다
도외시하던 뜻밖의 사람으로부터 은혜를 입게 된다.

눈먼 탓이나 하지 개천 나무래 무엇하나
자기의 부족을 탄식할 것이지 남을 원망할 일이 아니다.

눈썹만 뽑아도 똥 나오겠다
조그만 피로움도 참지 못하고 쩔쩔맨다는 뜻.

눈엣가시
몹시 미운 사람을 이르는 말.
[出典] 眼中釘 《松南》

눈 위에 서리친다
나쁜 일이 연해 일어난다.
[同類] 엎친 데 덮친 격. 얼어 죽고 데어 죽는다. 엎친 놈 위에 덮치기. 설상 가상.

눈을 떠야 별을 보지
어떤 결과를 얻으려면 실제로 그에 상당한 일을 해야 한다.

눈치가 빠르면 절에 가도 새우젓을 얻어먹는다
영리하고 수단만 좋으면 남다른 이익을 차지할 수 있다.
[同類] 눈치가 빠르면 절에 가도 조개젓을 얻어먹는다.

뉘 덕으로 잔 뼈가 굵었는고
남의 은덕을 모른다.

뉘 집에 죽이 끓는지 밥이 끓는지 아나
여러 사람의 사정을 다 알기 어렵다.

느린 걸음이 잰 걸음
일을 천천히 해서 실수가 없으면 결국 빨리 하는 결과가 된다.

느린 소도 성낼 적이 있다
성미가 느리고 순한 사람도 성내면 무섭다.
[出典] 緩牛怒 《東言》

느릿느릿 걸어도 황소 걸음
보기에는 느린 것 같지만 꾸준하여 실속이 있다.

늙게 된서방 만난다
잘 지내오다가 까다롭고 어려운 일을 당하여 고달프다.

늙으면 아이 된다
노년기(老年期)에 들면 마음이나 행동이 어린 아이 같다.

늙은 나귀 팔려면 잘 꾸며 줘야 한다
① 노처녀가 시집을 가려면 잘 가꿔야 한다. ② 좋지 못한 물건은 겉을 잘 꾸며야 팔린다.

늙은 말 콩 더 달란다고
① 사람은 늙어 갈수록 욕심이 커진다. ② 쓸모 없는 것이 오히려 못난 짓을 한다.
[同類] 늙은 말이 콩 마다할까
[出典] 老馬在廐 猶不辭豆 《耳談》

늙은 소 콩밭으로 간다
① 늙으면 더 먹고 싶어하고 욕심이 는다. ② 경험이 많아 자기에게 이로운 짓만 한다.

늙은 소 흥정하듯
하는 일을 빨리 끝내지 않고 질질 끈다.

늙은이 뱃가죽 같다
물건이 쭈글쭈글하여 보기 흉하다.

늙은이 아이 된다
늙으면 언동(言動)이 아이들 같이 천박하다.

능구렁이가 되었다
경우를 다 깨달으면서도 겉으로는 모르는 체할 만큼 세상 일에 익숙해졌다.

능참봉을 하니까 거둥이 한 달에 스물아홉 번이라
모처럼 취업을 하니까 생기는 것 없이 바쁘기만 하다.

늦게 배운 도둑이 날새는 줄 모른다
늦게 시작한 일에 매우 흥미를 느끼고 골몰한다.
[同類] 늦게 시작한 도둑이 새벽 다 가는 줄 모른다.

늦모내기에 죽은 중도 꿈쩍거린다
① 모낼 때는 누구든지 일을 거든다. ② 바쁠 때는 누구나 다 일해야 한다.

늦바람이 곱새를 벗긴다
늙어서 바람이 나면 그 기세가 세어서 걷잡을 수 없다.
(곱새→용마름, 초가 지붕 위의 마루에 덮는 것)

늦은 밥 먹고 파장(罷場) 간다
때를 놓치고 늦게야 행동을 시작한다.

ㄷ

다 가도 문턱 못 넘기
끝맺음을 못하여 헛수고했다.

다 닳은 대갈마치라
몸이 다부지고 닳을 대로 닳아 마음이 독하다.

다 된 농사에 낫 들고 덤빈다
일이 끝난 뒤에 쓸데없이 시비를 걸고 덤빈다.
[同類] 굿 뒤에 날장구 친다. 굿 뒤에 쌍장구 친다. 굿 마친 뒷장구.

다 된 죽에 코 빠졌다
다 된 일을 망쳐 놓았다.
[同類] 다 된 국에 코 떨어뜨렸다.
[出典] 盡煎粥鼻泗墜《東言》

다 된 죽에 코 풀기
① 거의 다 된 일을 망쳐 버리는 주책없는 행동을 이르는 말. ② 남의 다 된 일을 악랄한 방법으로 방해하다.

다라운 부자가 활수(滑手)한 빈자(貧者)보다 낫다
인색하더라도 부자는 남에게 베풀 수 있는 여유가 있어 결과적으로 아낌없이 시원스럽게 쓰는 빈자보다 낫다.

다람쥐 쳇바퀴 돌 듯
쉴 새 없이 반복은 하지만 결말이 나지 않는다.

다리 부러진 장수 성(城) 안에서 호령한다
못난 사람이 집안에서만 큰소리친다.
[同類] 방 안에서 호랑이 잡는다.

다리 아래에서 원을 꾸짖는다
그 사람이 없는 데서 원망하고 욕한다.
[同類] 다릿목 아래서 원 꾸짖기.
[出典] 橋下咤俘《旬五》, 橋下叱俘《松南》

다 먹은 죽에 코 빠졌다 한다
처음에는 말이 없다가 배가 부르면 탈을 잡는다.
[同類] 말 한 마리 다 먹고 말고기 냄새 난다고 한다. 한 말고기 다 먹고 말 하문(下門)내 난덴다.

다 밝게 범두와 소리라
때 늦게 행동한다. (범두와 소리―옛날에 순라꾼이 밤에 돌아다니면서 지르던 소리)

다시 긷지 않는다고 이 우물에 똥을 눌까
① 다시 안 볼 것 같지만 얼마 안 가서 그 사람에게 청할

일이 생긴다. ② 지위가 높아져 다른 곳으로 떠나지만 정든 사람, 정든 고향을 잊어서는 안 된다.

[同類] 이 샘물에 똥을 누어도 다시 그 우물을 먹는다. 이 샘물 안 먹는다고 똥 누고 가더니 그 물이 맑기도 전에 다시 와서 먹는다.

[出典] 謂不再緶 汙此舊井 《耳談》

다시 보니 수원 나그네
상대편에서 아는 체하니까 그제서야 인사한다.

[同類] 알고 보니 수원 손님. 인제 보니 수원 나그네.

[出典] 更見乃水原客 《東言》

다 팔아도 내 땅
어떻게 하든 결국 자기 몫이 된다.

다 퍼먹은 김칫독
앓거나 굶주려서 눈이 움푹 들어간 사람의 비유.

단간방에 새 두고 말할까
서로 가까운 처지에 비밀이 있을 수 있겠는가.

단단하기만 하면 벽에 물이 괴나
① 단단한 땅에 물이 괴지만 벽면(壁面)에야 괼 수 없다. 한 가지 조건만 갖추었다고 일이 되는 것은 아니다. ② 너무 아끼고 돈을 모으려는 사람을 비웃는 말.

단단한 땅에 물이 괸다
[同類] 굳은 땅에 물이 괸다.

단도 직입(單刀直入)
① 혼자서 칼을 휘두르고 거침없이 적진으로 쳐들어감. ② 요점을 바로 풀이하여 들어감.

단 맛, 쓴 맛 다 보았다
세상살이의 즐거움과 피로움을 모두 겪었다.

단 솥에 물 붓기
형세가 이미 기울어져 도와 주는 보람이 없다.

단순 호치(丹脣皓齒)
붉은 입술과 흰 이빨. 곧 아름다운 여자의 비유.

닫는 데 발 내민다
딴죽을 건다. 곧 남이 하는 일에 방해한다.

[出典] 走前出足 《東言》

닫는 말에도 채를 친다. 닫는 말에 채찍질
어떠한 일을 더 잘 하도록 격려한다.

[同類] 가는 말에도 채를 치랬다. 가는 말에 채찍질. 주마가편(走馬加鞭).

닫는 말에 채찍질한다고 경상도까지 하루에 갈 것인가
부지런히 하고 있는 일을 더 잘하라고 무리하게 재촉한다고 될 일인가.

닫는 사슴 보고 얻은 토끼를 잃는다
욕심이 지나치면 도리어 손해를 본다.

[同類] 달아나는 노루 보고 얻은 토끼를 놓쳤다.

달걀도 굴러가다 서는 모가 있다
모든 일이 지연되다가도 결말이 날 때가 있다.

달걀로 백운대 치기, 달걀로 성(城)치기
약한 힘으로 강한 것에 대항하면 보람이 없다.

달걀로 치면 노른자다
가장 중요한 부분이다.

달걀 섬 다루듯 하다
조심조심 물건을 다룬다.

달걀 지고 성 밑으로 못 가겠다
의심이 많고 필요 이상의 걱정을 하는 사람을 이르는 말.
[同類] 곤 달걀 지고 성 밑으로 못 가겠다.

달고 치는데 안 맞는 장수 있나
아무리 힘센 사람도 여러 사람이 합세하여 대항하면 진다.

달기는 엿집 할미 손가락이다
어떤 음식에 맛을 들이면 그 사람이 만든 맛없는 것까지에도 홀린다.

달도 차면 기운다
모든 것이 한 번 번성하고 가득 차면 다시 쇠퇴한다.
[同類] 그릇도 차면 넘친다.

달면 삼키고 쓰면 뱉는다
제게 이로우면 이용하고 그렇지 않으면 배척한다.
[同類] 감탄 고토(甘呑苦吐).
[出典] 昔以甘茹 今乃苦吐《耳談》

달무리한 지 사흘이면 비가 온다
달무리지면 비가 올 징조다.

달 밝은 밤이 흐린 낮만 못하다
자식이 아무리 효도를 해도 못된 남편만 못하다.

달밤에 삿갓 쓰고 나온다
미운 사람이 미운 짓 더한다.

달 보고 짖는 개
남의 언행을 의심해서 소동하는 어리석은 사람의 비유.

달아나는 노루 보고 얻은 토끼를 놓쳤다
큰 이익만 탐내지 말고 작은 이익부터 취하라.
[出典] 見奔獐 放獲兎《旬五》, 奔獐顧 放獲兎《洌上》, 母趁走麇 此落鶨《耳談》, 走獐落兎《東言》

달아나면 이밥 준다
일이 해결될 길이 없을 때는 달아나는 것이 상책이다.
[出典] 走與稻飯《旬五》,《松南》

닭도 제 앞 모이 긁어 먹는다
제 일부터 처리해야 한다.

닭 벼슬이 될망정 쇠꼬리는 되지 말라
작더라도 남의 우두머리가 될지언정 졸자는 되지 말라.
[同類] 용의 꼬리보다 닭의 머리가 낫다.
[出典] 寧爲鷄口 勿爲牛後 《史記》

닭 소 보듯, 소 닭 보듯
별 관심이 없이 물끄러미 바라보기만 한다.

닭 손님으로는 아니 간다
대수롭지 않은 손님들 속에 끼기는 싫다. 여러 사람이 못살게 구는 곳에는 안 간다.

닭 쌈에도 텃세한다
어디에나 텃세는 있다.
[同類] 개도 텃세한다.

닭의 새끼 봉(鳳)이 되랴
타고난 성품은 어떻게 해도 고칠 수 없다.
[同類] 각관 기생 열녀(烈女) 되랴?

닭이 천(千)이면 봉이 한 마리
여럿이 모인 데는 반드시 뛰어난 사람도 있다.

닭 잡아 겪을 나그네, 소 잡아 겪는다
① 처음에 조금 손을 쓰면 처리될 일을 아니하면 나중에는 큰 손실이 온다. ② 대단치 않은 사람을 너무 대접한다.
[同類] 기와 한 장 아끼다가 대들보 썩힌다. 한 푼 아끼다 백 냥 잃는다.

닭 잡아먹고 오리발 내민다
나쁜 짓을 해놓고 탄로나지 않도록 계교를 꾸민다.

닭 쫓던 개의 상(相)
어찌할 수 없이 되어 맥이 빠져 민망해 하는 모양.

닭 쫓던 개 지붕만 쳐다본다
한참 애쓰던 일이 실패로 돌아가거나 서로 경쟁하던 상대가 앞서갈 때 망막해 한다.
[出典] 狗逐鷄屋只睇《洌上》, 赶鷄之犬 徒仰屋曩《耳談》, 逐鷄犬瞻籬《東言》

담배 씨로 뒤웅박을 판다
인색하고 소견이 좁은 사람을 이르는 말.
[出典] 莫種眇乎 彫匏庶刳《耳拾》

담뱃불에 언 쥐를 쬐어 가며 벗길 놈
도량이 작아 쓸모 없는 놈.

담벼락하고 말하는 셈이다
이해할 줄 모르는 사람과는 말해야 소용없다.

닷곱에도 참여 서 홉에도 참여
너무 사소한 일에까지 참견하여 간섭한다.

닷 돈 보고 보리밭에 갔다가 명주 속옷 찢었다
조그마한 이익을 바라다가 도리어 큰 손해를 보았다.

닷 돈 추렴에 두 돈 오 푼 냈나
여러 사람이 모인 데서 대접을 제대로 받지 못했을 경우에 쓰는 말.

닷새를 굶어도 풍잠(風簪) 멋으로 굶는다
자기 체면 때문에 곤란을 무릅쓴다. (풍잠→망건의 앞 이마에 반달 모양으로 된 장식품)

[同類] 닷 돈 추렴에 두 돈 반 냈나?

당근 같다
매우 훌륭하고 귀하다.

당나귀 귀 치레
어울리지 않는 꾸밈새.

당나귀 못된 것은 생원님만 업신여긴다
못된 자가 도리어 윗사람을 업신여긴다. ↔나귀는 샌님만 섬긴다.

당나귀 찬 물 건너가듯
글을 막힘없이 읽는다.

당나귀 하품한다
귀머거리를 조롱하는 말.

당장 먹기엔 곶감이 달다
당장 좋은 것은 그 때뿐이지 참으로 좋은 것은 못 된다.

대가리를 삶으면 귀까지 익는다
가장 중요한 일만 처리하면 나머지는 따라서 해결된다.

대가리를 잡다가 겨우 꽁지를 잡는다
큰 것을 얻으려다 작은 것 밖에 못 얻었다.

대가리에 쉬 슨 놈
어리석고 둔한 사람의 비유.

대감 죽은 데는 안 가도 대감 딸 죽은 데는 간다
제 잇속만 차리어 인심이 야박하다.

[同類] 좌수상사(座首喪事)라. 호장(戶長) 댁네 죽은 데는 가도 호장 죽은 데는 안 간다.

대기 만성(大器晚成)
큰 인물은 갑자기 이루어지지 않는다.

[同類] 큰 독은 짓기 어렵다.
[出典] 大方無隅 大器晚成 《老子》

대꼬챙이로 째는 소리를 한다
날카로운 소리를 지른다.

대 끝에서도 삼 년이라
어려운 고비에서 견딘다.

[出典] 竿頭過三年《旬五》, 竹竿頭過三秋 《冽上》, 竿頭苟延或至三年 《耳談》, 竹末過三年 《松南》, 竿頭三年活《東言》

대를 살리고 소를 죽이다
부득이한 때 큰 것을 위해 작은 것을 희생시킨다.

대문 밖이 저승이라
사람은 언제 죽을지 모르므로 죽음은 가까이 있다.

[同類] 저승길이 멀다더니 대문 앞이 저승이라.

대문이 가문(家門)
가문이 좋은 세도가의 집안은 대문도 큼직하다.

대문턱 높은 집에 정강이 높은 며느리 들어온다
① 일이 우연히 들어맞는다.
② 좋은 집안에 명문가(名門家)의 며느리가 들어온다.

대부동(大不動)에 곁 낫질이라
강대한 세력에 약한 힘으로 부질없이 대항한다. (대부동→매우 큰 아름드리 나무 재목)
[同類] 토막나무에 낫걸이.
[出典] 大不動 點鎌掛《東言》

대신댁 송아지 백정 무서운 줄 모른다
자기 주인의 세력을 믿고 안하 무인(眼下無人)격인 거만한 행동을 한다.

대장장이 집에 식칼이 논다
마땅히 있어야 할 곳에 오히려 없다. (논다→인물이나 물자가 드물고 귀하다)
[出典] 鐵冶家世 食刀乏些《耳拾》, 冶家無食刀《東言》

대천(大川) 바다도 건너 봐야 안다
일이고 사람이고 실제로 겪어 봐야 그 참모습을 알 수 있다.
[同類] 길고 짧은 것은 대어 보아야 안다. 깊고 얕은 물은 건너 보아야 안다.

대추나무 방망이다
모질고 단단하게 생긴 사람의 비유.

대추나무에 연 걸리듯
여러 곳에 빚이 많다.
[同類] 고슴도치 외 걸머지듯. 고슴도치 외 따 지듯.

대추씨 같다
키는 작으나 야무지고 단단하며 빈틈이 없는 사람의 비유.

댑싸리 밑의 개 팔자
보잘것없는 사람이 행운을 만나서 편하게 지낸다.

댓구멍으로 하늘을 본다
소견이 좁아 답답한 사람의 일컬음.
[同類] 바늘 구멍으로 하늘 보기.

댓진 먹은 뱀
운명이 다한 사람의 비유.

더도 말고 덜도 말고 늘 가윗날만 같아라
항상 가윗날처럼 잘 먹고 잘 입고 잘 놀고 살기를 바란다.

더러운 처(妻)와 악한 첩(妾)이 빈 방보다 낫다
처첩이 아무리 나쁘더라도 잠자리에는 없는 것보다 낫다.

더벅머리 댕기 치레하듯
바탕이 좋지 않은 것에 어울리지 않게 지나친 겉치레를 하면 도리어 더 흉하다.

더부살이가 주인 마누라 속곳 베 걱정한다
자기의 처지도 모르고 주제넘게 남의 일에 걱정을 한다.

더부살이 환자(還子) 걱정
쓸데없이 하는 걱정.

더운 죽에 혀 데기
① 대단치 않은 일에 낭패를 보아 얼마 동안 쩔쩔맨다. ② 대단치 않은 어떤 일에 겁을 내어 바싹 덤벼들지 못한다.
[出典] 熱粥接舌《東言》

더위 먹은 소 달만 보아도 휠떡인다
무엇에 한 번 혼나면 그와 비슷한 것만 봐도 겁을 낸다.
[同類] 국에 덴 것이 냉수를 불고 먹는다. 국에 덴 놈 물 보고도 분다.

던져 마름쇠
익숙하지 않은 사람이 오히려 실패하지 않는 경우의 비유.

덜미에 사잣밥을 짊어졌다
목숨을 걸고 위험한 일에 뛰어들다.

덤불이 커야 도깨비가 난다
기댈 게 있어야 일이 잘 된다.

덩더꿍이 소출
① 사생아(私生兒)를 비웃는 말. ② 있을 때는 풍성하게 써 버려 매우 어렵게 지낸다.

덩덩하니 굿만 여긴다
얼씬만 해도 구경거리인 줄 알고 출썩거린다.

덫에 치인 범이요, 그물에 걸린 고기
막다른 처지에 몰린 형세.

덮어놓고 열넉 냥 금
잘 알지도 못하고 판정한다.

덴 데 털 안 난다
화상(火傷)을 입은 데 털이 다시 안 나듯이 한 번 크게 실패하면 다시 일으키기 힘들다.

도감 포수의 오줌 짐작이다
분명치 않은 일을 짐작으로만 믿고 하여 낭패하기 쉽다.

도갓집 강아지 같다
사람을 많이 치러 온갖 일에 눈치가 썩 빠르다.

도깨비는 방망이로 떼고, 귀신은 경(經)으로 뗀다
해로운 자를 물리치는 데는 특이한 방법이 있다.

도깨비도 수풀이 있어야 모인다
의지할 곳이 있어야 무슨 일이나 이루어진다.

도깨비 땅 마련하듯
무슨 일을 하기는 해도 결국 헛일이 된다.
[出典] 魍魎量稅《旬五》

도깨비를 사귀었나
까닭 모르게 재산이 부쩍부쩍 늘어감을 이르는 말.

도깨비 사귄 셈이라
귀찮게 따라다님을 이르는 말.

도끼가 제 자루 못 찍는다
제 일을 제가 하지 못한다.

도끼 가진 놈이 바늘 가진 놈을 못 당한다
도끼는 함부로 휘두르지 못하지만 바늘로는 찔렀다 해서 죽지는 않는다. 곧 큰 것을 가진 자가 작은 것 가진 이를 이기지 못한다.

도끼는 날을 달아 써도 사람은 죽으면 그만
물건은 다시 고쳐 쓸 수 있지만 사람의 생명은 그렇게 할 수 없다.
[同類] 도끼는 무디면 갈기나

하지만 사람은 죽으면 다시 오지 못한다. 도끼라 날 달아 쓸까?

도끼로 제 발등 찍는다
남을 해치려다가 오히려 제가 해를 입는다.

도끼를 베고 잤나
일찍 일어난 사람을 보고 놀리는 말.

도끼 자루 썩는 줄 모른다
시간 가는 줄 모른다.

도둑개가 겻섬에 오른다
제가 탐내는 것을 할 때는 행동이 매우 민첩하다.
出典 賊狗上糠石《東言》

도둑고양이더러 제물(祭物) 지켜 달라 한다
해를 끼칠 사람에게 중요한 일을 맡김의 비유.

도둑괭이가 살찌랴
남의 것을 빼앗아 가진다고 재물을 모으지는 못한다.

도둑놈 개에게 물린 셈
제 잘못으로 봉변을 당하면 아무 말 못한다.

도둑놈더러 인사 불성이라 한다
도둑놈이 사람의 도리를 못하는 것은 책망할 여지가 없다.

도둑놈 문 열어 준 셈
스스로 재화(災禍)를 끌어들인 격이다.
同類 개문 납적(開門納賊).
고양이보고 반찬 가게 지켜 달라는 셈.

도둑놈에게 열쇠 맡긴 셈
나쁜 사람에게 직접 나쁜 짓을 할 수 있는 기회를 만들어 준다.

도둑놈은 한 죄 잃은 놈은 열 죄
도둑놈은 물건 훔친 죄 밖에 없으나 잃은 사람은 문 단속을 잘못한 죄, 주변 사람을 의심하는 죄 등 여러 가지 죄를 짓게 된다.

도둑놈이 제 말에 잡힌다
나쁜 짓을 하고 그것을 숨기려 하나 저도 모르게 말을 하여 제 죄를 드러내게 된다.

도둑 맞고 사립문 고친다
미리 대비하지 않고 일을 당하고 뒤늦게 방비한다.
同類 도둑이 제 발 저린다.

도둑 맞고 죄 된다
도둑을 맞고도 공연히 죄 없는 사람까지 의심하게 됨을 경계하는 말.

도둑 맞으면 어미 품도 들춘다
물건을 잃게 되면 누구나 다 의심하게 된다.

도둑에도 의리가 있고, 땅꾼에도 꼭지가 있다
못된 짓을 하는 사람끼리에도 의리와 인정이 있다. (땅꾼→뱀을 잡아 파는 사람)
同類 도둑놈도 인정이 있다.

도둑을 뒤로 잡지 앞으로 잡나
도둑을 잡으려면 뒷조사를 하여 증거를 잡아야지 의심만으로 누가 훔쳤다고 해서는 안 된다.

[出典] 盜以後捉 不以前捉《耳談》

도둑을 맞으려면 개도 안 짖는다

뜻밖에 손재(損財)를 당하려면 악운(惡運)이 겹친다.

도둑의 때는 벗어도 자식의 때는 못 벗는다

도둑의 누명은 범인이 잡히면 벗을 수 있으나 자식의 잘못은 부모가 져야 한다.

도둑의 때는 벗어도 화냥의 때는 못 벗는다.

화냥질은 흔적이 없으므로 도둑 누명처럼 벗을 수 없다.

[出典] 盜寃竟雪 淫誣難滅《耳談》

도둑의 씨가 없다

도둑은 유전(遺傳)이 아니므로 악한 마음만 가지면 누구나 도둑이 된다.

도둑이 도둑이야 한다

제 밑이 구린 사람이 남이 할 말을 먼저 한다.

도둑이 매를 든다

도둑질한 놈이 도리어 매를 들고 주인에게 달려든다.

[同類] 도둑놈이 몽둥이 들고 길 위에 오른다. 도둑이 달릴까 했더니 선다. 되순라(巡邏)잡다. 되잡아 흥이다.

[出典] 賊反荷杖《旬五》,《松南》

도둑이 제 발이 저리다

죄를 지으면 탄로날까봐 마음이 조마조마하다.

[同類] 도둑놈이 제 발자국에 놀란다.

[出典] 盜之就拿厥足自麻《耳談》

도둑이 포도청 간다

지은 죄를 숨기려고 한 짓이 도리어 그것을 드러내고 만다.

도둑질은 내가 하고 오라는 네가 져라

좋지 못한 결과는 남에게 돌려 책임을 지게 한다. (오라—옛날 죄인을 묶던 포승줄)

[同類] 김씨가 먹고 이씨가 취한다.

도둑질을 하다 들켜도 발명을 한다

나쁜 일을 하다가 탄로되어도 변명하는 것을 비웃는 말.

도둑질을 하더라도 사모 바람에 거드럭거린다

나쁜 짓을 하고도 관리란 유세로 큰 소리를 친다.

도둑질을 해도 손발이 맞아야 한다

무슨 일을 하든지 협조해 주는 이와 잘 맞추어야 좋은 결과를 얻을 수 있다.

도둑질한 사람은 오그리고 자고 도둑 맞은 사람은 펴고 잔다

남에게 못된 짓을 한 사람은 항상 마음이 불안하다.

도랑에 든 소

먹을 것이 많다.

도랑 치고 가재 잡는다

일의 순서가 뒤바뀌다.

도래떡이 안팎이 없다
① 일이 애매하여 판단을 내리기 어렵다. ② 되지 못한 자가 서출(庶出)을 더 심히 구별하여 업신여길 때 사람은 매일반인데 뭘 그러느냐고 핀잔주는 말. (도래떡→둥글고 넙적한 떡.)

出典 餛飩之餠 安有表裏《耳談》

도련님은 당나귀가 제격이다
작은 것은 작은 것끼리 격이 맞는다. 곧 무엇이나 서로 어울려야 제격이다.

도련님 풍월(風月)에 염(簾)이 있으랴
서투른 사람이 하는 일에 어찌 완전한 것을 바랄 수 있겠는가. (염→한시의 율격)

同類 언문(諺文) 풍월에 염이 있으랴? 서투른 시객(詩客)이 평측(平仄)을 가리랴?

도령 상(喪)에 구방상(九方相)
격에 맞지 않는다. (구방상→가장 행렬 때 선두·좌우에 방상시 가면을 쓴 사람)

同類 개 발에 편자. 사모(紗帽)에 영자(纓子). 짚신에 정분(丁粉) 칠하기.

出典 都令喪 九方相《洌上》

도로아미타불이라
애써 한 일이 헛일이 되고 말았다.

出典 還阿彌陀佛《東言》

도마에 오른 고기
막다른 지경에 이르렀다.

同類 궤상육(机上肉). 그물에 든 고기.

도마 위엣 고기가 칼을 무서워하랴
죽을 지경에 이른 사람이 무엇이 두렵겠는가.

出典 俎上肉 不畏刀《旬五》, 肉登俎 刀不怖《洌上》, 俎上魚 畏刀乎《東言》

도투마리 잘라 넉가래 만들기
하기 쉬운 일이다. (도투마리→베틀의 날실을 감는 틀. 넉가래→곡식을 한 곳에 모으거나 눈을 칠 때 쓰는 기구)

同類 겉보리 돈 삼기.

도포 입고 논 갈아도 제 멋이다
격에 맞지 않아도 저하고 싶은 대로 한다. (도포→옛날 남자가 보통때의 예복으로 입던 겉옷)

同類 갓 쓰고 박치기해도 제 멋. 동냥 자루도 제 맛에 찬다. 오이를 먹어도 제 소청.

同類 도포 입고 논 썰기.

도회 소식을 들으려면 시골로 가거라
제가 있는 곳, 가까운 곳의 일은 잘 모르지만 먼 데 일은 오히려 잘 알고 있다.

독 깰까봐 쥐를 못 잡는다
쥐가 독 속에 들었으나 독을 깨뜨릴까봐 못 잡듯이 무엇을 처리하려고 생각하나 다른 일을 그르칠까봐 못한다.

[同類] 쥐를 때려 잡으려 해도 접시가 아깝다. 욕투서이기기 (欲投鼠而忌器)

독불장군(獨不將軍)
혼자서는 무슨 일이고 하기 어렵다.
[同類] 고장 난명(孤掌難鳴)

독사 아감지에 손가락을 넣는다
매우 위험한 짓을 한다.

독서당 개가 맹자왈 한다
어리석은 사람도 늘 익히면 능히 할 수 있게 된다.

독서 망양(讀書亡羊)
글을 읽는데 정신이 팔려 먹이고 있던 양을 잃었다는 뜻으로, 하는 일에는 뜻이 없고 딴 생각만 하다가 낭패본다.

독서백편 의자통(讀書百遍義自通)
이해하기 어려운 책이라도 여러 번 되풀이하여 읽으면 저절로 뜻을 알게 된다.

독 안에 든 쥐
둘레가 막혀 도망칠 수 없게 된 처지.

독을 보아 쥐를 못 친다
어떤 대상을 공격하려 하나 그와 관련된 다른 사람의 체면 때문에 차마 공격할 수 없다.

독장사 경륜(經綸)
헛된 욕망을 꿈꾸다가 손해만 본다.

독장사 구구
실현될 수 없는 허황한 계산.

[同類] 독장사 구구는 독만 깨뜨린다.
[出典] 甕算 《松南》

독 틈에 탕관(湯罐)
약자가 강자 사이에 끼어 고초를 겪는다.
[同類] 고래 싸움에 새우 등 터진다.

돈 떨어지자 입맛 난다
무엇이나 뒤가 달리면 아쉬워지고 생각이 더 간절해진다.
↔뜻과 같이 되니까 입맛이 변한다.

돈만 있으면 개도 멍첨지라
천한 사람도 돈이 있으면 대접을 받는다.

돈만 있으면 귀신도 부린다
돈이 있으면 세상에 못할 일이 없다.
[同類] 돈만 있으면 처녀 불알도 산다. 돈이 많으면 두역신(痘疫神)을 부린다.
[出典] 有錢 使鬼神《松南》

돈 모아 줄 생각 말고 자식 글 가르쳐라
자식에게 재산을 물려주는 것보다 자식을 잘 교육시키는 것이 더 낫다.
[出典] 遺子黃金滿籯不如一經 《漢韋》

돈반 밥 먹고 열 네 잎 놓고 사정한다
빚을 갚을 때 조금 남은 것은 사정하면 들어주게 된다.

돈 빌려 주면 돈도 잃고 친구도 잃는다
친한 사이에 돈을 빌렸다가 갚지 못하면 미안해서 그 친구에게 못 가게 되니 친구까지 잃게 된다.

돈 없는 놈이 큰 떡 먼저 든다
자격을 갖추지 못한 이가 먼저 덤벼 든다.

돈에 침 뱉는 놈 없다
누구나 돈은 중하게 여긴다.
[同類] 돈 마다하는 놈 못 봤다.

돈은 더럽게 벌어도 깨끗이 쓰면 된다
천한 일을 해서 번 돈이라도 보람 있게 쓰면 된다.
[同類] 개같이 벌어서 정승같이 먹는다. 개처럼 벌어서 정승같이 산다.

돈이 돈을 번다
밑천이 많아야 큰 이익을 보아 돈을 많이 번다.

돈이라면 뱃속의 아이도 나온다
돈만 있으면 무슨 일이고 다 할 수 있다.

돈이 많으면 장사를 잘하고, 소매가 길면 춤을 잘 춘다
무슨 일이나 밑천이 많고 소재가 풍부하면 좋은 성과를 거둔다.

돈이 없으면 적막 강산(寂寞江山)이요, 돈이 있으면 금수 강산(錦繡江山)이라
① 돈이 있으면 모든 것이 풍족하게 보이고, 돈이 떨어지면 삭막하게 보인다. ② 경제적으로 풍족해야 삶을 즐길 수 있다.

돈이 장사(壯士)라
돈만 있으면 무엇이든지 다할 수 있다.
[同類] 돈이 제갈량(諸葛亮). 돈만 있으면 귀신도 부릴 수 있다.

돋우고 뛰어야 복사뼈라
① 아무리 도망쳐 보아야 별 수 없다. ② 더하려고 기를 써 보았자, 조금 밖에 더 못한다.

돌다리도 두들겨 보고 건너라
잘 아는 일이라도 세심한 주의를 하라.
[同類] 구운 게도 다리를 떼고 먹는다. 구운 게도 매어 먹어라. 삼 년 벌은 전답도 다시 돌아보고 산다.

돌다 보아도 마름
마름은 아무리 떠돌아도 마름이듯이 이렇다 할 진보가 없이 같은 일만 되풀이되는 경우를 이르는 말.

돌담 배부른 것
아무 소용이 없고 도리어 해로운 존재다.
[同類] 봄비 잦은 것. 사발 이 빠진 것. 어린애 입 잰 것.
[出典] 腹肥石牆 《慵齋》, 石墻飽腹 《稗官》

돌도 십 년을 보고 있으면 구멍이 뚫린다
무슨 일이나 꾸준히 노력하면 안 되는 일이 없다.

돌로 치면 돌로 치고, 떡으로 치면 떡으로 친다
남이 나를 대접하는 만큼 나도 남을 대접한다는 말.

[出典] 石擲則石擲 餅擲則餅擲《旬五》, 投石石來 擲餅餅回《耳談》

돌부리를 차면 발부리만 아프다
별것도 아닌 일에 성을 내면 저만 해롭다.

돌아가 보아도 물방아
물방아는 아무리 돌아도 제 자리에 있듯이 노력을 하여도 별로 발전이 없다.

돌아본 마을, 뀌어본 방귀
돌아다니며 놀던 사람이 잘 놀며, 방귀도 뀌기 시작하면 잘 뀐다. 곧 무슨 일에나 재미를 붙이면 자꾸 하게 된다. (마을→시골에서 이웃집, 또는 이웃 동네에 놀러가는 것. 마실)

돌을 차면 발부리만 아프다
돌부리를 차면 제 발부리만 아프다.

[出典] 嚴怒蹴 傷吾足《洌上》

돌절구도 밑 빠질 날이 있다
아무리 단단한 것도 결딴이 날 때가 있다.

[同類] 쇠도 녹슬 때가 있다.

돌쩌귀에 녹이 슬지 않는다
늘 쓰는 물건은 녹슬지 않는 것처럼 무슨 일이든지 꾸준히 하면 빛이 난다. (돌쩌귀→여닫이 문짝에 다는 쇠붙이)

동관 삼월(東觀三月)이다
차림새가 더럽고 지저분한 사람을 가리키는 말.

*동관삼월→옛날 궁중(宮中)의 문고(文庫)인 동관에 오래 전부터 삼월(三月)이라는 궁녀(宮女)가 있었는데 낯도 씻지 않고, 항상 옷도 남루하여 이에서 나온 말이라 함.

[出典] 東觀三月《松南》

동냥도 아니 주고 자루 찢는다
요구는 안 들어 주고 도리어 방해만 놓는다.

동냥아치가 동냥아치 꺼린다
자기가 부탁하는 일과 같은 내용을 다른 사람이 하면 제 일이 안 될까봐 꺼린다.

동냥아치 첩도 제 멋에 취한다
남에게 천시받는 일도 제가 하고 싶어서 한다.

[同類] 갓 쓰고 박치기해도 제멋. 동냥 자루도 제 멋에 찬다. 오이를 거꾸로 먹어도 제 소청.

동냥은 안 주고 쪽박만 깬다
요구를 들어주기는커녕 오히려 해친다.

동냥 자루도 마주 벌려야 들어간다
보잘것없는 작은 일이라도 서로 협조해야 일이 쉽다.

동냥 자루를 찢는다
 어떤 결과를 가지고 서로 그 공이나 이익을 따지어 제각기 많이 차지하려고 다툰다.

동냥하려다가 추수 못 본다
 작은 이익을 탐내다가 큰 이익을 놓친다.

동네마다 후레아들 하나씩 있다
 많은 사람이 있는 곳에는 나쁜 놈도 섞여 있다.
 [出典] 百家之里 必有悖子《耳談》

동네 북
 이 사람 저 사람이 달려들어 함부로 침.

동네 색시 믿고 장가 못 든다
 터무니없는 것을 믿고 있다가 일을 그르친다.

동네 송아지는 커도 송아지란다
 항상 눈앞에 두고 보면 자라나고 변하는 것을 알아보기 어렵다.

동녘이 번하니까 다 내 세상인 줄 안다
 세상 돌아가는 형편을 모르고 무슨 일이나 다 제 뜻대로 될 것 같이 과대 망상하고 있다.
 [同類] 동녘이 번하니까 세상만 여긴다.

동녘이 훤하면 세상인 줄 안다
 동녘이 훤하게 밝으면 날이 샌 줄 아는 정도의 바보다.
 [出典] 東方開 認世上《東言》

동동 팔월(八月)
 팔월은 발을 동동 구를 정도로 분주한 가운데 지나간다.
 [同類] 깐깐 오월. 건들 팔월.

동무 따라 강남 간다
 가고 싶은 마음은 없었으나 친구의 권유에 끌리어 따라 가게 되는 경우를 말한다.
 [同類] 권에 못 이겨 방갓〔方笠〕 쓴다. 권에 비지떡.
 [出典] 隨友適江南《旬五》,《松南》追友江南往《東言》

동무 몰래 양식(糧食) 내기
 남 모르게 비용을 들이고도 방법이 서툴러 아무런 공적이 나타나지 않는다.
 [同類] 금의 야행(錦衣夜行).
 [出典] 諱伴出糧《旬五》, 諱伴出粮不算其糧《耳談》, 諱伴出粮《松南》, 同謀不知出粮食《東言》

동무 사나워 뺨 맞는다
 나쁜 친구를 사귀면 그 친구 때문에 억울하게 봉변한다.

동문 서답(東問西答)
 물음과 전혀 다른 엉뚱한 대답을 한다.
 [出典] 問東答西《松南》

동병 상련(同病相憐)
 ① 같은 병의 환자끼리 서로 가엾게 여김. ② 어려운 사람끼리 동정하고 도움.

동분 서주(東奔西走)
 이리저리 바삐 다님.

동생 줄 것은 없어도 도둑 줄 것은 있다
 가난하여 남에게 줄 만한 것

은 없지만 도둑이 가져갈 만한 것은 있다.

[出典] 無贈弟物 有贈盜物 《耳談》

동서(同壻) 시집살이는 오뉴월에 서릿발 친다

여자의 시집살이 중에서도 동서 밑에서 하는 시집살이가 가장 어렵다.

동성 아주머니 술도 싸야 사 먹지

아무리 친분이 두터워도 자기 이익을 먼저 생각한다.

동아 속 썩는 것은 밭 임자도 모른다

아무리 가까운 사이라도 남의 속 걱정은 알 수 없다.

동여맨 놈이 푼다

일을 시작한 사람이 그 일을 끝맺게 된다.

[出典] 結者解之 《旬五》

동정 못 다는 며느리 맹물 발라 머리 빗는다

일은 할 줄 모르면서 맵시만 내는 얄미운 사람을 비웃는 말. (동정→한복의 옷깃 위에 덧대는 흰 헝겊 오리)

동지 때 개딸기

철이 지나 도저히 구할 수 없는 것을 바란다.

동지 섣달에 베지기 적삼

철에 맞지 않은 옷. 곧 격식에 벗어났다.

[同類] 오뉴월 양천(陽天)에 솜바지 저고리.

동풍 닷냥이다

난봉 나서 돈을 낭비한다.

동헌(東軒)에서 원님 칭찬한다

제 집에서 제 자랑하는 격이다. (동헌→원님이 일보던 청사)

[出典] 衙中譽倅 《旬五》

돝 팔아 한 냥, 개 팔아 닷 돈 하니 양반인가

양반(兩班)을 비웃는 말. (돝→돼지)

[同類] 개 팔아 두 냥 반. 양반(兩班)인가, 두 냥 반(兩半)인가?

돼지가 깃을 물어 들이면 비가 온다

① 오랜 경험으로 앞일을 짐작할 수 있다. ② 미련한 사람의 직감(直感)이 사실에 들어맞았을 때 하는 말.

돼지 값은 칠 푼이요, 나무 값은 서 돈이라

배보다 배꼽이 더 크다. 곧 주된 비용보다 부차적(副次的)인 비용이 더 든다.

[同類] 한 냥짜리 장설에 고추장이 아홉 돈어치라. 한 푼짜리 푸닥거리에 두부가 오 푼.

돼지 왼 발톱

평상시와 혹은 딴사람과 틀린 행동을 했을 때의 비유.

돼지 우리에 주석 자물쇠

격에 맞지 않게 치장을 한다.

[同類] 가게 기둥에 입춘. 개 발에 놋대갈. 개 발에 편자.

개에게 호패(號牌). 거적문에 돌쩌귀. 돼지 우리에 주석 장식. 방갓[方笠]에 쇄자질. 사모(紗帽)에 영자(纓子). 짚신에 정분(丁粉) 칠하기. 홑중의에 겹말.

되 글을 가지고 말 글로 써 먹는다

① 조금 배운 것을 가지고 크게 써 먹는다. ② 별로 알지 못하는 사람이 유식한 체한다.

되놈이 김풍헌(金風憲)을 아나

그 면(面) 사람이면 김풍헌을 모를 사람이 없지만 되놈이야 알 까닭이 없다. 곧 지위 있는 사람을 몰라보는 사람을 탓하는 말. (풍헌→지금의 면장과 비슷한 직책)

되는 집에는 가지 낡에 수박이 열린다

운수 좋은 집에는 저절로 좋은 일이 생긴다.

되로 주고 말로 받는다

주기는 조금 주고 그 대가(代價)는 훨씬 많이 받는다.

[同類] 한 되 주고 한 섬 받는다.

[出典] 始用升授 酒以斗受 《耳談》

되면 더 되고 싶다

① 지위가 높아지면 그에 만족하지 않고 더 잘되고 싶다. ② 사람의 욕심은 끝이 없다.

[同類] 말 타면 종 두고 싶다.

되모시가 처녀냐? 숫처녀가 처녀지

처녀가 아닌 사람이 처녀 행세하는 것을 비웃는 말. (되모시→이혼하고 처녀 행세 하는 여자)

되순라(巡邏)잡다

도둑이 도리어 순라꾼을 잡는다. 곧 죄 지은 놈이 도리어 치죄(治罪)하러 나선다.

(순라→순라꾼. 밤에 도둑과 화재를 예방하기 위하여 사람의 통행을 감시하는 군졸)

되잡아 흥이다

나무람을 받을 사람이 도리어 남을 나무란다.

되지 못한 풍잠(風簪)이 갓 밖에 어른거린다

좋지 못한 것이 흔히 잘 튀어 나온다. (풍잠→망건의 앞 이마에 대는 장식품)

된장에 풋고추 박히듯

어떤 자리에서 떠나지 않고 꼭 박혀 있다.

될성부른 나무는 떡잎부터 알아본다

장래가 유망한 것은 시초부터 다르다.

[同類] 용될 고기는 모이 철부터 안다.

두꺼비 씨름 같다

서로 이기려고 다투거나 겨루어도 결국 승부가 나지 않아 서로 마찬가지다.

두꺼비 씨름 누가 질지 누가 이길지

　서로 다투지만 승부의 결말이 나기 어렵다.

　出典　蟾三角觝 疇勝疇底《耳拾》

두더지 혼인(婚姻) 같다

　제 분수에 넘치는 엉뚱한 희망을 가진다.

　出典　鼴鼠婚《旬五》, 土鼠婚《東言》

두덩에 누운 소

　편하여 팔자 좋음의 비유.

두 동서 사이에 산 쇠다리라

　동서 사이는 흔히 좋지 않다.

두루 춘풍(春風)

　두루두루 봄바람이 분다. 곧 언제 누구를 만나도 좋게 대해 주는 사람을 가리키는 말.

　出典　四面春風《東言》

두메 앉은 이방(吏房)이 조정일 알듯

　출입 없이 집에만 있는 사람이 바깥 풍조를 잘 안다.

두부 먹다 이 빠진다

　방심(放心)하는 데서 뜻밖의 실수를 한다.

두부 살에 바늘 뼈

　조금만 아파도 몹시 엄살을 부리는 사람을 놀리는 말.

두불 자손 더 귀엽다

　아들보다 손자가 더 귀엽다.

두 소경 한 막대 짚고 걷는다

　어리석은 두 사람이 같은 잘못을 저지를 때에 하는 말.

두 손뼉이 맞아야 소리가 난다

　서로 손이 맞아야 일을 할 수 있다.

　同類　두 손뼉이 울어야 소리가 난다.

두 손에 떡

　두 가지 일 중에 어느 것을 먼저 해야 될지 모른다.

　同類　양수 집병(兩手執餠)

　出典　兩手執餠《旬五》,《松南》,《東言》

두 절 개 같다

　① 돌봐줄 사람들이 서로 미루어 한 군데의 도움도 못 받는다. ② 마음의 결정을 못 내려 갈팡질팡하다가 아무 일도 이루지 못한다.

　同類　상하사불급(上下寺不及)

　出典　上下寺不及《松南》, 二寺狗《東言》

둔한 말이 열 수레를 끈다

　재주 없는 사람도 열심히 노

력하면 훌륭한 사람을 따라갈 수 있다.
[同類] 노마 십가(駑馬十駕)
[出典] 驥一日而千里 駑馬十駕 則亦及之矣《荀子》

둘러치나 메어치나 일반
결과는 마찬가지다.

둘이 먹다가 하나가 죽어도 모르겠다
음식이 매우 맛있다.
[同類] 나무 칼로 귀를 베어도 모르겠다.

둘째 며느리 삼아 보아야 맏며느리 착한 줄 안다
모든 것을 비교해 봐야 그 진가(眞價)를 안다.

둥둥 하면 굿만 여긴다
① 성급히 판단한다. ② 경거망동(輕擧妄動)한다.
[同類] 덩덩 하니까 문너멋 굿인 줄 아느냐. 쿵그렁하면 굿만 여기고 선산 무당이 춤춘다.
[出典] 鼕鼕認神事《東言》

둥우리의 찰밥도 쏟치겠다
① 쏟아지지 않을 그릇에 담긴 것도 쏟겠다. 곧 복 없는 사람은 좋은 수를 만나도 보존하지 못한다는 뜻. ② 행동이 경솔한 사람을 이르는 말.
[同類] 구럭의 게도 놔 주겠다.
[出典] 篼有稷飯 尙或覆之《耳談》

뒤로 오는 호랑이는 속여도 앞으로 오는 팔자는 못 속인다
사람의 운명은 제 마음대로 어찌할 수 없다.

뒤에 난 뿔이 우뚝하다
후진이 선배보다 훌륭하게 된 때에 하는 말.
[出典] 後生角 高何特《洌上》

뒤에 볼 나무는 그루를 돋우어라
키워 장래 덕을 볼 나무는 미리 잘 가꾸라.
[出典] 後見之木 間斫其根《旬五》, 後見之木 高斫其根《松南》

뒤에 볼 나무는 뿌리를 높이 잘라라
앞날의 희망과 기대를 건 대상에 대하여는 미리부터 깊은 관심을 둔다.

뒤웅박 차고 바람 잡는다
주둥이가 좁은 뒤웅박으로 바람을 잡으려 한다. 허무맹랑한 말을 하고 돌아다니는 사람을 비웃는 말
[出典] 佩圓瓠捕風 《東言》, 捕風捉影《松南》

뒤주 밑이 긁히면 밥 맛이 더 난다
무엇이나 없어져 가는 것을 보면 그에 대한 생각이 간절하고 집착이 강해진다.

뒷간 개구리한테 하문(下門)을 물렸다
창피한 일을 당하여 남에게 말을 못한다.
[同類] 뒷간 쥐에게 하문을 물렸다.

뒷간과 사돈집은 멀어야 한다
뒷간은 가까우면 냄새가 나고 사돈집은 가까우면 말이 많으니, 사는 집과 서로 멀리 떨어져 있는 것이 좋다.
[出典] 厠間査家 遠愈好 《東言》

뒷간 기둥이 물방앗간 기둥을 더럽다 한다
큰 결함이나 허물이 있는 사람이 대단치 않은 남의 허물을 들어 시비한다.

뒷간에 갈 적 맘 다르고 올 적 맘 다르다
제가 긴할 때는 다급하게 굴다가, 제 할 일을 다하면 마음이 달라진다.

뒷구멍으로 호박씨 깐다
겉으로는 얌전한 체하면서 온갖 짓을 다한다.

뒷집 마당 벌어진 데 솔뿌리 걱정한다
쓸데없는 남의 걱정을 한다.

뒷집 짓고 앞집 뜯어 내란다
① 제게 불리하다 하여 먼저 사람에게 억지를 쓴다. ② 사리 판단은 하지 않고 제욕심만 차리는 사람을 이르는 말.

뒹굴 자리 보고 씨름에 나간다
일을 하기 전에 제 능력을 따져 보고 시작한다.
[同類] 뻗을 데를 요량하고 눕는다. 이불 깐 봐 가며 발 편다. 누울 자리 보고 발 뻗는다.

드는 돌에 낯 붉는다
무거운 돌을 들면 힘이 들어 얼굴이 붉어지듯이 무슨 일이나 결과에는 그 원인이 있다.
[同類] 거석이홍안(舉石而紅顔) 드는 돌이 있어야 낯이 붉다.
[出典] 舉石紅顔 《東言》

드는 줄 몰라도 나는 줄은 안다
느는 표는 나지 않아도 줄어 드는 것은 곧 알 수 있다.

드러난 상놈이 울 막고 살랴
아무것도 없는 것을 세상이 다 아는데 숨기고 부끄럽게 여길 것이 아니다.

드문드문 걸어도 황소 걸음
속도는 느리지만 일은 착실히 해 나간다.
[出典] 綏驪綏驪 牡牛之步 《耳談》

득롱 망촉(得隴望蜀)
한 가지 소원을 이룬 다음 다른 소원을 더 이루려 한다. 곧, 만족할 줄 모름의 비유.

든 거지, 난 부자
집안 살림은 거지꼴이면서, 밖으로는 부자같이 보이는 사람을 이른다. ↔든 부자, 난 거지.

든 버릇, 난 버릇
후천적으로 든 버릇이 타고난 버릇처럼 되어 버렸다.

듣기 좋은 노래도 장 들으면 싫다
아무리 좋은 것이라도 늘 하면 싫증이 난다.

[出典] 歌曲雖鼙 恒聽是厭《耳談》, 艶歌每唱厭《東言》

들어서 죽 쑨 놈 나가서도 죽 쑨다

① 집에서 하던 버릇은 나가서도 하게 된다. ② 제 버릇은 어디 가나 버리지 못한다.

들어온 놈이 동네 팔아 먹는다

중간에 뛰어든 놈이 전체에 누(累)를 끼친다.

들으면 병이요, 안 들으면 약

들어서 근심될 일이라면 차라리 듣지 않는 것이 낫다.

[出典] 聞則疾 不聞藥《洌上》, 聞則是病 不聞是藥《耳談》

들은 말 들은 데 버리고, 본 말 본 데 버려라

듣고 본 것을 남에게 경솔히 옮기지 말라.

들 적 며느리 날 적 송아지

태어날 때 송아지는 일할 운명을 타고났듯이, 며느리는 출가하면 일만 하고 산다.

등겨 먹던 개가 말경에는 쌀을 먹는다

나쁜 짓인 줄 알고 조금씩 하다가도 재미가 붙으면 점점 더 크게 한다.

[同類] 개가 겨를 먹다가 말경 쌀을 먹는다.

등겨 먹던 개는 들키고 쌀 먹던 개는 안 들킨다

크게 일을 저지른 자는 무사히 빠져 나가고, 그보다 덜 저지른 자가 들켜서 애매하게 남의 죄까지도 뒤집어쓴다.

등 따시면 배 부르다

① 옷을 따뜻하게 입으면 배까지 부르다. ② 추운 날 따뜻한 방에 누워 있으면 먹지 않아도 배고픈 줄 모른다.

등루 거제(登樓去梯)

남을 다락에 오르게 하고 사다리를 치운다. 곧 사람을 꾀어서 난처한 처지에 빠지게 한다.

등 시린 절 받기 싫다

자기가 푸대접한 사람에게 후한 대접을 받는 것은 그리 기분 좋은 일이 아니다.

[出典] 受背害拜《東言》

등이 더우랴, 배가 부르랴

의식(衣食)이 생기지 않을 일을 해서 무엇하겠는가?

등잔 밑이 어둡다

먼 데서 생긴 일은 알아도 가까운 데서 생긴 일은 모르고 있다.

[同類] 법 밑에 법 모른다. 등하 불명(燈下不明).

↔등잔 뒤가 밝다.

[出典] 燈下不明《東言》

등 치고 간 내 먹는다

겉으로는 위해 주는 체하면서도 속으로는 해를 끼친다.

등 치고 간 낸다

겉으로는 위해 주는 체하면서 자기의 잇속을 채운다.

등치고 배 문지른다
남을 위협하고서 겉으로는 어루만진다.

등하 불명(燈下不明)
먼 데 일은 알아도 가까이 있는 것이나 가까이에서 일어난 일은 모른다.

등화 가친(燈火可親)
등불을 가까이 하여 글 읽기에 좋은 가을 밤을 가리킴.

딸 없는 사위
쓸모 없음. 정이 없음.

딸은 산적(散炙) 도둑
시집간 딸은 친정 집에 와서 이것저것 집어 간다.

딸의 굿에 가도 자루 아홉을 가지고 간다
딸을 위해서 하는 굿에도 음식을 탐낸다.

딸의 굿에 가도 전대(纏帶)가 셋
남이 제 이익을 위하여 하는 일에도 제 이익을 바란다.

딸의 시앗은 바늘 방석에 앉히고, 며느리 시앗은 꽃방석에 앉힌다
사위가 첩을 두면 자기 딸이 괴로워할 테니까 싫어하지만, 제 아들이 시앗 보는 것은 며느리를 괴롭히는 일이라 고소하게 여긴다.

딸의 차반 재 넘어가고 며느리 차반 농 위에 둔다
친정에 먹을 것이 있으면 제 남편 주려고 시집으로 가져 가고, 며느리도 제 남편 주려고 제 방 농 위에 얹어 둔다. 곧 부모보다는 제 남편을 더 위한다.

딸이 셋이면 문을 열어 놓고 잔다
딸 많은 집에서 시집으로 다 보내고 나면 많은 비용이 들어 가산이 다 없어진다.

[同類] 딸 삼 형제 시집 보내면 고무 도둑도 안 든다. 딸 셋을 여의면 기둥 뿌리가 패인다.

딸자식은 도둑년이다
딸은 길러 시집 보낼 때도 많은 혼수를 가지고 가고, 출가한 후에도 친정의 것은 무엇이든 가지고 가려고 한다.

땅벌 집 보고 꿀 돈 내어 쓴다
확정되지 않은 일에서 나올 이익을 미리 앞당겨 쓰는 것을 비웃는 말.

땅 짚고 헤엄치기
① 아주 쉬운 일이다. ② 어떤 일이 안전하고 확실하여 틀림이 없다.

[同類] 겉보리 돈 삼기.

[出典] 據地習泅 更有何憂 《耳拾》

때리는 시어미보다 말리는 시누이가 더 밉다
겉으로 위하는 체하지만 속마음은 다른 사람이 더 밉다.

[同類] 때리는 사람보다 말리는 놈이 더 밉다.

때린 놈은 다리 못 뻗고 자도, 맞은 놈은 다리 뻗고 잔다

가해자(加害者)는 마음이 불안하지만 피해자는 마음이 편하다.

[同類] 맞은 놈은 가운데로 간다. 맞은 놈은 펴고 자고, 때린 놈은 오그리고 잔다.

떡가루 두고 떡 못할까

누구든지 할 수 있는 일을 자랑할 때 핀잔 주는 말.

떡 고리에 손 들어간다

오래 탐내던 것을 마침내 가지게 된다.

떡 다 건지는 며느리 없다

시집살이하는 며느리가 저 먹으려고 떡을 좀 남겨 둔다. 곧 누구든지 자기 실속을 차린다.

떡도 떡같이 못해 먹고 찹쌀 한 섬만 다 없어졌다

비용을 많이 들여 애쓰고도 별 성과를 거두지 못하였다.

[同類] 떡도 떡답게 못해 먹고 생떡국으로 망한다.

떡도 떡이려니와 합이 더 좋다

① 내용도 내용이려니와 그 겉모양이 더 좋다. ② 내용도 중요하지만 그에 딸린 형식도 중요하다.

[出典] 餅固餅矣 盒兮尤美 《耳談》

떡방아를 찧어도 옳은 방아를 찧어라

신나는 일이라도 차근히 하라.

떡방아 소리 듣고 김칫국 찾는다

일이 이루어지기도 전에 성급하게 서두른다.

떡 본 김에 제사 지낸다

필요한 것이 생긴 기회에 해야 할 일을 해치운다.

[同類] 엎어진 김에 쉬어 간다.

떡 삶은 물에 중의(中衣)데치기

떡 삶은 물에 풀한다. 한 가지 일을 하면서 다른 일까지 겸하여 한다. 곧 버릴 물건을 활용하여 쓴다.

[同類] 군불에 밥 짓기.

[出典] 魚餅之水 烹袴尤美 《耳拾》

떡으로 치면 떡으로 치고, 돌로 치면 돌로 친다

원수는 원수로 갚고 은혜는 은혜로 갚는다.

떡 줄 놈은 생각도 않는데 김칫국부터 마신다

떡 줄 사람은 꿈도 안 꾸는데 김칫국부터 마신다. 일에 대한 기대가 너무 앞서거나 되지 않을 일을 바란다.

[同類] 김칫국부터 마신다. 떡 줄 사람에게는 묻지도 않고, 김칫국부터 마신다. 월천꾼처럼 다리부터 걷는다.

떡 해 먹을 집안

식구끼리 서로 다투어 화합하지 못한 집안.

떨어진 주머니에 어패(御牌) 들었다

겉 보기에는 보잘것없는 이가

알찬 실력을 지니고 있다.
[同類] 베 주머니에 의송(議送) 들었다.

떫기로 고욤 하나 못 먹으랴
힘이 들기로 그만한 일을 못하겠는가?

떼 꿩에 매 놓기
매가 꿩을 잘 잡는다 해도 꿩이 떼지어 있는 곳에서는 이 꿩 저 꿩 잡으려고 왔다갔다 하다가 한 마리도 못 잡는다. 곧 너무 큰 이익, 또는 여러 가지 일을 한꺼번에 하다가는 오히려 소득이 없다.

떼 놓은 당상(堂上)
확정된 일이라 염려 없다. (당상→조선조 때 관직으로서 정3품 이상의 벼슬. 당상관)
[出典] 摘置玉貫 蠧蝕或憚《耳拾》

떼어 둔 당상 좀먹으랴
일이 확실하여 조금도 틀림이 없다. 으레 자기가 차지하게 될 것이 틀림없다.

똥구멍으로 수박씨(호박씨)깐다
겉으로는 어수룩해 보이나 속이 음흉하여 딴 짓을 한다.

똥구멍이 찢어지게 가난하다
매우 가난하다.
[同類] 가랑이가 찢어지게 가난하다.

똥 누고 밑 안 씻은 것 같다
뒤끝을 확실히 맺지 못하여 왠지 꺼림칙하다.

똥 누러 갈 적 마음 다르고 올 적 마음 다르다
사람의 마음은 한결같지 않아서 제가 아쉽고 급할 때는 이용하고는 그 일이 끝나면 모른 체한다.
[同類] 여측이심(如厠二心)
[出典] 上圊而歸心異去時 《耳談》, 放矢者去時心來時心判異《東言》

똥 먹던 강아지는 안 들키고 겨 먹던 강아지는 들킨다
큰 죄를 지은 사람은 안 들키고, 작은 죄를 지은 사람이 들키어 남의 죄까지 뒤집어쓴다.

똥 묻은 개가 겨 묻은 개 나무란다
제게는 큰 흉이 있는 사람이 도리어 작은 흉 가진 이를 조롱한다.
[同類] 그슬린 돼지가 달아맨 돼지 타령한다. 똥 묻은 접시가 재 묻은 접시를 흉본다. 외눈박이가 두눈박이 나무란

똥벌레 제 몸 더러운 줄 모른다
사람은 자기 자신의 추한 점이나 결점을 모른다.

똥싼 놈은 달아나고 방귀 뀐 놈이 잡히었다
흔히 큰 일을 저지른 사람은 무사하고 사소한 일을 저지른 사람은 욕을 당한다.

똥싼 놈이 성낸다
잘못은 제가 저지르고 남에게 화풀이한다.

똥싼 주제에 매화 타령(梅花打令)한다
잘못하고도 뉘우치지 못하고 비위 좋게 행동한다.

똥은 건드릴수록 구린내만 난다
악한 사람과는 접촉할수록 불쾌한 일이 생긴다.

똥은 말라도 구리다
옳지 못한 일을 하고도 뉘우치지 않고 비위 좋게 행동하는 사람을 비웃는 말.
[同類] 제 버릇 개 줄까?

똥은 칠수록 튀어오른다
근본적으로 바탕이 악한 사람을 건드리면 더 불쾌한 일만 생긴다.

똥이 무서워 피하나, 더러워서 피하지
나쁜 사람을 상대하지 않는 것은 무서워서가 아니라 꼴이 보기 싫어서 피한다.

똬리로 살 가리기
가장 요긴한 데는 가려지지 않는다. (똬리→또아리의 준말. 물동이 따위를 일 때 머리 위를 괴는 가운데에 구멍이 뚫린 물건)

뚝배기보다 장맛이 좋다
겉모양보다 내용이 낫다.
[同類] 꾸러미에 단 장 들었다. 뚝배기 봐선 장맛이 달다. ↔ 겉 볼 안이라.

뛰는 놈 위에 나는 놈 있다
잘난 체해도 그보다 더 나은 사람이 많으니 자만심을 갖지 말라.
[同類] 뛰는 놈이 있으면 나는 놈이 있다.

뜨거운 국에 맛 모른다
급한 일을 당하면 정확한 판단을 못 한다.
[同類] 끓는 국에 맛 모른다.

뜨고도 못 보는 당달봉사
무식하여 글을 모른다.
[同類] 눈뜬 장님.

뜨물 먹고 주정한다
취한 체하고 행패한다.

뜬 쇠도 달면 어렵다
성질이 온화하고 착한 사람도 한 번 노하면 무섭다.
[同類] 뜬 솥도 달면 힘들다.
[出典] 懶鐵爛則難 《東言》

띄엄띄엄 걸어도 황소 걸음
느린 것 같지만 꾸준하고 믿음직스럽다. 곧 일을 확실하게 한다.

ㅁ

마당 터진 데 솔뿌리 걱정한다
 당치 않은 공론(空論)으로 일을 수습하려 한다.

마디에 옹이
 나무 마디 있는데 옹이까지 있다. 곧 어려운 일이 겹쳤다.
 [同類] 달걀에 유골(有骨). 고비에 인삼. 기침에 재채기. 하품에 딸꾹질.

마루 넘은 수레 내려가기
 고개 마루를 넘어선 수레처럼 일이 쉽게 잘 되어간다. 일의 진행 속도가 매우 빠르다.

마루 아래 강아지 웃을 노릇
 경우에 빠지는 일이다.

마른 나무에 물 내기
 없는 것을 내놓으라고 억지를 쓴다.
 [同類] 마른 낡에 물 날까?
 [出典] 乾木水生《旬五》,《東言》, 乾木生水《松南》

마른 나무에 좀먹듯
 건강이나 재산이 모르는 동안에 쇠하거나 없어지다.

마른 이 죽이듯
 무슨 일이든지 곰상스럽게 깐깐이 한다.

마른 하늘에 벼락 맞는다
 마른 하늘에 생벼락. 뜻밖에 큰 재앙을 당한다.
 [同類] 마른 날에 벼락 맞는다. 청천 벽력(靑天霹靂).

마름쇠도 삼킬 놈
 무쇠덩이도 삼키겠다. 곧 남의 것이라면 무엇이나 빼앗아 가는 사람을 이르는 말. (마름쇠→싸움터에 던져 두어 적의 전진을 막는 무기)
 [同類] 공것이라면 양잿물도 마신다. 공것이라면 비상도 마신다. 공짜라면 당나귀도 잡아먹는다.

마방(馬房) 집이 망하려면 당나귀만 들어온다
 죽을 먹는 말은 안 오고 날것만 먹는 당나귀만 들어온다. 곧 달갑잖은 사람만 찾아온다.
 [同類] 객주가 망하려니 짚단만 들어온다. 마판이 안 되려면 당나귀 새끼만 모여 든다.

마소의 새끼는 시골로 보내고, 사람의 새끼는 서울로 보내라
 말이나 소는 먹이가 풍부한 시골로 보내고, 사람은 배울 것이 많은 도회지로 보내야 잘 될 수 있다.

마음씨가 고우면 옷 앞섶이 아문다

마음 없는 염불
하고 싶은 마음이 없으면서 마지못해 하다.

마음에 있어야 꿈도 꾸지
도무지 생각이 없으면 아무것도 이루어지지 않는다.

마음을 잘 가지면 죽어도 옳은 귀신이 된다
착한 마음을 지니면 죽어서도 옳은 귀신이 된다.

마음이 풀어지면 일이 가볍다
화가 풀리고 걱정이 없어지면 일도 힘들지 않고 쉽게 된다.

마음이 흔들비쭉이라
심지가 굳지 못하고 감정에 좌우되어 행동하는 사람이다.

마음 잡아 개 장사라
방탕하던 사람이 한때 마음을 잡았다.

마음 한번 잘 먹으면 북두 칠성이 굽어보신다
마음을 바르게 쓰면 신명이 보호하여 일이 잘 이루어진다.

마이 동풍(馬耳東風)
남의 말을 귀담아 듣지 않고 곧 흘려 버린다.

마치가 가벼우면 못이 솟는다
윗사람이 엄하지 않으면 아랫사람이 반항한다.

出典 椎輕釘聳《旬五》

마파람에 게눈 감추듯
음식을 빨리 먹어 버린다.

마파람에 곡식이 혀를 빼물고 자란다
가을이 오려고 서풍이 불기 시작하면 곡식들이 놀랄 만큼 빨리 자란다.

막간 어미 애 핑계
시기는 일을 핑계 내고 안하는 사람을 이르는 말.

막다른 골목이 되면 돌아선다
안 되는 일도 막판에 다다르면 차츰 되기 시작한다.

막대 잃은 장님
의지할 곳을 잃고 꼼짝 못하게 된 처지.

막동이 씨름하듯
세력이 비슷하여 서로간에 낫고 못함이 없다.

막막조(邈邈調)
성미가 급하고 고집이 센 사람을 이르는 말. (막막조→마지막 끝 막는 곡조로서 급하고 센 곡조)

막술에 목이 멘다
지금까지 잘 되어 오던 일이 마지막 단계에 탈이 나다.

만득이 북 짊어지듯
짊어진 물건이 둥글고 크며 보기에 매우 불편해 보인다.

만리의 길도 한 걸음부터
아무리 큰 일도 작은 일로부터 비롯한다.

만만찮기는 사돈 안방
자유롭지 못하고 거북하다.

만만한 데 말뚝 박는다

힘이나 세력이 없는 사람을 업신여기고 심하게 구박한다.

만사 휴의(萬事休矣)
더 손쓸 수단도 없고 모든 것이 끝장났다.

만석중이를 놀린다
남을 몹시 놀린다.

말 갈 데 소 간다
재빠른 이가 비록 앞서 가지만 노력하면 늦게 가는 이도 따라갈 수 있다.
出典 馬往處 牛亦往《旬五》, 馬行處 牛亦去《洌上》, 馬往 牛亦往《東言》

말 갈 데 소 갈 데 다 다녔다
온갖 곳을 두루 돌아다녔다.

말고기를 다 먹고 무슨 냄새가 난다고 한다
아쉬워할 때는 언젠데 배가 차니까 배부른 소리를 하느냐고 비웃는 말.
同類 말 한 마리 다 먹고 말고기 냄새가 난다고 한다. 한 말고기 다 먹고 말 하문(下門)내 난댄다.
出典 馬肉盡食 何生臭《東言》

말꼬리의 파리가 천 리 간다
남의 세력에 기운을 편다.

말도 사촌까지 상피(相避) 본다
동물인 말도 가까운 친족 사이에는 상간(相姦)하지 않는데 사람이 가까운 일가끼리 상간하였느냐고 욕하는 말. (상피→가까운 친척 남녀가 서로 간통하는 일)
同類 말도 상피를 본다.

말똥도 모르고 마의(馬醫) 노릇 한다
아무것도 모르면서 그 일을 맡고 있는 사람을 이르는 말.

말똥에 굴러도 이승이 좋다
아무리 고생을 하고 천하게 살더라도 죽는 것보다는 낫다.
同類 거꾸로 매달아도 사는 세상이 낫다. 땡감을 따 먹어도 이승이 좋다.
出典 雖臥馬糞 此生可願《耳談》, 轉糞世樂《松南》

말똥이 밤알 같으냐
못 먹을 것을 먹으려 하는 사람을 놀리는 말.

말로 온 동네 다 겪는다
음식이나 물건으로는 대접하기 벅차므로 말로나마 잘 대우한다. 또는 말로만 남을 대접하는 체한다.

말만 잘 하면 천 냥 빚도 가린다
① 말은 언제나 신중하게 해야 한다. ② 처세하는 데는 언변이 중요하다.

말 많으면 쓸 말이 적다
말을 많이하면 효과가 적다.

말 많은 집은 장맛도 쓰다.
① 말 많은 집안은 살림이 잘 안 된다. ② 말 많은 사람은 행동이 따르지 않는다.
同類 말 단 집에 장 단 법 없다. 말 단 집의 장이 곤다.

[出典] 言甘家醬不甘《旬五》,《東言》甘言之家 鼓味不嘉《耳談》, 甘言家醬不甘《松南》

말 말 끝에 단 장 달란다
말이 떨어지기 무섭게 그것을 요구한다.
[出典] 言言端 乞甘醬《東言》

말 머리에 태기가 있다
시집갈 때 수태하였다. 곧 이미 이익을 볼 기회를 얻었다는 말.

말 삼은 소 신이라
말이 만든 신을 소가 신는다. 곧 도저히 불가능함의 비유.

말 속에 말 들었다
말 속에 다른 뜻이 들었다.

말 안하면 귀신도 모른다
무슨 일이든 말로 표현해야 상대방이 안다.

말에 실었던 것을 벼룩 등에 실을까
약한 사람, 무능력한 사람에게는 너무 큰 짐(일)을 지게 할 수 없다.
[出典] 馴馬所載 難任蛋背《耳談》

말 위에 말을 얹는다
욕심 많은 사람을 이르는 말.

말은 보태고 떡은 뗀다
말은 옮길 때마다 보태지고, 음식은 먹게 되어 줄어든다.
[同類] 말은 보태고 봉송(封送)은 던다.

말은 할수록 늘고, 되질은 할수록 준다
말은 전할 때마다 늘고 음식은 전할 때마다 줄어든다.

말은 해야 맛이고 고기는 씹어야 맛이다
① 말은 하는 데 묘미가 있고, 음식은 씹는 데 참맛이 있다.
② 할 말은 해야 된다.

말이 많으면 실언이 많다
말이 많으면 실수하기 쉬워 되도록 적게 하는 것이 좋다.

말이 많으면 쓸 말이 적다
말이 수다스럽고 장황하면 실속 있는 말이 적다.
[同類] 말이 앞서지 일이 앞서는 사람 본 일 없다.

말이 아니면 갚지 마라
말답지 않으면 맞서 상대하지 말라. (갚다→맞서다의 옛말)

말 잃고 외양간 고친다
① 평소에 손을 쓰지 않고 있다가 실패한 후에야 쓴다. ② 일을 그르친 뒤에는 손을 써도 소용이 없다.

出典 失馬治廐《旬五》, 旣喪其馬 乃葺厥廐《耳談》

말 잘하고 징역 가랴
말을 잘 했으니 일을 그르칠 리가 없다.

말 잘하기는 소진 장의(蘇秦張儀)
옛날 중국의 유세가(遊說家)인 소진·장의처럼 구변이 썩 좋은 사람을 이르는 말.

말 타면 경마 잡히고 싶다
사람의 욕심은 끝이 없다.
同類 말 타면 종 두고 싶다.
出典 騎馬欲率奴 《旬五》, 《松南》, 旣乘其馬 又思牽者《耳談》, 乘馬欲有牽《東言》

말 태우고 버선 깁는다
장가 들러 보낼 때 부랴부랴 신랑의 버선을 깁는다. 곧 임박해서야 일을 한다.

말 한 마디에 천 냥 빚 갚는다
말재주가 좋으면 큰 빚도 갚을 수 있다. 곧 세상살이에 언변(言辯)이 중요하다.

맑은 물에 고기 안 논다
사람이 너무 깔끔하고 청렴하면 재물이 따르지 않는다.
同類 수지청즉무어(水至淸則無魚)

맛 없는 국이 뜨겁기만 하다
못된 사람이 까다롭게 군다.
同類 못된 음식이 뜨겁기만 하다.

맛있는 음식도 늘 먹으면 싫다
아무리 좋은 일이라도 되풀이하면 싫증이 난다.

맛 좋고 값싼 갈치 자반
한 가지 일에 두 가지 이익을 얻었다.

망건골에 앉았다
일에 얽매어 꼼짝을 못한다.

망건 쓰고 세수한다.
일의 순서가 뒤바뀌었다.
同類 탕건(宕巾) 쓰고 세수한다.
出典 先網巾 後洗手《旬五》

망건 쓰자 파장(罷場)된다
준비를 하다가 때를 놓쳐 목적을 이루지 못하게 되다.
同類 망치 깎자 도둑이 된다.

망나니짓을 하여도 금관자 서슬에 큰 기침한다
못된 짓을 하고도 벼슬아치라는 위세로써 남을 호령하고 포악한 짓을 한다. (금관자 : 金貫子→금으로 만든 망건 당줄을 꿰는 고리)

망둥이가 뛰니까 전라도 빗자루도 뛴다
남이 뛰며 좋아하니까 덩달아 날뛴다.

망둥이 제 동무 잡아먹는다
친척간에 서로 싸운다.

망신살이 무지갯살 뻗치듯 한다
많은 사람으로부터 심한 원망과 욕설을 듣게 되었다.

망신살이 뻗치다
망신살이 계속 닥치다.

망신하려면 아버지 이름자도 안 나온다
　아는 것도 생각이 나지 않아 실수한다. 곧 실수를 하려면 쉬운 일도 잘 기억이 안 난다.

망치로 얻어맞은 놈 홍두깨로 친다
　복수(復讐)란 언제나 제가 받은 피해보다 더 무섭게 한다.

맞기 싫은 매는 맞아도, 먹기 싫은 음식은 못 먹는다
　음식이란 먹기 싫으면 도무지 먹히지 않는다.

매가 꿩을 잡아 주고 싶어 잡아 주나
　마지못해 남의 부름을 당하는 처지이다.

매골 방자를 하였나
　궁한 처지에 있는 사람을 이르는 말.

매 끝에 정이 든다
　싸운 뒤에 멀어지지 않고 오히려 가까이 지내게 된다.

매달린 개가 누워 있는 개를 웃는다
　남보다 못한 형편에 있으면서 도리어 남을 비웃는다.

매도 먼저 맞는 놈이 낫다
　이왕 당해야 할 일이라면 남보다 먼저 겪는 것이 낫다.
　[同類] 바람도 올바람이 낫다.

매를 꿩으로 보았다
　나쁜 사람을 좋은 사람으로 잘못 보았다.

매 위에 장사(壯士) 없다
　매질을 하는데야 굴복하지 않을 사람이 없다.

맥도 모르고 침통 흔든다
　속내도 모르고 덤빈다.

맨 입에 교군(轎軍) 서라 한다
　아무것도 안 먹은 사람에게 더 힘드는 일을 시킨다. 곧 고달픈 사람에게 더 고된 일을 시킨다. (교군→사람이 타는 가마를 메는 사람)

맹꽁이 결박한 것 같다
　키가 작고 몸이 뚱뚱한 사람이 옷을 껴입은 모양을 보고 이를 놀리는 말.

맹모 삼천지교(孟母三遷之敎)
　맹자의 어머니가 맹자를 가르치기 위해 좋은 교육 환경의 지역을 찾아 세 번 이사했다는 고사.

맹물에 조약돌 삶은 맛이다
　전연 아무 맛이 없다.

맺은 놈이 푼다
　무엇이든 처음 하던 사람이 그 일의 끝을 내야 한다.

머리가 모시 바구니가 되었다
　머리가 희어지도록 오랜 세월이 지났다.

머리 검은 짐승은 남의 공을 모른다
　사람은 짐승보다도 남의 은공을 잊는 수가 많다. (머리 검은 짐승→사람)
　[同類] 검은 고양이 귀치 말라.

머리는 끝부터 가르고, 말은 밑부터 한다
  차근차근 말하지 않으면 무슨 말인지 잘 모른다.

머리를 삶으면 귀까지 익는다
  ① 한 가지 일을 하면 거기 딸린 다른 일도 해결된다. ② 그 우두머리를 잡으면 아랫사람도 자수한다.
  [出典] 烹頭耳熟《旬五》, 《松南》

머리 없는 놈 댕기 치레하듯
  속 빈 사람이 겉치장만 한다.

머리에 구더기 생긴 놈
  어리석고 둔한 사람의 비유.
  [同類] 대가리에 쉬슨 놈

머리카락 뒤에서 숨바꼭질한다
  얕은 꾀로 남을 속이려 든다.

머리털을 베어 신을 삼는다
  반드시 은혜를 갚는다.

머슴보고 속곳 묻는다
  ① 아무 관계도 없는 사람에게 물어봐야 알 까닭이 없다. ② 생소한 사람에게 내밀(內密)한 일을 말한다.

먹고 싶은 것도 많겠다
  좀 안닮시고 나설 때, 핀잔 주는 말.

먹기는 발장(撥長)이 먹고 뛰기는 말더러 뛰란다
  이익은 제가 다 차지하고 일은 남에게 하란다. (발장→나라의 공문서를 나르는 파발꾼의 우두머리)
  [出典] 撥長食之 爾馬奚馳《耳拾》

먹기는 아귀(餓鬼)같이 먹고, 일은 장승같이 한다
  먹기는 많이 하나 일은 조금도 하지 않는 사람을 이르는 말. (아귀→주린 귀신. 장승→나무에 사람의 얼굴을 새겨 길가에 세운 푯말)

먹기는 파발(把撥)이 먹고 뛰기는 역마가 뛴다
  정작 애쓴 사람은 보수를 받지 못하고 딴 사람이 받는다.

먹기는 홍중군이 먹고 뛰기는 파발마가 뛴다
  [同類] 먹기는 파발이 먹고 뛰기는 역마가 뛴다.

먹는 개도 아니 때린다
  잘못이 있다 해도 음식을 먹을 때는 벌을 주지 않는다.

먹는 데는 남이요, 궂은 일엔 일가다
  좋은 일이 있을 때는 일가라도 찾지 않다가, 궂은 일이 생기면 찾아와서 도움을 청한다.

먹는 떡에도 살을 박으라 한다
  이왕 하는 일이면 격식에 맞게 해야 한다.

먹는 떡에도 소를 박으라 한다
  곧 먹어 없어질 떡이라도 모양 있게 잘 만들어라.

먹는 소가 똥을 누지
  공을 들여야 효과가 있다.

먹는 속은 쨍매기 속이다
  먹는 것은 주지 않아도 잘 찾아 먹는 사람을 이르는 말.

먹는 죄는 없다
굶주린 사람은 남의 음식을 훔쳐 먹어도 죄가 되지 않는다.
[同類] 먹은 죄는 꿀종지로 하나.

먹돌도 뚫으면 굶이 난다
쉬지 않고 꾸준히 노력하면 무슨 일이고 성취할 수 있다.
(먹돌→제주도 방언으로서 물가에 있는 돌)

먹은 놈이 똥눈다
노력하거나 밑천을 들여야만 성과가 생긴다.

먹을 가까이 하면 검어진다
못된 사람과 어울리면 좋지 못한 행실을 닮는다.
[出典] 近墨者黑 《松南》

먹을 것 없는 제사에 절만 죽도록 한다
자기에게 아무 소득도 없는 일에 헛되이 수고만 한다.

먹을 콩으로 알고 덤빈다
만만하게 여기고 차지하거나 이용하려고 든다.

먹줄 친 듯하다
무엇이 한결같이 쭉 곧고 바르다.

먹지도 못하는 제사에 절만 죽도록 한다
아무 소득 없이 헛수고만 한다.

먹지 못할 풀이 오월에야 겨우 난다
되지 못한 자가 된 체한다.

먹지 않는 씨아에 소리만 난다
① 못된 자가 큰 소리는 더 한다. ② 아무 일도 안 하는 자가 하는 체하고 떠벌이기만 한다. (씨아→목화씨 빼는 기구)
[同類] 들지 않는 솜틀은 소리만 요란하다. 안 먹는 씨아가 소리만 난다.

먹지 않는 종, 투기 없는 아내
실제는 그렇지 않다.
[同類] 길쌈 잘하는 첩(妾). 불 아니 때도 절로 익는 술. 술샘 나는 주전자. 양을 보째 낳는 암소. 여물 안 먹고 잘 걷는 말.
[出典] 不食奴 不妬妻 《東言》

먼데 단 냉이보다 가까운 데 쓴 냉이
먼데 있는 좋은 것보다 가까운 데 있는 그만 못한 것이 이용하기 쉽다.

먼데 무당이 영하다
잘 아는 사람보다 새로 만난 사람을 더 중히 여긴다.

먼 사촌보다 가까운 이웃이 낫다
남이지만 이웃에 사는 사람은 위급한 때 도와 줄 수 있어 먼 데 사는 친척보다 낫다.
[出典] 遠族不如近隣 《旬言》, 遠族近隣 《旬五》, 遠眷黨 近里隣 《松南》

먼저 꼬리 친 개, 나중 먹는다
일을 나서서 서두른 사람의 몫은 나중 돌아온다.
[同類] 꼬리 먼저 친 개가 밥

은 나중 먹는다. 먼저 배 탄 놈, 나중 내린다.

[出典] 先掉尾 後知味 《洌上》

먼저 난 머리보다 나중 난 뿔이 무섭다

후진이 선배보다 우수하다.

먼저 먹은 후 답답이라

남보다 먼저 먹으면 남이 먹을 때는 바라만 보게 된다.

멀면 정도 멀어진다

친한 사이라도 멀리 떨어져 살면 접촉할 기회가 적어서 정도 멀어지게 된다.

멋에 치어 중 서방질한다

너무 멋부리고 쏘다니다가 제 몸을 망치게 된다.

멍군 장군

두 사람이 다툴 때에 시비를 가리기 어렵다.

[同類] 멍이야 장이야.

멍이야 장이야

두 사람이 다투는데 옳고 그름을 가리기 어렵다.

메고 나면 상두꾼 들고 나면 초롱꾼

형편이 이러하니 어떠한 천한 일이라도 부끄러워서 하지 못할 게 없다. (상두꾼→행상때 상여를 메는 사람. 초롱꾼→장가 가는 행렬 앞에서 초롱을 들고 가는 사람)

메고 난 상두꾼

궂은 일이나 천한 일 할 사람이 따로 있는 것이 아니다.

메뚜기도 오뉴월이 한철

① 제때를 만나 바빠 날뛰는 사람을 이르는 말. ② 모든 것이 전성기는 길지 않다.

메밀도 굴러가다 서는 모가 있다

① 언제 끝날지 모르게 질질 끄는 일도 드디어는 끝장이 나고야 만다. ② 누구에게나 좋게 대하는 사람도 때로는 성낼 때가 있다.

메밀떡 굿에 쌍장구를 치랴

메밀떡을 해놓고 하는 간소한 굿에 격에 맞지 않게 쌍장구를 친다. 곧 실력이 모자라는 처지에 주제 넘은 일을 한다.

[出典] 木麥餅兩缶《旬五》, 木麥餅二缶鳴《洌上》, 蕎餅賽祖 安用二鼓《耳談》, 木麥餅 二長鼓《東言》

멧돝 잡으러 갔다가 집돝 잃었다

먼 데 것을 탐냈다가 가까운 데 것을 잃었다.

[同類] 게도 구럭도 다 잃었다.

[出典] 捉山猪 失家猪 《旬五》, 松

南》, 獲山猪 失家猪《洌上》, 逐彼山豕 並失家麌《耳談》, 山猪捕 家猪失《東言》

며느리가 미우면 발 뒤축이 달걀 같단다
흠 잡을 것이 없으면 억지 허물을 만든다.

며느리가 미우면 손자까지 밉다
한 사람이 미우면 그에 딸린 사람까지도 밉게 보인다.

며느리 늙어 시어미 된다
시집살이를 심하게 한 며느리가 시어머니가 되면 그전 생각은 않고 더 심하게 군다.

[出典] 婦老爲姑 廱不效尤《耳談》

며느리 사랑은 시아버지, 사위 사랑은 장모
며느리는 시아버지에게 귀여움을 받고, 사위는 장모에게 귀여움을 받는다.

며느리 시앗은 열도 귀엽고, 자기 시앗은 하나도 밉다
아들이 첩을 두면 좋아하면서도 제 남편이 첩을 얻으면 미워한다. (시앗→남편의 첩)

며느리 자라 시어미 되니 시어미 티를 더 잘한다
자기가 남의 밑에서 피로움을 당하던 일을 생각지 않고 남을 부리는 위치에 서게 되니 아랫 사람에게 더 몹시 군다.

먹 진 놈 섬 진 놈
가지가지로 틀린 모양을 한 여러 사람.

명경지수(明鏡止水)
맑은 거울과 조용한 물. 맑고 고요한 심경을 이름.

명주 옷은 사촌까지 덥다
친척이나 가까운 사람이 부귀하면 그 주변 사람까지 혜택을 입는다.
[同類] 명주 옷은 육촌까지 따습다.

명주 자루에 개똥
겉모양은 훌륭하나 속에 든 것은 겉에 비해 형편없다.
[同類] 명주 전대에 개똥 들었다.
[出典] 錦褓裏犬矢《東言》

명태 한 마리 놓고 딴전 본다
곁에 벌여 놓고 있는 일보다는 딴 벌이 하는 일이 있다.

모기 다리의 피 뺀다
교묘한 수단으로 약한 사람을 착취한다.

모기 밑구멍에 당나귀 신(腎)**이 당할까**
작은 것 속에 큰 것은 못 넣는다.

모기 보고 칼 빼기
조그만 일에 발끈 성내는 소견 좁은 사람을 이르는 말.
[同類] 견문 발검(見蚊拔劍). 노승 발검(怒蠅拔劍). 모기 보고 환도(環刀) 빼기. 중을 보고 칼을 뽑는다.
[出典] 見蚊拔劍《松南》, 怒蠅拔劍《東言》

모난 돌이 정 맞는다
① 성질이 둥글지 못한 사람은 남에게 미움을 받는다. ② 너무 뛰어난 사람은 남에게 미움을 산다.

[同類] 곧은 나무 먼저 꺾인다. 높은 가지가 부러지기 쉽다.

[出典] 纍纍者 石銛者 多觸《耳談》

모둔 유월
오월 달은 해가 길어 더디 간다. (모둔→헤프지 않다의 방언)

모래로 방천(防川)한다
일을 어설프게 하여 결과를 얻지 못하고 헛수고만 한다.

모래 위에 물 쏟는 격
소용없는 일을 한다.

모로 가도 서울만 가면 된다
방법이야 어떻든 목적만 달성하면 된다.

[同類] 모로 가나 기어 가나 서울 남대문만 가면 그만이다.

[出典] 橫步行好去京《冽上》, 斜行抵京《東言》

모로 던져 마름쇠
아무렇게 하여도 된다. (마름쇠→무기의 일종으로 마름같이 뾰족한 쇠가 네 군데 돋친 쇠뭉치로 人馬의 전진을 막는 데 쓰였음)

[出典] 网投無窒俱蕟藜鐵《耳談》, 投亦蕟藜鐵《旬五》, 投亦菱鐵《東言》

모르면 약이요, 아는 것이 병
아는 것이 없으면 마음이 편하나, 좀 알면 도리어 해롭다.

모사(謀事)는 재인(在人)이요, 성사(成事)는 재천(在天)이라
일은 사람이 꾸미지만 그 일이 이루어지느냐 못 이루어지느냐는 하늘(운)에 달렸다.

모주 장사 열바가지 두르듯
내용은 빈약하지만 겉을 보기 좋게 꾸민다.

모진 놈 옆에서 벼락 맞는다
나쁜 사람과 가까이 하면 화를 입는다.

[同類] 악방 봉뢰(惡傍逢雷)

모처럼 능참봉을 하니까 한 달에 거둥이 스물아홉 번
① 바라던 일이 이루어지니까 어렵고 까다로운 일만 생겨 실속이 없다. ② 일이 안 되려면 아무리 애를 써도 안 된다.

[同類] 칠십에 능참봉을 하니 하루에 거둥이 열아홉 번.

모처럼 태수(太守)가 되니 턱이 떨어져
뜻하던 일이 이루어졌는 데도 복이 없어 헛일이 되었다.
(태수→신라 때의 지방관)

[同類] 기성 안혼(技成眼昏).

모화관 동냥아치 떼쓰듯
경위에 어긋난 언사로 시끄럽게 떠든다.

목구멍이 포도청
먹고 살기 위해서는 어떤 짓이나 하게 된다.

[同類] 가난이 도적. 가난이 죄다. 구복(口腹)이 원수.

목 마른 놈이 우물 판다
제일 급하고 절실히 필요로 하는 사람이 그 일을 먼저 서둘러서 한다.

목멘 게 겨 탐하듯
감당할 힘도 없으면서 과분한 일을 하려거나 욕심 부리다.

목불 식정(目不識丁)
아주 무식함.

목수 많은 집이 기울어진다
참견하는 사람이 많으면 일이 잘 안 된다.

목잔 좀 불량해도 이태 존대
목자(木子) 즉 이(李)씨 성을 가진 사람은 국성(國姓)이라 이태나 존대를 한다는 뜻이니 이씨 조선 때 이씨 성 가진 이를 높여서 한 말.

목탁귀가 밝아야 한다
귀가 어두우면 먹을 밥도 못 얻어먹는다.

목화 신고 발등 긁기
마음에 차지 않는다.

못난 색시 달밤에 삿갓 쓰고 나선다
미운 사람이 점점 더 보기 싫은 짓만 한다.

[同類] 미운 중놈이 고깔을 모로 쓰고 이래도 밉소 한다. 예쁘지 않은 며느리 삿갓 쓰고 어스름 달밤에 나선다.

[出典] 醜女月夜戴笠奚涯 《耳拾》

못된 나무에 열매가 많다
못된 것이 오히려 번성한다.

[同類] 못된 소나무에 솔방울만 많다.

[出典] 不食木 多着實 《洌上》

못된 바람 수구문으로 들어온다
① 못된 짓은 언제나 말썽꾸러기가 저지른다. ② 잘못한 일은 언제나 자기에게 돌린다고 항변하는 말. (수구문→광희문(光熙門)의 속칭. 옛날 서울의 시체는 모두 수구문으로 내다 버렸기 때문에 악취가 들어왔음)

못된 바람은 동대문 구멍으로 들어온다
무슨 비방이나 궂은 일의 책임이 어떤 한 사람에게만 돌아왔을 때, 그 결백함을 밝히면서 이르는 말.

못된 벌레 장판방에서 모로 긴다
못된 자는 눈에 거슬리는 짓만 하고 엇나간다.

못된 송아지 엉덩이에 뿔 난다
못된 자가 더욱 건방지고 나쁜 짓을 한다.

[同類] 못 먹는 버섯은 삼월 달부터 난다. 열무 김치 맛도 안 들어서 군내부터 난다.

못된 일가가 항렬만 높다
① 대단찮은 일가가 항렬만 높아 거북하기만 하다. ② 못된 것일수록 번성하기만 한다.

못 먹는 씨아가 소리가 난다
① 일을 제대로 못하는 사람이 말만 많다. ② 내용은 없으면서 겉으로만 요란스럽다.

못 먹는 잔치에 갓만 부순다
소득 없는 일에 손해만 본다.

못생긴 며느리 제삿날에 병난다
평소에 미운 사람이 미운 짓만 더 한다.

못 입어 잘난 놈 없고, 잘 입어 못난 놈 없다
옷차림이 중요하다.

[同類] 못난 놈 잡아들이라면 없는 놈 잡아간다. 미련한 놈 잡아들이라면 가난한 놈 잡아들인다.

못할 말 하면 자손에 앙얼 간다
남의 가슴에 사무치도록 아픈 말을 하면 자기 자손에게까지 신벌을 받게 된다. (앙얼→신불(神佛)의 벌)

몽둥이 들고 포도청(捕盜廳) 담에 오른다
제가 지은 죄를 숨기려고 남보다 먼저 나서서 떠든다.

몽둥이 세 개 맞아 담 안 뛰어넘을 놈 없다
사람은 누구나 매 맞는 것을 참지 못하여 많이 맞으면 결국 달아나고 만다.

무는 말 있는 데 차는 말 있다
나쁜 사람이 있는 데는 그와 비슷한 패거리가 모인다.

[出典] 噬馬鹿踶馬入 《東言》

무는 호랑이는 뿔이 없다
모든 장점을 완전히 다 갖출 수는 없다.

[出典] 噬虎無角 《東言》

무당의 영신(靈神)인가
맥없이 있다가도 어떤 일을 맡기면 기쁘게 받아들이어 날뛰는 사람을 이르는 말.

무당이 제 굿 못하고 소경이 저 죽을 날 모른다
남의 일은 잘 처리해도 제가 제 일을 처리하기는 힘들다.

[同類] 무당이 제 굿 못한다.
[出典] 巫不自祈 瞽昧終期 《耳談》, 巫不能渠神事 《東言》

무당이 제 굿 못한다
남의 일을 잘 봐주면서 자기 일은 자기가 해내기 어렵다.

무른 감도 쉬어 가면서 먹어라
① 하기 쉽고 틀림없을 일이라도 잘 알아보고 조심해서 차근차근 해야 한다. ② 먹기 좋다고 너무 많이 먹으면 탈이 난다.

무른 땅에 낡을 박고 잿고리에 말뚝치기
① 힘이 없으면 업신여기고 학대한다. ② 무슨 일이 하기가 매우 쉽다.

무른 땅에 말뚝 박기
① 일을 하기가 쉽다. ② 세도 있는 자나 힘센 자가 약한 사람을 억누른다.

무소식이 희소식이라
객지에 있는 사람이 소식을 전하지 않는 것은 사고나 실패가 없다는 증거이므로 오히려 희소식이다.

무쇠도 갈면 바늘 된다
 구준히 노력하면 아무리 어려운 일도 이룰 수 있다.

무쇠 두멍을 쓰고 소(늪)에 가 빠졌다
 남에게 나쁜 짓을 한 사람은 저 스스로가 수렁에 빠져 든다. (두멍→큰 솥)
 [出典] 蒙此鐵鑄 入于潭水 《耳談》

무용지물(無用之物)
 쓸데없는 물건.

무자식 상팔자
 자식이 없으면 마음 상할 걱정이 없어 오히려 편하다.

무지각이 상팔자
 무식하면 그만큼 신경 쓸 일이 없어 마음이 편하다.

무진년 팥방아 찧듯
 방아를 재게 찧는 모양.

묵은 거지보다 햇거지가 더 어렵다
 경험 많은 사람보다 신출내기가 다루기 더 어렵다.

묵은 장 쓰듯
 아끼지 않고 헤프게 쓴다.

문 바른 집은 써도 입 바른 집은 못 쓴다
 입바른 말을 잘 하는 사람은 시비를 너무 가려서 남의 원망을 사게 된다.

문비를 거꾸로 붙이고 환장이만 나무란다
 자기가 잘못하여 놓고 남을 나무란다.

문서 없는 상전
 까닭 없이 남에게 까다롭게 구는 사람.

문서 없는 종
 행랑살이하는 사람.

문선왕(文宣王)끼고 송사(訟事) 힌다
 남이 반대하지 못할 유력한 사람을 내세워 일을 한다. (문선왕→공자의 시호)

문전 나그네 흔연(欣然) 대접
 자기를 찾아온 사람이면 누구라도 친절히 대접해야 한다.

문전 성시(門前成市)
 권세가나 부자가 되어 집 앞이 방문객으로 저자를 이룬다.

문전 옥답(門前沃畓)
 집 앞 가까이 있는 기름진 논.

문지방이 닳도록 드나든다
 매우 자주 드나든다.

문턱 밑이 저승이라
 사람은 언제 죽을지 모른다.

문 틈으로 보나 열고 보나 보기는 일반
 남이 모르게 하거나 알게 하거나 하기는 같다라는 말.

물건을 모르거든 금 보고 사라
 좋은 물건을 사려면 비싼 것을 사야 틀림없다.
 [同類] 물건을 모르거든 값을 더 주라. 싼 것이 비지떡.

물 덤벙 술 덤벙
 일정한 주견 없이 덤벙대는 사람을 이르는 말.

물때 썰때를 안다
 사물의 형편이나 진퇴의 시기를 안다.

물러도 준치, 썩어도 생치
 비록 물렀어도 준치는 준치고, 썩었어도 생치라고 부르니, 지조가 있는 사람은 아무리 어렵더라도 절개를 지키고, 훌륭한 사람은 죽더라도 이름을 남긴다.
 [同類] 노닥노닥 해도 비단.

물만밥이 목이 메다
 물만밥도 잘 넘어가지 않을 정도로 몹시 슬프다.

물 먹은 배만 튀긴다
 실속은 없으면서 겉으로만 있는 체한다.

물 밖에 난 고기
 운명이 이미 결정되어 벗어날 수 없다.

물 본 기러기 산 넘어가랴
 그리운 이를 보고 그대로 지나쳐 가버릴 리는 없다.
 [同類] 꽃 본 나비 담 넘어가랴? 물 본 기러기 어옹(漁翁)을 두려워할까?

물에 물 탄 듯 술에 술 탄 듯
 ① 일이 극히 무미함. ② 아무리 가공을 해도 본바탕은 조금도 변화하지 않는다.

물에 빠져도 정신을 차려야 산다
 아무리 어려운 경우에도 정신을 차리고 용기를 내면 살아 나올 도리가 있다.

물에 빠지면 지푸라기도 잡는다
 위급한 일을 당하면 보잘것없는 이에게라도 의지하려 한다.

물에 빠진 놈 건져 내니까 망건값 달라 한다
 은혜를 입고서도 그 고마움은 모르고 도리어 그 사람에게 생트집을 잡는다.

물에 빠진 놈 건져 놓으니까 내 봇짐 내라 한다
 신세를 지고서도 그 신세를 갚기는커녕 그를 도리어 원망하고 트집 잡는다.

물에 빠진 생쥐
 물에 흠뻑 젖어 초췌한 모양.

물은 건너 보아야 알고 사람은 지내 보아야 안다
 사람의 속은 겉만 보고는 알 수 없으므로 실제로 겪어 봐야 바로 안다.
 [同類] 길고 짧은 것은 대어 보아야 한다. 깊고 얕은 것은 건너 보아야 안다.

물은 트는 대로 흐른다
　사람은 가르치는 대로 교화(敎化)되고, 일은 사람이 주선하는 대로 된다.

물이 깊어야 고기가 모인다
　스스로 덕을 높이 쌓아야 남들이 자기를 따른다.

물이 깊을수록 소리가 없다
　덕망이 높고 생각이 깊은 사람일수록 잘난 체하거나 아는 체하지 않는다.

물이 나야 배가 오지
　어떤 기회나 경우가 잘 맞아 나가야 일을 이룰 수 있다.

물이 맑으면 고기가 아니 산다
　지나치게 청렴 결백하면 남이 따르지 않는다.

물이 아니면 건너지 말고, 인정(人情)이 아니면 사귀지 말라
　사람은 인정으로 사귀어야지 잇속이나 다른 목적으로 교제해서는 아니 된다.

물이 와야 배가 오지
　남에게 먼저 베푸는 것이 있어야 남도 또한 나에게 갚는 것이 있다.

물장수 삼 년에 궁둥이짓만 남았다
　오랫동안 애쓴 것이 보람 없고 남은 것도 변변치 않다.
　[同類] 남산골 생원이 망하여도 걸음 걷는 보수는 남는다. 놀던 계집이 결딴이 나도 엉덩이짓은 남는다.

물장수 삼 년에 남은 것은 물고리뿐
　오랫동안 애쓰고 수고한 일이 보람이 없다.

물 퍼붓듯 한다
　① 말이 매우 빠르고 세차다.
　② 비가 억세게 쏟아진다.

미꾸라지국 먹고 용트림한다
　하잘것없는 사람이 잘난 체하고 아니꼽게 군다.

미꾸라지 용됐다
　미천하고 보잘것없던 사람이 크게 되었다.

미끈 유월
　음력 유월은 쉽게 지나간다는 것을 멋스럽게 이르는 말.

미련하기는 곰일세
　생각이나 행동이 곰처럼 미련하고 굼뜨다.

미운 강아지 보리 멍석에 똥싼다
　미운 사람이 일마다 더 미운 짓만 한다.

미운 놈(아이) 떡 하나 더 준다
　미운 사람일수록 더 잘 대우해 주어 호감을 갖도록 한다.
　[同類] 미운 사람에게는 쫓아가 인사한다.

미운 벌레가 모로 긴다
　미운 사람이 하는 행동은 모두가 비위에 거슬린다.

미운 아이 먼저 품어라
　밉다고 멀리만 할 것이 아니라 미울수록 더 사랑하여야 미워하는 마음이 가신다.

미운 털이 박혔다
몹시 미워서 못살게 군다.

미운 파리 치려다 고운 파리 상한다
좋지 않은 사람을 벌주려다 도리어 좋은 사람이 화를 입게 된다.

[同類] 미운 파리 잡으려다 고운 파리 잡는다. 미운 풀이 죽으면 고운 풀도 죽는다.

[出典] 打憎蠅 傷美蠅 《旬五》, 《松南》, 《洌上》, 《東言》

미인 박명(美人薄命)
미인은 불행하거나 병약하여 요절(夭折)하는 일이 많다.

미지근해도 흥정은 잘한다
아무리 못난 사람일지라도 누구나 한 가지 재주는 있다.

미친년의 속곳 가랭이 빠지듯
행동이 치밀하지 못하거나 옷매무시가 단정하지 못하다.

미친 중놈 집 헐기다
성질이 거칠어 하는 짓이 올곧지 않고 어수선하다.

미친 체하고 떡 목판에 엎어진다
사리(事理)를 알면서도 모르는 체하고 사욕을 채운다.

믿는 낡에 곰이 핀다
믿고 있던 사람이 뜻밖에 실패하여 실망한다. (곰→곰팡이)

[出典] 恃爲良材 乃發黴苔 《耳談》

믿는 도끼에 발등 찍힌다
믿는 사람에게 배반당하고 해를 입는다.

[出典] 知斧斫足 《旬五》, 慣熟之斧 乃傷厥跗 《耳拾》, 知斧足斫 《東言》

믿던 발에 돌 찍힌다
믿고 있던 일이 실패한다.

믿었던 돌에 발등 찍힌다
믿고 있던 일이 실패하거나 믿던 사람으로부터 도리어 배반을 당하여 해를 입는다.

밀가루 장사하면 바람이 불고, 소금 장사하면 비가 온다
운수가 나빠서 하는 일마다 공교롭게 실패한다.

밀양(密陽) 싸움
임진 왜란 때 밀양에서 있었던 싸움처럼 곧 결말이 나지 않고 오래오래 끌어간다.

밉다고 차면 떡고리에 자빠진다
미운 사람을 골리려고 한 일이 그 자를 도운 결과가 되어 더 밉다.

밑구멍으로 호박씨 깐다
겉으로는 어수룩한 체해도 속으로는 어지러운 행실을 한다.

밑 빠진 솥(가마)에 물 붓기
아무리 노력하고 애써도 보람이 나타나지 않는다.

[同類] 시루에 물 퍼붓기.

밑알을 넣어야 알을 내어 먹는다
무슨 일이나 자본을 들여야 이득이 돌아온다.

밑 없는 독에 물 붓기
힘이나 비용을 아무리 들여도 들인 보람 없는 헛된 일.

ㅂ

바꾼 것이 떡 군 것만 못하다
바꾼 것이 먼저 것만 못하나.

바늘 가는 데 실 간다
항상 따라 다닌다.
[同類] 구름 가는 데 비 간다.

바늘 구멍으로 하늘 보기
견문이 좁은 사람을 일컬음.

바늘 구멍으로 황소 바람 들어온다
추울 때에는 작은 문구멍으로 들어오는 바람도 차다.

바늘 도둑이 소 도둑 된다
작은 잘못을 저지른 사람이 나중에는 점점 큰 잘못을 하게 된다.
[出典] 針賊大牛賊《東言》, 竊鍼不休 終必竊牛《耳談》, 鍼子偸賊大牛《洌上》

바늘 방석에 앉은 것 같다
자리에 있기가 몹시 불안하다.

바늘보다 실이 굵다
작아야 할 것이 크고, 커야 할 것이 작다. 본말 전도(本末顚倒)의 뜻.
[同類] 눈보다 동자가 더 크다.

바다는 메워도 사람의 욕심은 못 메운다(못 채운다).
사람의 욕심은 한이 없어 끝까지 채울 수 없다.

바닥 다 보았다
모든 것이 다되어 끝장이다.

바닷가 개는 호랑이 무서운 줄 모른다
바닷가에 사는 개는 호랑이를 모르기 때문에 무서워 않는다.

바람도 지난 바람이 낫다
사람은 무엇이나 지나간 것을 더 좋게 여긴다.

바람 따라 돛을 단다
일이 되어 가는 대로 따라서 움직이며 줏대가 없이 기회만 노리는 사람을 이르는 말.

바람벽에 돌 붙나 보지
바람벽에 돌이 붙을 리 없다. 곧 안 될 일은 아예 단념하라. (바람벽→흙으로 바른 벽)

바람 부는 날 가루 팔러 가듯

기회를 타지 못하고 일이 공교롭게 뒤틀린다.

바람 부는 대로 돛을 단다

[同類] 바람따라 돛을 단다.

바람 부는 대로 물결 치는 대로

확고한 주관과 결심 없이 되는 대로 내맡긴다.

바람이 불다 불다 그친다

① 불행이나 재앙(災殃)도 결국에는 그친다. ② 화를 내며 펄펄 뛰는 사람도 가만 두면 제 풀에 가라앉는다.

바람이 불어야 배가 가지

일은 때가 잘 맞아야 쉬 이룰 수 있다.

바보는 약으로 못 고친다

어리석고 못난 사람은 인력으로 고칠 수 없다.

바쁘게 찧는 방아에도 손 놀 틈이 있다

아무리 바삐 찧는 방아라도 손 놀 틈이 있듯이 일이 아무리 바빠도 틈을 낼 수 있다.

바위를 차면 제 발부리만 아프다

① 흥분을 참지 못하여 일을 저지르면 자기만 손해다. ② 겨룰 수 없는 큰 상대와 겨룬다면 제게만 해롭다.

바지랑대로 하늘 재기

도저히 안되는 일의 비유. (바지랑대→빨랫줄을 받치는 장대)

바지저고리만 다닌다

사람이 속이 없고 맺힌 데가 없이 행동한다.

박달나무도 좀이 슨다

똑똑하고 야무진 사람도 혹 실수(또는 실패)할 때가 있다.

박쥐 구실

자기의 이익만을 취하여 이랬다 저랬다 하는 사람의 비유.

[同類] 박쥐의 두 마음.

[出典] 蝙蝠之役《旬五》, 《松南》, 《芝峰》

반달 같은 딸 있으면 온달 같은 사위 삼겠다

내가 가진 것이 좋아야 좋은 것을 얻을 수 있다.

반딧불로 별을 대적하랴

되지 않을 일은 아무리 억척을 부려도 이룰 수 없다.

반신 반의(半信半疑)

반쯤은 믿고 반쯤은 의심한다.

반편이 명산 폐묘(廢墓)한다

무슨 일에 능숙하지 못하고 잘 알지도 못하나 아는 체하다가 일을 크게 그르친다.

반포지효(反哺之孝)

까마귀 새끼가 자란 뒤에 늙은 어미에게 먹을 것을 물어다 주듯이 자식이 커서 부모를 봉양함.

반풍수 집안 망친다
서투른 재주를 함부로 부리다가 일을 망친다.

받고 차기다
은혜를 입고도 갚지 않는다.

받아 논 당상(堂上)
작정한 일이 확실하여 아주 틀림이 없다. (당상→당상관. 정삼품 이상의 벼슬아치)

받아 논 밥상
일이 확실하여 조금도 틀림이 없다. 곧 자기가 차지하게 될 것이 틀림없다.

발가락의 티눈만큼도 안 여긴다
업신여김이 매우 심하다.

발뒤축이 달걀 같다
미운 사람에게는 트집을 잡아서 억지로 나무란다.

발등에 불이 떨어졌다
갑자기 피할 수 없는 급한 일이 닥쳐왔다.

발 벗고 나선다
잘 걷기 위하여 발을 벗었다. 곧 남의 일을 위하여 적극적으로 애쓴다.

발보다 발바닥이 더 크다
주장이 되는 것보다 딸린 것이 더 크거나 많다.

발 뻗고 자겠다
어렵던 일이 잘 해결되었다.

발 없는 말이 천리 간다
말은 퍼지는 것이니 조심하라.
[同類] 한 번 한 말은 어디든지 날아간다.

발이 넓다
사귀어 아는 사람이 많다.

밤 말은 쥐가 듣고 낮 말은 새가 듣는다
말은 한번 하면 새어 나가 퍼지므로 조심해야 한다.

밤밥 먹었다
아무도 모르게 밤에 달아났다.

밤벌레 같다
어린 아이가 살이 토실토실하고 살빛이 보유스름하다.

밤비에 자란 사람
깨달아 알지 못한 사람.

밤새도록 문 못 들기
애를 썼으나 제 기한에 미치지 못하여 보람이 없게 되다.

밤새도록 물레질만 한다
속셈이 딴 데 있어 그것을 감추려고 딴전 부린다.

밤새도록 울다 누구 초상이냐고
무슨 영문인지도 모르고 그 일에 참여하고 있는 어리석음을 이르는 말.
[出典] 旣終夜哭 問誰不祿 《耳談》

밤새도록 통곡을 해도 어떤 마누라 초상인지 모른다
일을 하면서도 그 일을 하는 까닭을 모르고 있다.

밤송이 우엉송이 다 끼어 보았다
밤송이나 우엉송이는 다 가시가 있는데 이를 끼어 보았다. 곧 고생스러운 경험을 했다.

밤에 보아도 낮자루, 낮에 보아도 밤나무
무슨 물건이든지 그 본색을 감추지 못한다.

밤 이슬 맞는 놈
'도둑놈'의 곁말.

밤 자고 나서 문안하기
일을 제때에 이행하지 못하고 때 지난 후에 새삼스럽게 들먹인다.

밤 잔 원수, 날 샌 은혜 없다
원한이나 남에게 진 은혜도 다 때가 지나면 잊게 된다.
[出典] 經夜無怨 曆日無恩 《耳談》

밤 잔 원수 없다
은혜나 원한은 시일이 지나면 잊게 된다.

밥 군 것이 떡 군 것보다 못하다
[同類] 바꾼 것이 떡 군 것만 못하다.

밥그릇이 높으니 생일로 여긴다
조금 우대를 해주니까 큰 영광으로 여긴다.

밥 먹는 것은 개도 안 때린다
아무리 큰 잘못이 있어도 음식을 먹을 때는 꾸짖지 말라.

밥 빌어다가 죽을 쑤어 먹을 놈
어리석은 사람을 이르는 말.

밥 아니 먹어도 배부르다
기쁜 일이 있어 만족하다.

밥 위에 떡
그만해도 흡족한데 더 주어서 그 이상 바랄 것이 없다.

밥은 열 곳에 가 먹어도 잠은 한 곳에서 자랬다
① 사람은 거처가 일정해야 된다. ② 일은 가리지 않고 해도 잠자리는 일정해야 한다.

밥풀로 새 잡기
도저히 불가능한 일.

방귀가 잦으면 똥이 나온다
징조가 자주 보이면 결국 그 일이 일어난다.
[同類] 초시(初試)가 잦으면 급제(及第)한다.

방귀 길나자 보리 양식 떨어진다
일이 빗나가 낭패를 본다.

방귀 뀌고 성낸다
잘못하고 도리어 성을 낸다.

방둥이 부러진 소, 사돈 아니면 못 팔아먹는다
흠이 있는 물건은 잘 아는 사람에게나 팔 수 있다. (방둥이 →짐승의 엉덩이)

방망이가 가벼우면 주름 잡힌다

일을 엄중히 다루지 않으면 부실한 곳이 생긴다.

방망이로 맞고 홍두깨로 때린다
앙갚음은 제가 받은 것보다 더 크게 한다.

방바닥에서 낙상한다
안전하다고 여긴 곳에서 운이 나쁘게 넘어져서 다친다.

방 보아 똥싼다
사람에 따라 대우를 달리한다.

방앗공이는 제 산 밑에서 팔아 먹으랬다
물건은 산출되는 본바닥에서 팔아야 실수가 없다.

방에 가면 더 먹을까, 부엌에 가면 더 먹을까
자기 이익만 찾아 헤매는 사람을 이르는 말.

방위(方位) 보아 똥눈다
① 잘 살펴서 경우에 맞는 처사를 한다. ② 사람을 보아 그에 알맞게 응대한다.

밭 장자(長者)는 있어도 논 장자는 없다
밭농사에서 얻는 수익이 논농사에서 얻는 수익보다 낫다.

밭 팔아 논 살 때는 이밥 먹자고 하였지
① 좀더 나을까 하여 했는데 별 이익이 없었다. ② 본남편보다 나을까 하고 개가하였지만 별수없다고 실망하였을 때 하는 말.
[出典] 賣田買畓 欲喫稻飯 《旬五》

배고픈 놈더러 요기시키란다
줘야 할 사람에게 달라 한다.

배고픈 호랑이가 원님을 알랴
가난하고 굶주리면 인사 체면을 돌아볼 겨를이 없다.

배꼽에 어루쇠를 붙인 것 같다
남의 마음속을 들여다보듯 정확히 안다.

배 먹고 이 닦기
배도 먹고 배 속으로 이도 닦았으니 두 가지 이익을 보았다고 하는 말.
[同類] 배도 먹고 배 속으로 이 닦는다.
[出典] 啖梨之美 兼以濯齒 《耳談》, 洗踏足白 《松南》

배보다 배꼽이 더 크다
이치나 격에 맞지 않는다.

배 부른 흥정
사도 그만 못 사도 그만, 팔아도 그만 못 팔아도 그만.

배 썩은 것은 딸 주고, 밤 썩은 것은 며느리 준다
며느리보다 딸을 중히 여긴다.
[出典] 梨腐予女 栗朽予婦 《耳談》

배 안엣 조부는 있어도 배 안엣 형은 없다
자기보다 나이 적은 사람이 할아버지뻘이 되는 수는 있으나 나이 어린 형은 없다.

배운 도둑질 같다
버릇이 되어 자꾸 하게 된다.

배워야 면장을 한다
남보다 나은 자리에 서려면

배 주고 배 속 빌어먹는다
제 것 주고 구걸한다. 곧 큰 이익은 남에게 주고 적은 이익을 얻을 때 하는 말.

배 지나간 자리
흔적이 남지 않는다.

배지 않은 아이 낳으라고 한다
무리한 요구를 한다.
[出典] 不孕兒强産 《東言》

백 년을 다 살아야 삼만 육천 일
사람의 일생이란 짧다.

백년지계는 막여수인(莫如樹人)
먼 훗날을 위한 계획은 사람을 기르는 것이 가장 좋다.

백년하청(百年河淸)을 기다린다
언제 이루어질지도 모르는 일을 기다린다.

백문 불여 일견(百聞不如一見)
백 번 듣는 것이 한 번 보는 것만 못하다. 곧 무엇이든지 경험해야 확실히 안다.

백미에 뉘 섞이듯
드물어서 얻기 힘든다.

백발 백중(百發百中)
① 총·활 등이 겨눈 곳에 꼭꼭 맞음. ② 앞서 생각한 일들이 꼭꼭 들어맞음. ③ 하는 일마다 실패 없이 잘됨.

백사지에 무엇이 있나
토박하여 나는 물건이 없다.

백옥이 진토에 묻힌다
① 현상은 곤궁하게 보이나 본색은 변함없이 훌륭하다. ② 훌륭한 인재가 기회를 얻지 못하여 불우하게 지낸다.

백일 장마에도 하루만 더 왔으면 한다
① 자기 이익 때문에 자기 본위로 생각한다. ② 모든 것이 없어지면 서운하다.

백장도 올가미가 있어야지
장사는 밑천이 있어야 한다.

백정이 버들잎 물고 죽는다
사람은 자기가 하던 짓을 버리지 못한다. (백정—옛날의 천민계급. 버들가지로 고리나 키를 만들어 팔았음)

백지장도 맞들면 낫다
아무리 쉬운 일이라도 힘을 합치면 더 쉽다.
[同類] 초지장도 맞들면 낫다.
[出典] 紙丈對擧輕 《東言》

밴 아이 사내 아니면 계집아이지
일의 결과가 둘 중의 어느 하나라고 할 때 쓰는 말.

뱁새가 황새를 따라가려면 다리가 찢어진다
제 힘에 겨운 일을 억지로 하다가는 도리어 화를 당한다. (뱁새—몸이 작고 다리가 짧은 새)

뱁새는 작아도 알만 잘 낳는다
겉 보기에 부족한 듯해도 제 구실은 다한다.

뱃놈의 개
하는 일 없이 먹고 노는 사람.

버들개지 바람에 꺾일까
가망 없는 일을 바란다.

[同類] 오뉴월 황소 불알 떨어지기.

버릇 배우라니까 과부집 문고리 빼들고 엿장수 부른다
행실을 고치라니까 오히려 더 못된 짓만 한다.

버선 목이라 뒤집어 보이나
남에게 의심을 받아도 변명할 도리가 없을 때 하는 말.

번개가 잦으면 천둥을 친다
일의 조짐이 잦으면 반드시 그 일이 이루어지고야 만다.
[出典] 電光索索 霹靂之兆 《耳談》

번갯불에 담뱃불 붙이겠다
성질이 몹시 급하여 무슨 일이든지 당장에 처리하려고 하는 사람을 이르는 말.
[同類] 비 틈으로 빠져 나가겠다.

번갯불에 솜 구워 먹겠다
거짓말을 쉽게 잘한다

번갯불에 콩볶아 먹겠다
① 일을 당장 처리하려는 사람을 이르는 말. ② 번갯불이 번쩍하는 사이에 해치울 만큼 행동이 민첩하다.

벌어가는 춤도 한이 있다
사물은 무엇이든지 그 활동에 한정이 있다.

벌거벗고 환도(環刀) 차기
격에 어울리지 않는 아주 어색한 짓을 한다.
[同類] 갓 쓰고 자전거 탄다. 찌벗고 돈 한 잎 찬다. 벌거 벗고 전동(箭筒) 찰까?
[出典] 赤脫佩劒 《東言》

벌레 먹은 배추 잎 같다. 벌레 먹은 삼잎 같다
얼굴에 검버섯이 끼고 기미가 퍼져 흉하다.

벌물 켜듯 한다
젖·술 등을 세게 빨다.

벌쐰 사람 같다
왔다가 머무를 사이도 없이 곧 가버리다.

벌에 쐬었나
말대답도 못하고 급히 달아나는 사람을 놀리는 말.

벌집을 건드렸다
섣불리 건드리고 큰 탈을 만났을 때에 하는 말.

범 가는 데 바람 간다
항상 따라 다닌다.

범 나비 잡아먹듯
음식 따위를 양에 차지 않게 먹었을 때 하는 말.

범도 새끼 둔 골을 두남 둔다
자기 자식은 사랑하고 소중히 여긴다. (두남 둔다→소중히 여긴다)
[同類] 호랑이도 자식 난 골에는 두남 둔다.
[出典] 養雛之谷 虎亦顧 《旬五》, 《松南》, 留子之谷 虎亦顧復 《耳談》, 虎亦顧 養雛谷 《東言》

범도 제 소리 하면 오고, 사람도 세 말 하면 온다
화제에 오른 사람이 그 자리

에 나타났을 때 하는 말.

[出典] 談虎虎至 談人人至 《耳談》

범도 죽을 때는 제 집을 찾는다
사람이 죽을 때는 자기가 난 고향을 그리워한다.

범 모르는 하룻강아지
무서운 줄 모르고 함부로 덤벼든다.

범 무서워 산에 못 가랴
마음에 꺼림칙하더라도 해야 할 일은 해야 한다.

범벅에 꽂은 저(箸)라
일이 확고 부동하지 못하다.

범 아가리에 날고기 넣은 셈
욕심쟁이에게 간 물건은 도로 찾지 못한다.

범 없는 골에는 토끼가 스승이라
훌륭한 사람이 없는 곳에서는 못난 사람이 잘난 체한다.

[同類] 혼자 사는 동네 면장이 구장이다. 무호동중에 이작호 (無虎洞中 狸作虎)

[出典] 谷無虎 先生兎 《洌上》

범에게 물려 가도 정신을 차려라
아무리 위기에 처해도 정신을 차리면 살아날 길이 있다.

[同類] 범에게 열두 번 물려 가도 정신을 차려라.

범에 날개
큰 힘을 가진 데다가 더 세찬 힘이 주어졌다.

범은 그려도 뼈다귀는 못 그린다
겉은 알아도 속은 모른다.

[同類] 범을 그려 뼈를 그리기

어렵고, 사람을 사귀어 그 마음을 알기 어렵다.

범을 길러 화를 받는다
화근(禍根)을 길러서 스스로 걱정거리를 만든다.

[同類] 양호 우환(養虎憂患)

범의 굴에 들어가야 범을 잡는다
목적을 이루려면 위험을 무릅쓰고 노력해야 한다.

[同類] 범 굴에 들어가야 범 새끼를 잡는다.

범의 차반
없을 때는 굶더라도 있을 때는 있는 대로 다 먹어 치우는 사람을 이르는 말.

[出典] 虎茶飯 《東言》

범 잡아먹는 담비가 있다
범을 잡아먹는 담비가 있다. 곧 위에는 또 위가 있다.

범 탄 장수 같다
위세로운데 또 위력이 가해진 사람의 비유.

법 모르는 관리가 볼기로 위세 부린다
실력 없이 직권을 남용하여 강압적으로 일을 얼버무린다.

법은 멀고 주먹은 가깝다
일의 옳고 그름을 따지기 전에 완력부터 쓴다.

벗 따라 강남(江南) 간다
① 요긴한 일이 아닌 데도 벗을 따라서는 먼 길이라도 간다. ② 하기 싫은 일이라도 남이 권하므로 마지못해 따라

하게 된다.

出典 追友江南往《東言》

벗 줄 것은 없어도 도둑 줄 것은 있다
① 가난하여 남을 도와 줄 물건은 없어도, 도둑 맞을 것은 있다. ② 가까운 사람에게는 인색한 이가 도리어 남에게는 빼앗긴다.

同類 쥐 줄 것은 없어도 도둑 줄 것은 있다.

出典 給友之物無 賊持之物有《東言》

벙거지 시울 만지는 소리
아주 모호하게 요령을 알 수 없이 하는 말.

벙어리 냉가슴 앓듯
말 못할 사정이 있어도 저 혼자 애태운다. 혼자만 괴로워하며 걱정한다.

벙어리 두 몫 떠들어댄다
모자라는 사람일수록 떠들썩하게 말이 많다.

벙어리 서방질을 해도 제 속이 있다
어리석은 이가 무슨 일을 저질러도 딴에는 속셈이 있다.

벙어리 속은 그 어미도 모른다
말하지 않으면 그 내용은 아무도 모른다.

벙어리 재판
몹시 곤란한 일.

베는 석 자라도 틀은 틀대로 해야 된다
작은 일이라도 기본 원칙을 무시할 수는 없다.

베돌던 닭도 때가 되면 홰 안에 찾아 든다
어울리지 않고 따로 돌던 사람도 다시 돌아올 때가 있다.

베어도 움돋이
없애도 자꾸 생겨 난다.

벼락 맞은 소 뜯어 먹듯
여럿이 달려들어 제 실속을 채우는 모양.

벼락치는 하늘도 속인다
속이려면 못 속일 것이 없다. 사람이란 남을 속이려 한다.

벼룩도 낯짝이 있다
너무나도 뻔뻔스러운 사람을 이르는 말.

벼룩의 간을 내어 먹는다
적은 이익도 억지 수단을 써서 착취한다.

出典 蚤腸出食《東言》

벼룩의 등에 육간 대청(六間大廳)을 짓겠다
도량이 좁고 하는 짓이 답답한 사람을 이르는 말.

同類 부시통에 연풍대(宴豊臺) 하겠다.

벼룩의 선지를 내어 먹지
얼마 되지 않는 이익을 당치 않은 곳에서 얻으려 한다.

同類 벼룩의 간을 빼 먹지.

벼르던 애기 눈이 먼다
벼르던 일이 낭패보기 쉽다.

同類 욕교 반졸(欲巧反拙)

벼르던 제사 물도 못 떠 놓는다
① 오랫동안 잘 하려고 벼른 일은 도리어 더 못하게 되는 수가 많다. ② 계획이 많으면 아무 일도 못 한다.

벼슬은 높이고 뜻은 낮추어라
지위가 높으면 겸손해야 한다.
出典 位思其崇 志思其恭 《耳談》

벽을 치면 대들보가 울린다
암시만 해도 곧 알아듣는다.

변죽을 치면 복판이 운다
넌지시 알리기만 해도 눈치가 빨라 곧 알아듣는다.

병든 놈 두고 약 지으러 갔더니 약국도 두건(頭巾)을 썼더란다
일이 급하고 요긴할 때면 찾는 것이 어긋나기 쉽다.

병신 고운 데 없다
병신은 마음도 바르지 못하다.

병신 달밤에 체조한다
못난 자가 미운 짓만 더 한다.
同類 예쁘지 않은 며느리 삿갓 쓰고 어스름 밤에 나선다.

병신이 육갑(六甲)한다
되지 못한 자가 가끔 엉뚱한 짓을 한다. (六甲→육십 갑자)

병신 자식이 효도한다
별로 대단치 않게 여기던 것이 제 구실을 한다.
出典 彼眇者子乃孝厥妣《耳談》

병자년 까마귀 빈 뒷간 들여다 보듯
무엇을 구하는 자가 행여나 하고 여기저기 기웃거린다.

병 주고 약 준다
일이 안 되도록 방해하여 놓고 도와 주는 체한다.

보기 좋은 떡이 먹기도 좋다
겉이 좋으면 내용도 좋다.
出典 觀美之餌 啗之亦美《耳談》

보기 좋은 음식 별수없다
겉모양은 좋으면서 그 내용은 신통치 않다.

보리 누름까지 세배한다
지나치게 예의를 차림을 조롱하는 말.

보리 누름에 설늙은이 얼어 죽는다
따뜻해야 할 계절이 도리어 춥게 느껴지는 때 하는 말.
同類 꽃샘에 설늙은이 얼어 죽는다.

보리로 담은 술, 보리 냄새가 안 빠진다
제 본성은 그대로 지닌다.

보리밥알로 잉어 낚는다
적은 자본으로 많은 이익을 얻었을 때 하는 말.
同類 곤지 주고 잉어 낚는다.
되로 주고 말로 받는다

보리밥에는 고추장이 제격이다
매사 격에 맞아야 한다.

보리술이 제 맛이 있다
밑천 들인 만큼 효력이 발생하고, 근본이 나쁘면 그 결과도 좋지 못하다.

보쌈에 들었다
남의 꾐에 걸려 들었다

보자보자 하니까 얻어온 장 한 번 더 뜬다
  좀 나아질까 하였더니 점점 더 못된 일을 저지른다.

보채는 아이 밥 한 술 더 준다
  무슨 일에나 가만히 있지 않고 조르며 서두르는 사람에게 더 잘 해 주게 된다.

보채는 아이 젖 준다
  무슨 일이나 조르고 보채는 사람에게는 남보다 먼저 시키거나 주게 된다.

복날 개패듯
  사정없이 몹시 때린다.

복 없는 처녀는 봉놋방에 가 누워도 고자 곁에 눕는다
  운수 나쁜 사람은 하는 일마다 낭패 본다. (봉놋방―머슴들이 모여 자는 방)
  [同類] 복 없는 봉사 괘문(卦文)을 배우면 감기 앓는 놈 없다. 능참봉을 하니까 한 달에 거둥이 열아홉. 계란 유골.

복은 쌍으로 안 오고 화는 홀로 안 온다
  기쁜 일은 겹쳐 오지 않고, 화는 연거푸 닥쳐 온다.

복의 이갈듯 한다
  원한이 있어 이를 바드득바드득 간다.

복 치듯 하다
  어부가 복을 잡아 함부로 치듯 되는 대로 마구 두드린다.

볶은 콩도 골라 먹는다
  사람은 무엇이나 고르려 한다.

볶은 콩 먹기
  그만 먹어야지 하면서 결국은 다 먹는다.

볶은 콩에 싹이 날까
  희망이 없다.

볼모로 앉았다
  볼모로 간 사람처럼 일은 않고 앉아 있다.

봄 꽃도 한 때
  부귀나 영화도 한 때의 일로 오래 계속되지 못한다.

봄 꿩이 제 바람에 놀란다
  제가 한 일에 제가 놀란다.

봄 꿩이 제 울음에 죽는다
  제 허물을 제가 드러내는 화를 당한다.
  [出典] 哀彼春雉 自鳴以死《耳談》, 春山雉 以鳴死《洌上》, 春雉自鳴《東言》

봄 사돈은 꿈에도 보기 무섭다
  궁할 때 어려운 손님을 대접하기 곤란하여 이르는 말.

봄에 깐 병아리 가을에 와서 세어 본다
　이해 타산에 어수룩하다.

봄 첫 갑자일(甲子日)에 비가 오면 백리중(百里中)이 가물다
　봄철 들어 첫번째 맞는 갑자날에 비가 오면 오랫동안 가물 징조다.

봇짐 내어 주며 앉으라 한다
　속으로는 싫어하면서도 겉으로는 좋아하는 체한다.

봇짐 내어 주며 하룻밤 더 묵으라 한다
　속으로는 가기를 바라면서 말로는 더 묵으라고 한다.

봉 가는 데 황이 간다
　항상 따라 다닌다.
　(봉황: 鳳凰→성인이 태어나면 난다는 상상의 새의 암수)

봉사가 개천을 나무란다
　자신의 무능과 잘못은 모르고 애꿎게 남만 탓한다.

봉사 굿 보기
　실상을 보지 못한다.

봉사 기름 값 물어 주나 중이 회값 물어 주나 일반
　자기에게 관계되지 않는 돈을 억울하게 물게 될 때 하는 말.

봉사 단청(丹靑) 구경
　참 모습을 모른다.
　[出典] 盲玩丹靑《旬五》

봉사 등불 쳐다보듯
　① 서로 아무 관계없이 지낸다.
　② 주의를 기울이지 않는다.

봉사 문고리 잡기
　① 몹시 어려운 일을 했음을 이르는 말. ② 바로 앞에 있는 것을 못 찾는다.

봉사 제 점 못 한다
　아는 체하지만, 자기 앞날의 일은 모른다.

봉화불에 산적 굽기
　일을 너무 서두른다.

부귀빈천이 물레바퀴 돌 듯한다
　사람의 운명은 쉴 사이 없이 바뀐다.
　[同類] 사람 팔자 시간 문제.

부뚜막 땜질 못하는 며느리, 이마의 털만 뽑는다
　일도 못하면서 맵시만 낸다.

부뚜막의 소금도 집어 넣어야 짜다
　아무리 쉬운 일이라도 하지 않으면 소용없다.
　[出典] 竈上鹽 執入後鹹《東言》

부러진 칼 자루에 옻칠하기
　쓸데없는 헛일을 한다.

부모가 반 팔자
어떤 부모에게서 태어나느냐 하는 것이 사람의 운명을 결정하는 중요한 요소다.

부모가 착해야 효자가 난다
부모가 착해야 아들도 착하다.
[同類] 부모가 온 효자가 되어야 자식이 반 효자.

부모 속에는 부처가 들어 있고, 자식 속에는 앙칼이 들어 있다
부모는 자식을 사랑하나, 자식은 불효할 뿐이다.

부부 싸움은 칼로 물베기
부부 싸움은 쉬 화합한다.
[出典] 夫婦戰 刀割水 《東言》

부아 돋은 날 의붓아비 온다
화를 낼 일이 겹친다.

부앗김에 서방질한다
울분을 참지 못하여 차마 못할 짓을 하게 된다.

부엉이 셈 치기
계산이 분명치 않은 사람을 이르는 말.
[出典] 䲭鵊計數 《旬五》,《松南》

부엉이 소리도 제 듣기는 좋다고
자기의 단점은 모르고 제가 하는 일은 다 잘하는 것 같다.

부엌에 가면 더 먹을까, 방에 가면 더 먹을까
여기가 나을까, 저기가 나을까 하고 망설인다.

부엌에서 숟가락 얻었다
대단찮은 일을 하고 자랑하는 것을 비웃는 말.
[出典] 饌厨之下 得匙何者 《耳談》

부자는 망해도 삼 년 먹을 것이 있다. 부자가 망해도 삼 년 간다
부자는 망해도 얼마 동안은 그럭저럭 살아 나갈 수 있다.

부자 하나면 세 동네가 망한다
큰 일을 이루려면 희생이 있게 된다.

부잣집 가운뎃 자식
일은 하지 않고 놀고 먹는 사람을 이르는 말.

부잣집 맏며느리
얼굴이 복스럽고 후하게 생긴 처녀를 이르는 말.

부잣집 외상보다 거지(비렁뱅이) 맞돈이 좋다
장사는 외상을 주기보다는 당장 받는 게 낫다.

부절을 맞춘 듯하다
꼭 들어맞는다.

부조는 않더라도 젯상이나 치지 마라
도와 주지는 못할 망정 방해나 하지 말라.

부지런한 물레방아는 얼 새도 없다
부지런히 하면 실수가 없이 일이 성사된다.
[同類] 부지런한 이는 앓을 틈도 없다.

부창 부수(夫唱婦隨)
남편 주장에 아내가 따르는 것이 부부 화합의 도리이다.

부처님 가운데 토막

어질고 조용한 사람의 비유.

부처님 공양(供養) 말고 배고픈 사람 밥 먹여라
부처님에게 정성을 들여 복을 구하기보다 실지로 덕을 쌓는 것이 낫다.

부처님 살찌고 마르기는 석수(石手)에게 달렸다
일이 잘 되고 못 되는 것은 그 일을 맡은 사람에게 달렸다.

부처님에게 생선 방어 토막 훔쳐 먹었다고 한다
당치 않은 말이라고 제 무죄를 변명한다.

부처 밑을 기울이면 삼거웃이 드러난다
아무리 점잖은 사람이라도 내면을 들추면 지저분한 일이 없지 않다. (삼거웃→삼을 삼다가 거기서 떨어진 부스러기)
[出典] 刮佛本麻滓出《旬五》, 佛底刮麻毛發 《冽上》, 佛底麻去兀露 《東言》

부처 위해 불공(佛供)하나, 제 몸 위해 불공하지
무슨 일이나 결국은 제게 이로우려고 한다.

북두칠성이 앵돌아졌네
북두칠성의 위치가 휙 돌아갔다. 곧 일이 낭패되었다.

북어 뜯고 손가락 빤다
작은 이익까지 추구하나 별 소득이 없다

북어 한 마리 주고 젯상 엎는다
보잘것없는 것을 주고는 큰 손해를 끼친다.

북은 칠수록 소리가 난다
하면 할수록 손해만 커진다.

분에 심어 놓으면 못된 풀도 화초라 한다
환경에 따라 귀하고 천해진다.

불고 쓴 듯하다
청빈하다. 깨끗하다.

불난 강변에 덴 소 날뛰듯 한다
갑자기 급한 일을 당하여 어쩔 줄 모르고 갈팡질팡한다.
[出典] 火燒江邊 爛牛奔 《東言》

불난 끝 있어도 물난 끝은 없다
화재는 가재를 다소 건질 수 있으나, 수재는 몽땅 떠내려가 버려 그 피해가 더 크다.

불난 데 부채질한다
① 남의 안 되는 일에 더 안 되도록 한다. ② 화난 사람을 더 노하게 한다.
[同類] 불난 데 풀무질한다.

불난 데 풀무질한다

남을 더 불행하게 되도록 방해하거나 성난 사람을 더욱 성나게 한다.

불 난 집에서 불이야 한다
제 밑이 구린 사람이 남이 할 말을 먼저 한다.

불난 집에 키 들고 간다
[同類] 불난 데 부채질한다.

불면 꺼질까 쥐면 터질까
어린 자녀를 곱게 기른다.

불면 날까, 쥐면 꺼질까
어린 자녀를 매우 귀애한다.
[出典] 吹之恐飛 執之恐陷《旬五》, 吹恐飛 執恐虧《洌上》

불 붙는데 키질하기
나쁜 방향으로 가는 일을 더 악화시킨다.

불 안 땐 굴뚝에 연기 날까
무슨 소문이 있는 것은 반드시 그 원인이 있기 때문이다.
[出典] 不燃之堗 烟不生《旬五》, 堗不燃 不生烟《洌上》, 不燃堗 烟何生《東言》

불 없는 화로, 딸 없는 사위
쓸모 없는 물건.

불에 놀란 놈 부지깽이 보고 놀란다
어떤 일에 한 번 혼나면 비슷한 것만 보아도 겁을 낸다.

불에 탄 개가죽
발전이 없고 점점 오그라들기만 한다.

불집을 건드리다
위험을 스스로 불러들인다.

붉고 쓴 장(醬)
겉모양은 화려하나 실속은 흉악하여 안팎이 서로 다른 사람이나 물건을 이르는 말.

비는 데는 무쇠도 녹는다
잘못을 뉘우치고 진정으로 빌면 용서하지 않을 수 없다.

비는 장수 목 벨 수 없다
잘못을 뉘우치고 빌면 아무리 큰 잘못도 용서하게 된다.
[同類] 귀신도 빌면 듣는다.

비단(緋緞) 대단(大緞) 곱다 해도 말같이 고운 것은 없다
비단이 아무리 곱다 해도 아름다운 마음씨에서 우러나오는 말처럼 고운 것은 없다.

비단옷 입고 밤길 걷기
애쓴 일에 보람이 없을 때 하는 말.

비둘기는 몸은 나무에 있어도 마음은 콩밭에 있다
먹을 것에만 정신을 쓴다.
[同類] 비둘기는 콩밭에만 마음이 있다.

비렁뱅이가 하늘을 불쌍타 한다
쓸데없는 걱정을 한다.
[出典] 乞人憐天《旬五》,《松南》

비온 뒤에 땅이 굳어진다
풍파를 겪은 뒤에 일이 더 단단하게 마무리된다.

비지 먹은 배는 약과도 싫단다
값싼 음식이라도 배불리 먹은 뒤에는 좋은 음식이라도 싫다.
[出典] 腹飽豆粕 粔籹厭嚼《耳談》

비짓국 먹고 용트림한다
  실속은 없이 거드름만 피운다.
빈 수레가 더 요란하다
  지식이 없고 교양이 부족한 사람이 더 아는 체하고 떠든다.
빈자 일등(貧者一燈)
  물질보다 정성이 소중하다.
빌어는 먹어도 다리 아래 소리하기는 싫다
  아무리 어려운 경우에도 사정해 가며 빌기는 싫다.
  [同類] 빌어 먹어도 절하고 싶지 않다.
  [出典] 雖乞食 厭拜謁《洌上》, 雖則乞匃 猶然恥拜《耳談》
빗자루 든 놈 보고 마당 쓸란다
  제 스스로 하려는 사람에게 그 일을 시킬 때 하는 말.
빚값에 계집 뺏기
  핑계 삼아 무도한 짓을 하는 심술쟁이 짓.
  [同類] 아이 밴 계집 배 차기.
빚 보증하는 자식 낳지도 마라
  까딱하면 돈 한 푼 안 써보고 빚돈을 대신 갚아 줘야 하므로 경계하는 말.
빚 주고 뺨 맞는다
  남에게 잘 해주고 오히려 욕을 당할 때 하는 말.
  [出典] 給債逢批頰《旬五》, 債旣給 逢批頰《洌上》, 給債逢頰《東言》
빚진 종이라
  빚진 사람은 빚 준 사람의 종이나 다름없이 된다.

빚 진 죄인
  빚쟁이 앞에서 빚진 사람이 기가 죽는다.
빛 좋은 개살구
  겉은 좋으나 실속이 없다.
빨리 더워지는 방이 쉬 식는다
  급히 일을 서두르면 그만큼 쉽게 포기한다.

빼도 박도 못한다
  일이 난처하게 되어 계속할 수도 없고 중단할 수도 없다.
뺨 맞는 데 구레나룻이 한 부조
  아무 소용없는 물건도 쓰일 때가 있다.
뺨 맞을 놈이 여기 때려라 저기 때려라 한다
  벌을 받을 놈이 큰소리한다.
뿌리 깊은 나무는 가뭄 타지 않는다
  뿌리가 깊이 박히어 든든하면 고난을 이겨낼 수 있다.
뿌리 없는 나무에 잎이 필까
  원인이 없으면 결과가 없다.
  원인이 좋아야 결과도 좋다.

사공이 많으면 배가 산으로 올라간다
일에 간섭하는 사람이 많으면 일이 잘 안 된다.

사귀어야 절교(絶交)하지
서로 관계가 없으면 의를 상하지도 않는다.
[出典] 本不結交 安有絶交 《耳談》

사나운 개 입 성할 날 없다
사람도 사나우면 남에게 상처를 입힐 뿐 아니라 자기도 상처를 입는다.

사나운 개 콧등 아물 틈 없다
사나운 사람은 항상 상처를 입어 온전한 날이 없다.
[出典] 可憎之犬 鼻不離癬 《耳談》, 憎犬 鼻無完時 《東言》

사나운 말에는 별난 길마 지운다
성격이 사나운 사람은 특별한 제재(制裁)를 받게 된다.

사냥 가는 데 총 안 가지고 가는 것 같다
무슨 일을 하러 갈 때 가장 요긴한 물건을 빠뜨리고 간다.
[同類] 혼인 집에서 신랑 잃어버렸다.

사당 치레하다가 신주 개 물려 보낸다
겉만 애써 꾸미려다가 정작 중요한 내용을 잃어버린다.

사돈네 남의 말한다
제 일을 놔 두고 남의 일에 말참견한다.
[同類] 사돈네 남 나무란다. 사돈네 논 산다.

사돈도 이럴 사돈 다르고 저럴 사돈 다르다
같은 경우라도 사람에 따라 대접이 달라야 한다.
[同類] 사돈도 이럴 사돈 저럴 사돈 있다.

사돈 밤 바래기
사돈은 어려운 손님이므로 밤에 돌아갈 때 서로 바래다 주다 보면 밤을 새우게 된다.

사돈의 잔치에 중이 참여한다
상관 없는 남의 일에 낀다.
[出典] 査頓宴 僧客 《旬五》

사돈의 팔촌
자기와 상관 없는 남이다.
[出典] 査頓八寸 《東言》

사돈집과 뒷간은 멀수록 좋다
멀리 떨어져 있는 것이 좋다.

사돈집과 짐바린 골라야 좋다
사돈끼리도 가문이나 재산 정도가 서로 비등해야 좋다.

사돈집 잔치에 감 놓아라 배 놓아라 한다

사또 덕분에 나발 분다
남의 힘을 빌어 자기가 할 일을 하게 된다.

사또 떠난 뒤에 나발 분다
기회를 놓치고 난 다음에야 일을 시작한다.

[同類] 굿 마친 뒷 장구. 여드레 병풍친다.

사람과 쪽박은 있는 대로 쓴다
사람은 제각기 쓸모가 있다.

[同類] 개천에 내버릴 종 없다.

사람 마음은 하루에도 열두 번
감정에 치우쳐 사람의 마음은 자주 변한다.

사람 살 곳은 가는 곳마다 있다
아무리 곤란한 환경에서라도 도와 주는 사람은 있다.

사람에 버릴 사람이 없으며 물건에 버릴 물건 없다
무슨 물건이든 두어 두면 쓰일 때가 있다.

사람은 구하면 앙분을 하고, 짐승은 구하면 은혜를 한다
사람은 은혜를 베풀면 원수로 이를 갚는 수가 있으니 조심해야 한다.

[同類] 머리 검은 고양이 귀치 마라.

사람은 낳으면 서울에 보내고, 우마는 낳으면 상산에 두라
서울에서 교육을 받아야 견문이 넓어지고 잘될 수 있다.

사람은 늙어지고, 시집은 젊어진다
늙으면 편해질 것 같지만 점점 어려워지는 경우가 많다.

사람은 잡기(雜技)를 해보아야 그 마음을 안다
노름을 같이 해 봐야 그 사람의 본성을 알 수 있다.

사람은 죽으면 이름을 남기고, 범은 죽으면 가죽을 남긴다
사람은 살아서 좋은 일을 하여 후세에 명예로운 이름을 남겨야 한다.

[同類] 인사유명 호사유피(人事遺名 虎死遺皮)

[出典] 豹死留皮 人死留名 《五王》

사람은 키 큰 덕을 입어도 나무는 키 큰 덕을 못 입는다
나무가 크면 작은 나무가 자라지 않으나 사람은 큰 사람의 덕을 입는다.

사람은 헌 사람이 좋고, 옷은 새 옷이 좋다
옷은 새옷이 깨끗해서 좋고, 사람은 오래 사귄 사람이 그만큼 정이 두터우므로 좋다.

사람의 새끼는 서울로 보내고, 마소의 새끼는 제주로 보내라
사람은 서울에서 자라야 견식(見識)을 넓히고 또 출세할 기회도 많다.

사람이면 다 사람인가, 사람이라야 사람이지
사람은 사람다운 일을 해야 참다운 사람이다.
사람 죽여 놓고 초상 치러 주기
해치고 나서 도와 준다.
사랑은 내리사랑
부모가 자식을 사랑하지 자식이 부모에게 효도하긴 어렵다.
[同類] 아래 사랑은 있어도 위의 사랑은 없다.
사면 초가(四面楚歌)
적에게 포위되거나 고립된 경우를 이르는 말.
사모 바람에 거드럭거린다
벼슬하는 유세로 못된 짓을 하면서도 도리어 큰소리 친다.
사모 쓴 도둑놈
재물을 탐하는 관장(수령)을 욕하는 말.
사모에 갓끈이라
격에 어울리지 않는다.
[同類] 방갓[方笠]에 쇄자질.
사상 누각(砂上樓閣)
기초가 약하여 자빠질 염려가 있거나 오래 유지 못할 일.
사시 춘풍(四時春風)
누구에게나 늘 좋은 낯으로 대하는 무사 태평한 사람.
사위가 고우면 요강 분지를 쏜다
사위는 처가에 가면 후한 대접을 받는다.
사위가 무던하면 개 구유를 씻는다
무던한 사위는 개 밥통을 씻을 만큼 스스럼없이 지낸다.
사위는 백 년 손이요, 며느리는 종신(終身) 식구라
사위나 며느리는 모두 남의 자식이지만, 며느리는 제 집 사람이 되어 스스럼없는 반면, 사위는 정분이 두터우면서도 손님처럼 어렵다.
사위는 백년지객이라
사위는 영원한 손님이다.
사위도 반 자식이라
사위도 가끔 자식 구실을 할 때가 있다.
사위 사랑은 장모, 며느리 사랑은 시아버지
장모는 사위를 귀여워하고 시아버지는 며느리를 귀여워하는 일반적 경향에서 온 말.
사위 자식 개 자식
사위는 결국 장인·장모에게 남의 자식이다.
사위 × 보니 외손자 볼 것 같지 않다
일을 보니 잘 되기는 글렀다.
사유 종시(事有終始)
일에는 시작과 끝이 있음.
사자 없는 산에 토끼가 대장 노릇한다
잘난 사람이 없는 곳에서 못난 사람이 잘난 체한다.
사잣밥을 목에 달고 다닌다. 사잣밥을 싸가지고 다닌다
언제 어디서 죽을지 모른다.

사정이 많으면 한 동리에 시아비가 아홉
① 지나치게 남의 사정만 봐주다가 도리어 제 신세를 망치게 된다. ② 정조 관념이 희박한 여자를 이르는 말.

사족 성한 병신
아무 일 않고 놀고 먹는 사람.

사주(四柱)에 없는 관(冠)을 쓰면 이마가 벗어진다
제 분수에 넘치는 일을 하면 도리어 괴롭다.

사촌이 땅을 사면 배가 아프다
남이 잘 되는 것을 시기한다.

사촌 집도 부엌부터 들여다본다
친한 사이라도 당길 욕심이 있어 주기만 바란다.
[同類] 사촌 영장(永葬)도 부엌부터 들여다보아야 한다.

사침에도 용수 있다
아무리 바쁘더라도 틈을 내려면 낼 수 있다. (사침→사침대. 베틀의 베개미 옆에서 날 사이를 띄어 주는 두 개의 나무)
[同類] 새우 찧는 절구에 손 들어갈 때 있다.

사후(死後) 술 석 잔 말고 생전에 한 잔 술이 달다
죽은 뒤에는 아무리 잘 하여도 소용이 없으니 생전에 적은 대접이나마 잘 하라.

사후(死後) 약방문(藥方文)
이미 일이 다 끝난 뒤에 수습하려 해도 아무 소용이 없다.

사후 청심환(淸心丸)
때가 이미 늦어 일이 다 틀어지고 낭패됨을 이르는 말.

사흘 굶어 도둑질 안할 놈 없다
착한 사람이라도 몹시 궁핍하게 되면 옳지 못한 짓을 저지르게 된다.
[同類] 사흘 굶어 담 아니 넘을 놈 없다.
[出典] 人飢三日 無計不出 《耳談》

사흘 굶으면 양식 지고 오는 놈 있다
막다른 지경에 이르면 뜻밖에 뚫리어 살게 된다.

사흘 굶은 범이 원님을 안다더냐
여러 날 굶으면 이것저것 가릴 것이 없게 된다.
[同類] 새벽 호랑이 쥐나 개나 모기나 하루살이나 하는 판. 호랑이가 굶으면 환관(宦官)도 먹는다.

사흘 길에 하루쯤 가서 열흘씩 눕는다
① 일을 급히 하려고 서두르면 도리어 일이 더디게 된다. ② 게으른 사람이 늑장부리다가 일이 안 될 때 하는 말.
[出典] 三日之程 一日往十日臥 《旬五》, 《松南》

사흘 길 하루도 아니 가서
일의 첫 시작부터 탈이 생겨 앞으로 할 일이 까마득하다.
[出典] 三日程 如未一日行 《東言》, 三日程 一日未行 《熱河》

삭은 바자 구멍에 노란 개 주둥이
남의 말에 끼어 들어 쓸데없이 참견을 하는 사람을 비웃는 말. (바자→대·수수깡·싸리 등으로 엮어 만든 울타리)

[同類] 다 삭은 바자 틈에 노란 개 주둥이같이. 남의 잔치에 감 놓아라 배 놓아라 한다.

산 개가 죽은 정승보다 낫다
아무리 구차하고 천한 신세라도 죽는 것보다 사는 게 낫다.

[同類] 거꾸로 매달아도 이승이 좋다. 땡감을 따 먹어도 이승이 좋다.

산골 부자가 해변 개보다 못하다
바닷가에서는 개도 고기를 먹을 수 있으나, 산골에는 고기가 귀하여 부잣집이라도 고기 먹기는 쉽지 않다.

산 김(金)가 셋이 죽은 최(崔)가 하나를 못 당한다
김씨 성을 가진 사람은 흔히 성격이 너그럽고, 최씨 성을 가진 이는 단단하고 매섭다.

산 넘어 산이다
갈수록 어려움이 심해 간다.

산 닭 주고 죽은 닭 바꾸기도 어렵다
여느 때는 흔하던 물건도 필요하면 구하기 어렵다.

[出典] 給生鷄 換死鷄 亦難《東言》

산 밑 집에 방앗공이가 논다
① 마땅히 있어야 할 곳에 오히려 없다. ② 다른 고장보다 산지(産地)에 그 물건이 귀할 때 하는 말. (논다→귀하다)

[出典] 山下卜宅 春杵難獲《耳談》, 山底杵貴《旬五》,《松南》, 山下住貴杆曰《洌上》

산 밖에 난 범, 물 밖에 난 고기
아주 위험한 처지에 놓였다.

[同類] 낚시 바늘에 걸린 생선. 푸줏간에 든 소.

산보다 골이 더 크다
사물이 도리에 벗어나거나 거꾸로 됨의 비유.

산 사람의 목구멍에 거미줄 치랴
사람은 아무리 가난하여도 입에 풀칠해 나갈 수 있다.

[出典] 活人之嚥 蛛不布網《耳談》

산 사람 입에 거미줄 치랴
살기가 어렵다고 쉽사리 죽기야 하겠는가.

산소 등에 꽃이 피었다
조상의 무덤에 꽃이 피면 자손이 잘 된다는 말로 부귀 공명한 이에게 하는 축하의 말.

산 속에 있는 열 놈의 도둑은 잡아도 제 맘 속에 있는 한 놈의 도둑은 못 잡는다
제 마음 속에 있는 옳지 못한 생각은 스스로 고치기 어렵다.

산신 제물에 메뚜기 뛰어들 듯
자기에게는 상관 없는 일에 참견함을 비웃는 말.

산에 가야 범을 잡지
뜻을 이룰 수 있는 방향으로 행동하여야만 성공할 수 있다.

산에 들어가 호랑이를 피하랴
이미 앞에 닥친 위험은 도저히 못 피한다.
出典 入山忌虎《旬五》, 入山欲避虎《東言》

산엘 가야 꿩을 잡고, 바다엘 가야 고길 잡는다
일을 하려면 먼저 그 일의 목적지에 가야 일이 된다.

산은 오를수록 높고, 물은 건널수록 깊다
갈수록 어려운 일이 생긴다.
同類 가도록 심산(深山)이라.

산이 깊어야 범이 있다
덕망이 있고 생각이 깊어야 다른 사람이 따른다.

산이 높아야 골이 깊다
품은 뜻이 높아야 가지는 생각도 크고 훌륭하다.

산이 커야 골이 깊지
사람이 훌륭해야 생각도 깊다.
同類 산이 커야 굴이 크다. 산이 커야 그늘이 크다.

산전 수전(山戰水戰) 다 겪었다
백전 노장(百戰老將)이 산과 물에서의 싸움을 다 겪었다. 여러 가지 일을 겪어 무슨 일에나 정통하고 노련하다.
同類 백전 노장(百戰老將)

산중(山中) 놈은 도끼질, 야지(野地) 놈은 괭이질
나무꾼은 도끼질에 능숙하고, 농사꾼은 괭이질에 능숙하다. 곧 사람은 환경에 따라 제가 하는 일에는 제각기 능통하다.

산 진 거북이요, 돌 진 가재라
든든한 세력을 믿고 버티는 자를 이르는 말.

산 호랑이 눈썹도 그립지 않다
필요한 물건은 있는 대로 다 갖추어 부족함이 없다.
同類 고양이 뿔도 있다. 집에 가면 금송아지가 있다.

살갑기는 평양 나막신
몸은 작은 데 음식은 남보다 더 먹는 이의 비유.

살강 밑에서 숟가락 얻었다
① 헛 좋아한다. ② 아주 쉬운 일을 하고 자랑한다.
出典 饌厨之下 得匙何者《耳談》

살림에는 눈이 보배
살림살이를 알뜰히 하려면 하나하나 보살피고 또 남이 잘 하는 것을 본받아야 한다.

살아 이별은 생초목에 불붙는다
생이별은 쓰라리고 안타깝다.

살은 쏘고 주워도 말은 하고 못 줍는다
말은 화살과 달라 한 번 내뱉은 후면 다시 거둘 수 없으니 말조심하라는 뜻.

살이 살을 먹고 쇠가 쇠 먹는다
동포끼리 서로 해치려 한다.

살찐 놈 따라 붙는다
① 남을 맹종(盲從)하는 자를 비웃는 말. ② 가난한 사람이 부자의 사치를 흉내 낸다.
出典 効彼肥壯 倩人膨脹《耳拾》

삼각산 바람이 오르락내리락
출입이 잦고 조심성 없이 드나들 때 하는 말.
出典 三角山風流 或上或下《東言》

삼각산 풍류(風流)
출입이나 왕래가 몹시 잦음을 이르는 말.

삼간(三間) 집이 다 타도 빈대 타 죽는 것만 재미 있다
큰 손해를 봐도 지긋지긋한 대상이 없어지는 게 속시원하다.

삼경(三更)에 만난 액(厄)이라
아무 일 없으리라 안심하고 있을 때 뜻밖의 액운이 닥쳤다.
同類 자다가 벼락 맞는다. 자다가 생병 앓는 것 같다.
出典 三更厄《東言》

삼남(三南)이 풍년이면 천하는 굶주리지 않는다
충청도·전라도·경상도 땅은 곡식이 많이 나므로 이곳에 풍년이 들면 우리 나라는 굶주리지 않는다.

삼 년 가뭄에는 살아도, 석 달 장마에는 못 산다
가물 때는 견디어 나갈 만해도 장마에는 무덥고 구중중하여 견디기 어렵다.

삼 년 가뭄에 하루 쓸 날 없다
오랫동안 날씨가 좋다가도 무슨 행사가 있는 날엔 비 온다.

삼 년 구병(救病)에 불효 난다
오랜 간병(看病)에 한결같이 정성을 다하기 어렵다.
出典 三年救病 呈不孝狀《東言》

삼 년 먹여 기른 개가 주인 발등을 문다
오래 공들여 보살펴 준 사람이 은공을 잊고 도리어 손해를 끼친다.
同類 내 밥 준 개 발등 문다.

삼 년 묵은 말가죽도 오롱조롱 소리 난다
봄 기운이 돌아 만물이 다 활동을 시작한다.

삼 년을 결은 노망태기
노끈으로 망태기 하나 만드는 데 삼 년이나 걸렸다. 곧 오랫동안 공들여 이루었다.

삼단 같은 머리
숱이 많고 긴 머리.

삼밭의 쑥대
쑥이 삼밭에서 자라면 삼을 닮아 곧게 자란다. 곧 좋은 환경에서 좋은 사람과 같이 지내면 그 영향으로 좋게 된다.
同類 마중지봉(麻中之蓬)

삼사월에 낳은 애기 저녁에 인사한다
삼사월은 하루 해가 길다.

삼십육계에 줄행랑이 으뜸
싸움에 졌을 때는 아무 계책도 쓰지 말고 도망가는 것이 병법상(兵法上) 상책이다. 곧 곤란할 때는 도망하여 화를 피하는 것이 가장 좋다.
出典 三十六計 走爲上計《晋王》

삼정승(三政丞)을 사귀지 말고

내 한 몸을 조심하여라
권세 있는 사람과 사귀어 그의 도움을 받으려고 애쓰지 말고 제 할 일이나 성실히 하라. (삼정승→문무 백관 중의 으뜸가는 벼슬로서 임금을 보좌하던 영의정·좌의정·우의정의 세 정승)

[同類] 막교삼공(莫交三公)

[出典] 莫交三公 愼吾身《旬五》, 勿見三公 護我一躬《耳談》, 三政丞勿交 愼吾身《東言》, 莫交公 愼吾躬《洌上》

삼정승 부러워 말고 내 한 몸 튼튼히 가지라
헛된 욕심을 갖지 말고 제 몸의 건강에나 주의하라.

삼현 육각(三絃六角) 잡히고 시집 간 사람 잘산 데 없다
시집갈 때 호화롭게 잔치를 하고 혼수(婚需)를 많이 해 간 사람이 별로 잘살지 않는다.

[同類] 얼레빗·참빗 품에 품고 가도 제 복 있으면 잘산다. 이고 지고 가도 제 복 없으면 못산다.

삿갓에 쇄자(刷子)질
격에 맞지 않아서 서로 어울리지 않는 짓을 한다.

상감님 망건 사러 가는 돈도 써야만 하겠다
나중에는 삼수갑산(三水甲山)을 갈지라도 우선 어떤 돈이건 당장에 써야 하겠다.

[同類] 상감님 망건 값도 쓴다.

상두 술에 낯 내기
초상난 집 술을 가지고 인심 쓸 때 하는 말.

[同類] 곗술에 낯내기. 계주생면(契酒生面). 상두 쌀에 낯내기.

상시(常時)에 먹은 맘이 취중(醉中)에 난다
취하면 평소에 가졌던 생각이 말이나 행동에 나타난다.

상여 뒤에 약방문
때가 이미 늦어 일이 다 틀어지고 낭패됨을 이르는 말.

상원(上元) 달 보아 수한(水旱)을 안다
대보름날 달을 보고 그 해의 수한(水旱)과 풍흉(豊凶)을 점치는데, 달빛이 붉으면 가물고, 희면 장마가 질 징조이며, 사방이 두터우면 풍년이 들고, 엷으면 흉년, 차이가 없으면 평년작이 될 징조라 한다.

상전(上典) 배부르면 종 배고픈 줄 모른다
사람이 남의 사정은 모른 체하고 제 욕심만 채우려 한다.

상전(上典)은 미고 살아도 종은 미고 못 산다
윗사람과는 사이가 멀어도 살 수 있으나 동료끼리는 서로 사이가 틀려서는 못 산다. (미다→따돌리고 멀리하여 업신여기다)

[出典] 忤上典猶可生 忤班不不可生《東言》

상전 빨래를 해도 발뒤축이 희다
① 남의 일을 해주면 제게도 소득이 있다. ② 남의 일을 해주면 대가가 있어야 한다.
出典 洗踏足白《旬五》,《松南》,《東言》, 業浜澼 趾潔白 《洌上》, 婢爲主澼 亦白其骭《耳談》

상제보다 복재기(服齋朞)가 더 설워한다
일을 당한 당사자보다 다른 사람이 더 걱정한다. (복재기: 服齋朞→소상(小祥)을 지나기 전까지 상복을 입는 사람)

상제와 젯날 다툼
제게는 관계 없는 일을 가지고 당사자에게 옳다고 우긴다.
同類 남의 친기(親忌)도 우기겠다.

상좌중이 많으면 가마솥을 깨뜨린다
일하는 데 간섭하는 사람이 많으면 일이 잘 안 된다.
出典 上佐多則 破釜《東言》

상주(喪主) 보고 제사날 다툰다
同類 상제와 젯날 다툼.

상추밭에 똥싼 개는 저개 저개 한다
한 번 잘못을 저지르면 항상 의심을 받는다.
同類 나물밭에 똥 한 번 눈 개는 장 저개 저개 한다. 삼밭에 똥싼 개는 늘 싼 줄 안다. 한 번 똥 눈 개가 일생 눈다.
出典 萬苴田一遺矢之犬 疑其每遺 《旬五》,《松南》, 萬田放糞犬《東言》

상투가 국수버섯 솟듯한다
자기가 어른이라 자처하고 남을 부리는 사람을 이르는 말.

상판대기가 꽹과리 같다
파렴치한 사람을 이르는 말.

상팔십이 내 팔자
가난한 것이 내 팔자.

새가 까먹은 소리
근거 없는 말을 듣고 잘못 옮긴 말.

새꽤기에 손 베었다
변변하지 못한 이에게 뜻밖의 해를 입었다.

새끼 많은 거지, 말 많은 장자
자식을 많이 낳은 사람은 가난하게 지내고, 말이 많은 사람은 부자라는 뜻.

새끼 많이 둔 소 길마 벗을 날 없다
자식을 많이 둔 부모는 언제나 바쁘고 짐이 무겁다.

새끼에 맨 돌
① 서로 떨어질 수 없는 관계를 이르는 말. ② 주견없이 남이 하자는 대로 하는 자.

새남터를 나가도 먹어야 한다
곧 죽게 된 경우에도 먹어야 한다. 무슨 일을 당해도 먹고 기운을 내야 한다. (새남터→서울 신용산의 철교와 한강 인도교 사이의 모래 사장으로 옛날의 사형장)

새는 나는 곳마다 깃이 떨어진다
자주 이사를 하거나 직장을 자주 옮기면 좋지 않다.
[出典] 禽之止 羽必墜《洌上》, 鳥之所止 有羽其委《耳談》, 鳥亦坐處 羽輒墮《東言》

새도 가지를 가려 앉는다
직업이나 친구는 잘 가려야 한다.

새도 깃을 쳐야 날아간다
무슨 일이고 간에 노력하지 않고서는 되는 일이 없다.

새도 앉는 곳마다 깃이 떨어진다
자주 이사하면 세간이 준다.

새도 염불하고 쥐도 방귀 뀐다
새나 쥐까지도 사람이 하는 일을 하려고 하는데 여럿이 모여 노는 자리에 춤이나 노래를 못하는 사람을 놀리는 말.

새로 집 지은 후 삼 년은 마음을 못 놓는다
집을 새로 짓고 살면 무슨 사고가 날까봐 삼 년 동안은 마음을 놓지 못한다.

새 바지에 똥싼다
염치없는 짓을 한다.

새 발의 피
지극히 적은 분량.
[同類] 조족지혈(鳥足之血)

새벽달 보려고 으스름달 안 보랴
앞으로 있을 일을 막연히 믿고 기다리는 것보다 지금 당장의 확실한 일에나 열중하는 것이 낫다.

새벽달 보려고 초저녁부터 나 앉으랴
때도 되기 전에 너무 일찍 서두른다.
[同類] 새벽달 보자고 초저녁부터 기다린다. 시집 가기 전에 강아지 장만한다. 아이 낳기 전에 기저귀 감 장만한다.
[出典] 看晨月 坐自夕《洌上》, 待曉月 坐黃昏《東言》, 曉月之覸豈自昏候《耳談》

새벽 호랑이가 중이나 개를 헤아리지 않는다
매우 시장할 때는 무엇이든 가리지 않는다.
[出典] 曉虎不擇僧狗《東言》

새 사람 들어 삼 년은 마음을 못 놓는다
한 집안에 새 사람이 들어와 살게 되면 무슨 재액이 생기는 수가 많다 하여 이르는 말.

새알 꼽재기만하다
아주 작다.

새 오리 장가 가면 헌 오리 나도 간다
남이 하면 덮어놓고 저도 따라 하겠다고 나선다.

[同類] 비단 올이 춤추니 베올도 춤춘다. 잉어·숭어가 오니 물고기라고 송사리도 온다.

새옹지마(塞翁之馬)
모든 것이 전전하여 무상하므로, 인생의 길흉·화복을 예측할 수 없다.

새우 미끼로 잉어를 낚는다
① 적은 자본으로 큰 이득을 얻는다. ② 조금 힘들여 큰 보수를 받았을 때 하는 말.

[同類] 곤지 주고 잉어 낚는다.

새우 싸움에 고래 등 터진다
아랫 사람이 저지른 일로 자기 신상에 해가 미친다.

새 잡아 잔치할 것을 소 잡아 잔치한다
조그만 주의를 게을리하여 큰 손해를 보았을 때 하는 말.

[出典] 殺雀宴 反宰牛《旬五》

새침데기 골로 빠진다
내성적인 사람이 한 번 실수하여 어떤 일에 집착하게 되면 외향적(外向的)인 사람보다 더 외곬으로 빠져 든다.

색시 그루는 다홍치마 적에 앉혀야 한다
자기 처의 버릇은 다홍치마를 입은 새색시 적에 바로 할 수 있는 터전을 잡아 길들여야 한다. (그루 앉히다→앞으로 할 일에 대하여 올바르게 터전을 잡아 주다)

[出典] 欲制細君 須及紅裙《耳談》, 紅裳敎妻《松南》, 敎婦初來 敎兒嬰孩《顔訓》

색시 짚신에 구슬 감기가 웬 일
본분에 적당하지 않다.

샘이 깊은 물은 가물을 안 탄다
무슨 일이든 근본(根本)을 튼튼하게 하면 어떤 난관에도 흔들리지 않는다.

[同類] 원원지수는 한역불갈 (源遠之水 旱亦不竭)

샛바람에 원두한의 탄식
동풍이 세차게 불면 애써 가꾼 외덤불이 어지럽게 흩어져 원두막 주인이 한숨 짓는다. 곧 애써 한 일이 재해(災害)로 헛일이 되었다는 것을 보고 한탄한다는 뜻. (샛바람→동풍. 원두한→원두막 주인)

샛바리 짚바리 나무란다
별 차이가 없는데 제가 더 낫다고 한다.

[同類] 겨 묻은 개가 똥 묻은 개 나무란다.

생 가시아비 묶듯
살아 있는 장인을 묶듯 한다. 곧 제게 잘 해주는 웃어른에게 버릇없이 군다.

[出典] 如縛生婦翁《東言》

생각이 팔자
항상 골똘히 생각하고 있느라

면 소원대로 될 수 있다.

생마(生馬) 갈기 외로 질지 바로 질지
갓난 말의 갈기털이 어느 쪽으로 넘어질지 모르듯이 사람의 장래도 어릴 때 판단할 수 없다.
[同類] 금승 말 갈기 외로 질지 바로 질지 모른다.
[出典] 駒之方鬣 左右難占《耳談》

생마 잡아 길들이기
버릇없는 망나니는 가르치기가 힘들다.
[同類] 산 닭 길들이기는 사람마다 어렵다.

생선 망신은 꼴뚜기가 시킨다
못난 것일수록 그와 함께 있는 동료를 망신시킨다.

생원님이 종만 업신여긴다
무능한 사람이 남의 실력을 모르고 멸시만 한다.

생이 벼락 맞던 이야기를 한다
쓸데없는 얘기를 지껄인다.

생일날 잘 먹으려고 이레를 굶는다
어떻게 될지도 모를 일에 미리부터 지나치게 기대한다.

생쥐 볼가심할 것도 없다
몹시 빈궁한 형편의 비유.

생초목에 불붙는다
① 갑자기 뜻밖의 재화를 당했을 때를 이름. ② 아까운 사람이 요절하였을 때 애석하게 여겨 이르는 말.

생파리 같다
남이 가까이할 수 없을 정도로 까다로운 사람을 이르는 말.

생파리 잡아떼듯 한다
무슨 요구나 물음을 그 자리에서 호되게 거절하거나 모르는 척하는 모양.

서당 개 삼 년에 풍월을 읊는다
어리석은 사람도 주변에서 늘 보고 들은 일은 능히 할 수 있게 된다.
[同類] 당구 삼 년에 폐풍월(堂狗三年吠風月). 산 까마귀 염불한다.

서른 과부는 넘겨도 마흔 과부는 못 넘긴다
삼십대의 과부는 혼자 살아도 사십대의 과부는 혼자 못산다.

서리맞은 구렁이
① 행동이 몹시 굼뜨고 기백이 없는 사람의 비유. ② 세력이 쇠잔하여서 모든 희망이 좌절된 사람의 비유.

서 발 막대 거칠 것 없다
① 가난하여 집안에 아무 세간도 없다. ② 아무 거리낄 것이 없다.

[同類] 서 발 장대 거칠 것 없다

서울 가는 놈이 눈썹 빼고 간다
여행 떠나는 사람은 적은 짐이라도 거추장스러워 될 수 있는 대로 덜어 놓고 간다.

[同類] 길을 떠나려거든 눈썹도 빼어 놓아라.

서울 가서 김서방 찾기
이름도 주소도 모르고 집을 찾는 것을 조롱하여 이르는 말.

서울 가서 김 서방 집 찾기
잘 알지도 못하고 막연히 찾아 다닌다.

서울 까투리
① 서로 낯익은 사이라 조금도 어색하지 않다. ② 사교적으로 세련(洗鍊)된 여자를 가리키는 말.

[出典] 京畿雌雉 《東言》

서울 놈 못난 건 고창(高敞) 놈의 ×만도 못하다
서울에는 많은 사람이 살므로 못난 사람도 많다는 말.

서울 놈은 비만 오면 풍년이란다
① 농사 일을 모르는 서울 사람을 대하여 전혀 알지 못하는 것을 비웃는 말. ② 문외한(門外漢)이 일부만 보고 그릇 단정을 내린다.

서울 놈의 글꼭지 모른다고 말 꼭지야 모르랴
글을 모른다고 너무 무시하지 말라.

서울서 매 맞고 송도(松島)가서 주먹질한다
욕을 당한 그 자리에서는 말 한 마디 못하고 딴 데 가서 화풀이한다.

서울 소식은 시골 가서 들어라
가까운 데서 일어난 일을 먼 곳에서 더 잘 알고 있다.

서울이 무섭다니까 과천(果川) 서부터 긴다. 서울이 무섭다니까 남태령(새재)부터 긴다
어떤 일을 당하기도 전에 미리 겁을 낸다.

서캐 훑듯 한다
빼놓지 않고 샅샅이 조사한다.

서투른 도둑이 첫날밤에 들킨다
여러 번이 아니고 어쩌다 한 번 한 것이 재수없이 들킨다.

서투른 무당이 장구만 탓한다
기술이 모자라는 사람이 도구만 나쁘다고 한다.

서투른 숙수가 안반만 나무란다
제 솜씨가 미숙한 줄은 모르고 도구가 나쁘다고 한다.

[出典] 手生庖人 貶擇安板 《旬五》, 《松南》, 生熟手瞥案盤 《東言》

서편에 무지개가 서면 개울 너머 소 매지 마라
서편 하늘에 무지개가 서면 비가 많이 올 징조다.

석류는 떨어져도 안 떨어지는 유자를 부러워하지 않는다
누구나 제 잘난 멋에 산다.

석새 베에 열새 바느질
① 나쁜 물건도 좋은 솜씨로 손질하면 좋게 보인다. ② 솜씨는 훌륭하나 그 재료가 나빠 좋은 기술을 발휘하지 못할 때 안타까워서 하는 말. (석새 베→예순 올의 날실로 짠 굵은 베)

석새 짚신에 구슬 감기
차림이 어울리지 않는다.

석수장이 눈깜작이부터 배운다
쉬운 기술부터 배우게 된다.

석자 베를 짜도 베틀 벌이기는 일반
작은 일을 해도 준비는 같다.

선가(船價) 없는 놈이 배에 먼저 오른다
실력 없는 놈이 실력 있는 사람보다 먼저 나선다.
[同類] 뱃삯 없는 놈이 배에는 먼저 오른다.

선떡 가지고 친정 간다
남에게 나쁜 선물을 보낼 때 하는 말.

선떡 받듯이
흡족하지 않거나 못마땅해 하는 태도.

선무당이 사람 죽인다
능숙하지 못한 사람이 아는 체하여 일을 잡쳐 놓는다.
[出典] 生巫殺人 《東言》

선무당이 장구 탓한다
① 할 줄 모르는 사람일수록 핑계가 많다. ② 제 솜씨가 부족함을 핑계를 대 변명한다.

선반에서 떨어진 떡
재수가 좋아 노력이나 힘을 들이지 않고 큰 이익을 보았을 경우를 비유하여 이르는 말.

선병자 의(醫)라
경험 있는 사람이 남을 인도할 수 있다.

선불 맞은 노루 모양, 선불 맞은 호랑이 뛰듯
분에 못 이겨 또는 노기 등등하여 사납게 설침의 비유.

선 손질 후 방망이
먼저 남을 해롭게 하면 나중에 그보다 더 큰 해를 입는다.
[同類] 되로 주고 말로 받는다.

선왕재하고 지벌 입었다
잘 되라고 애써 한 일이 도리어 화근(禍根)이 되었다. (선왕재 : 善往齋→사람이 죽은 뒤에 천도하기 위하여 부처님 앞에 공양하는 재. 지벌→신불의 노여움을 사서 당하는 벌)
[出典] 善往之願 反受雷震 《耳談》

섣달이 둘이라도 시원치 않다
일을 아무리 연기시켜도 성공할 수 없다.

섣달이 열아홉이라도 시원치 않다
아무리 시일을 연기시켜도 일이 성취될 수 없다.

설 때 궂긴 아이가 날 때도 궂긴다
처음에 순조롭지 못하면 끝내 말썽이다.
[出典] 孕時患 難於産《洌上》

설상 가상(雪上加霜)
눈 위에 서리가 더 왔다. 곧 불행한 일이 겹쳤다.

섬 진 놈 멱 진 놈
어중이떠중이.

성급한 놈 술값 먼저 낸다
성미 급한 사람이 손해 본다.

성나 바위 차기
화난다고 애매한 것에 화풀이를 하면 제게 손해가 간다.
[同類] 돌부리를 차면 발부리만 아프다.
[出典] 怒蹴巖《旬五》,《松南》

성내어 발부리를 차니 제 발부리만 아프다
화풀이를 서투르게 해서는 오히려 손해를 본다.

성복 뒤에 약방문
때가 지난 뒤에 애를 쓰는 어리석음의 비유.

성인도 시속(時俗)을 따른다
사람은 누구나 세상 형편에 따라서 행동한다.

섶 지고 불로 들어가려 한다
자기 스스로 화(禍)를 불러들인다.
[同類] 곤장(棍杖)을 메고 매맞으러 간다.

세 끼를 굶으면 쌀 가지고 오는 놈 있다
아무리 궁해도 굶어 죽으란 법은 없다.

세무십년(勢無十年)
세도(勢道)가 십 년을 가지 못한다는 말로, 사람의 권세와 영화는 오래가지 않는다.

세 사람만 우겨대면 없는 호랑이도 만들어 낼 수 있다
여러 사람이 모여 떠들고 소문을 내면 없는 말도 생긴다.

세 살 먹은 아이도 제 손엣 것 안 내놓는다
사람은 누구나 제가 가진 것을 내놓기 싫어한다.

세 살 적 마음 여든까지 간다
어릴 때 마음이 늙어도 변하지 않는다.
[出典] 三歲志 八十至《洌上》

세 살 적 버릇이 여든까지 간다
어렸을 때 든 버릇은 늙도록 고쳐지지 않는다.
[出典] 三歲之習 至于八十《耳談》

세우 찧는 절구에 손 들어갈 때 있다
아주 바빠도 쉴 새는 있다.

세 잎 주고 집 사고, 천 냥 주고 이웃 산다
① 이웃이 중요하다. ② 집을 새로 사서 살려면 그 이웃부터 잘 사귀라.
[同類] 팔백 금으로 집을 사고, 천 금으로 이웃을 산다.

「세」 중에서 「먹세」가 제일
먹는 일이 가장 좋다. ＊표준말은 먹새.

세 코 짚신 제 날이 좋다. 세 날 짚신 제 날이 좋다
신분과 재산이 서로 비등한 사람끼리 짝을 맺는 게 좋다.
[出典] 扉旣草緯 亦願草經《耳談》

소가 크면 왕 노릇 하나
몸이 크고 힘이 세다고 지도자가 될 수는 없다.
[同類] 기운이 세다고 장수 노릇을 하나?

소같이 벌어서 쥐같이 먹어라
일은 힘써 많이 하고 먹고 쓰기는 조금씩 하라.

소같이 일하고 쥐같이 먹어라
애써 일하여 저축한 것을 절약하라.

소경 개천 나무란다
제 잘못 모르고 남만 탓한다.

소경 기름 값 내기
속도 모르고 남이 하는 대로 따라 한다.

소경 단청(丹靑) 구경
제대로 보지 못함의 비유.

소경 매질하듯
옳고 그름을 판별 못하고 일을 함부로 처리한다.

소경 문고리 잡듯
우연히 어떤 일을 이루거나 맞힌다.

소경 보고(더러) 눈 멀었다 하면 노여워한다
누구든지 제 결점을 지적하면 싫어한다.

소경이 개천을 나무란다
제 잘못은 탓하지 않고 엉뚱하게 남을 원망한다.
[同類] 눈 먼 탓이나 하지 개천 나무라 무얼 해. 도둑놈 개 꾸짖듯. 소경 개천 글탬 무얼 해. 소경이 그르냐, 개천이 그르냐? 소경이 넘어지면 막대 탓이라.
[出典] 川何辜爲盲故《洌上》, 咎在我瞽 溝汝何怒《耳談》

소경이 문 걸쇠
어쩌다가 우연히 한 일이 바로 들어맞았다.
[出典] 盲人直門 《旬五》

소경이 저 죽을 날을 모른다
남을 점치는 소경이 제 점은 못 친다. 곧 제 앞날의 일은 알지 못한다.
[出典] 盲人不知死日 《東言》

소경 잠 자나 마나
일을 하나 마나다.
[同類] 봉사 안경 쓰나 마나.
[出典] 盲人之睡 如寤如寐 《耳談》, 盲睡覺 《東言》

소경 제 닭 잡아먹기
제가 얻은 이득이 결국 제 손해가 되었다.
[出典] 瞽者嗜鷲 自攘厥鷄 《耳談》

소경 제 호박 따기
이득을 볼 줄로 알고 한 일이 결과적으로 자기의 손해였다.

소경 죽이고 살인 빚 갚는다
대단찮은 일을 저지르고 큰 책임을 지게 된다. 소경을 온전한 사람으로 치지 않은 데서 한 말.
[同類] 소경 죽이고 살인한다. 중 쳐죽이고 살인한다.
[出典] 殺盲償殺債 《旬五》, 《松南》

소 궁둥이에다 꼴을 던진다
하는 짓이 어리석고 미련하여 가르쳐도 소용이 없다.
[出典] 牛後投蒭 《旬五》, 牛後捨草 《東言》

소금 먹은 놈이 물 켠다
① 죄지은 놈이 결국 스스로 그 증거를 드러낸다. ② 죄지은 놈이 벌받고, 빚진 사람이 갚게 된다.

소금 먹은 소가 물 켠다
무슨 일이든 거기에는 반드시 그렇게 된 까닭이 있다.

소금 섬을 물로 끌라면 끈다
무슨 일을 시켜도 거역하지 않고 순종한다.

소금에 아니 전 놈이 장에 절까
깊은 계교에 빠지지 않는 놈이 얕은 꾐에 속을 리가 없다.
[出典] 鹽所不醃 豈畏豉鹹 《耳談》

소금으로 장을 담근다 해도 곧이듣지 않는다
① 평소에 거짓말을 잘 하는 사람의 말은 믿을 수 없다. ② 남의 말을 믿지 않는다.

소금이 쉴까
절대로 그런 일이 없다는 말.

소나기 삼형제
여름에 오는 소나기는 대개 세 차례 계속해서 온다.

소낙비는 오려 하고, 똥은 마렵고, 괴타리는 옹치고, 꼴 짐은 넘어지고, 소는 뛰어 나갔다
한꺼번에 너무 바쁜 일이 많아서 무엇부터 먼저 해야 할지 모르고 쩔쩔맨다.

소년 고생은 사서 하랬다
젊었을 때의 고생 하는 것이 훗날에 크게 도움이 된다.

소 닭 보듯, 닭 소 보듯
서로 무관심하게 지낸다.

[同類] 봉사 둠벙 쳐다보듯.

소더러 한 말은 안 나도 처더러 한 말은 난다
① 사람에게 한 말은 친한 사이라도 결국 드러난다. ② 여자는 입이 가벼우니 말조심하라는 말.

[同類] 소 앞에서 한 말은 안 나도 어미 귀에 한 말은 난다. 어미한테 한 말은 나고 소한테 한 말은 안 난다.

[出典] 語牛則滅 語妻則洩《耳談》

소도 언덕이 있어야 비빈다
사람도 의지할 데가 있어야 발판으로 삼아 성공할 수 있다.

소라 껍질 까먹어도 한 바구니, 안 까먹어도 한 바구니
무슨 일이 손을 대어도 일한 자취가 안 보일 때 하는 말.

소리 없는 고양이 쥐 잡듯
말없이 실천에 옮기는 모양.

소리 없는 똥내는 캐싱캐싱 더 무섭다
평소에 말이 없는 사람이 어떤 일을 했다 하면 무섭게 해치운다.

소리 없는 벌레가 벽을 뚫는다
평소에 말이 없는 사람은 큰 실천력을 가지고 있다.

소리 없는 총이 있으면 놓겠다
상대방이 몹시 미울 때에 하는 말.

소매가 길면 춤을 잘 추고, 돈이 많으면 장사를 잘한다
[同類] 돈이 많으면 장사를 잘하고, 소매가 길면 춤을 잘 춘다.

소매 긴 김에 춤춘다
별로 할 생각이 없던 일을 할 수 있는 여건이 되어 하게 될 때 하는 말.

[同類] 엎어진 김에 쉬어 간다.

소문난 잔치에 먹을 것 없다
소문난 것이 흔히 소문보다 보잘것없다.

[同類] 소문난 물산(物産)이 더 안 되었다. 소문난 잔치가 비지떡이 두레반이다.

소문만복래(笑門萬福來)
웃는 집안에 복이 들어온다.

소여(小輿) 대여(大輿)에 죽어 가는 것이 헌 옷 입고 볕에 앉아 있는 것만 못하다
죽어서 대접 잘 받는 것보다 아무 대접을 못 받아도 살아 있는 것이 훨씬 낫다. (소여→대여와 같이 국장에 쓰는 상여. 대여→나라에서 쓰는 큰 상여)

[同類] 거꾸로 매달아도 사는 세상이 낫다.

소 잃고 외양간 고친다
평소에 방비를 소홀히 하다가 실패한 후에야 대비한다.

[同類] 말 죽이고 외양간 고친다. 망양 보뢰(亡羊補牢)

[出典] 失馬治廐《旬五》, 失牛治廐

《松南》

소 잡은 터전은 없어도 밤 벗긴 자리는 있다

큰 일은 드러나지 않지만 작은 일은 곧 드러난다.

出典 宰牛無臟 剝栗難藏《耳談》

소 제 새끼 핥아 주듯

자식에 대한 사랑이 깊다.

同類 노우지독지애(老牛舐犢之愛)

出典 猶懷老牛 舐犢之愛《後楊》

소증(素症)나면 병아리만 쫓아도 낫단다

생각이 간절하면 그와 비슷한 것만 보아도 좀 낫다. (소증→푸성귀만 먹어서 속이 메스꺼워 고기를 먹고 싶은 증세)

同類 노루 때린 막대 세 번 국 끓여 먹는다.

소진(蘇秦)도 망발할 적이 있다

아무리 언변이 좋은 사람일지라도 말 실수를 할 때가 있다.

소한 추위는 꾸어다가도 한다

해마다 소한 때는 춥다.

속 각각 말 각각

속마음과 하는 말이 다르다.

속곳 벗고 은가락지 낀다

격에 맞지도 않는 겉치레를 하여 도리어 보기 흉하다.

속곳 벗고 함지박에 들었다

일이 다급해져 아무래도 망신을 하게 되었다.

속곳 열둘 입어도 밑구멍은 밑구멍대로 다 나왔다

애써서 숨기려고 하나 가려야 할 곳이 가려지지 않았다.

同類 고쟁이를 열두 벌 입어도 보일 것은 다 보인다.

속빈 강정 같다

겉은 해말쑥해도 속은 텅텅 비었다.

同類 사탕 붕어에 겅둥겅둥이라. 속 빈 강정의 잉어 등(燈) 같다.

속저고리 벗고 은반지

격에 맞지 않은 겉치레를 하여 보기 흉하다.

同類 갓 쓰고 자전거 탄다. 꾀벗고 돈 한 잎 찬다.

속히 더운 방이 쉬 식는다

빨리 되는 일이 오래 계속되기 힘들다.

손끝의 물도 튀긴다

아무 일도 하지 아니한다.

손목 잡고 말린다

기어코 만류하다.

손에 붙은 밥풀 아니 먹을까

자기 손에 들어온 것을 안 가질 사람이 없다.
[出典] 黏手之飯 鮮不自嚥 《耳談》

손으로 하늘 찌르기
가망 없는 일이다.

손은 갈수록 좋고, 비는 올수록 좋다
집에 찾아온 손님은 빨리 돌아가는 것이 좋고, 비는 많이 와야 농사에 좋다.

손이 들이굽지 내굽나
제게 더 가까운 사람에게 정이 더 쏠린다.

손자를 귀여워하면 코 묻은 밥을 먹는다
① 조부모는 손자를 귀여워 해도 그 덕은 보지 못한다. ② 버릇없는 이들과 어울리면 이로운 것이 없다.

손자 밥 떠먹고 천장 쳐다본다
체면 없는 일을 한 후 겸연쩍어 이를 외면한다.

손자 턱에 흰 수염 나겠다
세월을 기다리기가 지루하다.

손잰 중 비질하듯
동작이 재빠르고 무슨 일에나 제꺽제꺽 빨리 해내는 모양.

손톱 밑에 가시 드는 줄 알아도 염통 밑에 쉬 스는 줄 모른다
사소한 일이나 조그마한 이익에는 눈이 밝지만 당장 눈에 보이지 않는 큰 손해 나는 일에는 어둡다.
[同類] 염통에 고름 드는 줄은 몰라도 손톱 밑에 가시 든 줄은 안다.

손톱 발톱이 젖혀지도록 벌어 먹인다
죽을 힘을 다해 애를 쓴다.

솔개 까치집 뺏었다
남의 것을 무리하게 빼앗을 때 하는 말.

솔개도 오래면 꿩을 잡는다
한 가지 일을 오래 계속하여 경력을 쌓으면 재주 없는 사람도 정통하게 된다.
[出典] 鳶踰三紀 乃獲一雉 《耳談》, 鳶生三千年 獲一雌雉 《東言》

솔개를 매로 보았다
① 무능한 사람을 유능한 사람으로 보았다. ② 못생긴 여자를 잘난 미인으로 보았다.
[出典] 有鳶其騰 我視作鷹 《耳談》, 鳶以鷹視 《東言》

솔 심어 정자(亭子)라
앞날의 성공이 까마득하여 이루기 어렵다.
[同類] 솔 심어 정자라고 얼마 살 인생인가?
[出典] 栽松望亭 《松南》, 養松見亭子 《東言》, 植松求亭 人壽幾齡 《耳談》

솔잎이 파라니 오뉴월만 여긴다
큰 걱정이 있는 줄은 모르고 작은 일 하나 되는 것만 보고 속없이 좋아 날뛴다.

솜 뭉치로 가슴을 칠 일이다
몹시 원통하다.

송곳니가 방석니가 된다
원수를 갚으려고 이를 간다.

송곳도 끝부터 들어간다
① 일에는 순서가 있어 차례대로 해야 된다. ② 여럿이 있는 데서 음식이나 물건을 노나 줄 때 어린이부터 주면서 하는 말.

송곳 박을 땅도 없다
사람이 많아 설 자리도 없다.
[同類] 벼룩 꿇어앉을 땅도 없다.

송도 말년의 불가사리라
손 댈 수 없을 정도로 몹시 행패를 부리는 자.

송도 오이 장수
헛수고만 하고 낭패당한 사람.

송사는 졌어도 재판은 잘하더라
비록 졌을망정 재판이 공정하여 불만이 없다.

송아지 못된 것은 엉덩이에 뿔 난다
못난 놈이 못된 행동을 한다.

송장 때리고 살인 났다
억울하게 큰 벌 받게 되었다.

송장메뚜기 같다
미운 사람이 주제넘게 날뛸 때에 하는 말.

송충이가 갈잎 먹으면 떨어진다
분수에 넘치는 일을 하면 실패한다.

송편으로 목을 따 죽지
하찮은 일에 성내는 말.

솥 떼어 놓고 삼 년
준비는 다 해 놓고도 실행을 못하고 있다.

솥 속의 콩도 쪄야 익지
일을 너무 서두르면 안 된다.

솥 씻어 놓고 기다린다
준비 해놓고 때만 기다린다.

솥에 넣은 팥이라도 익어야 먹지
손쉬운 일도 노력해야 된다.

솥은 부엌에 걸고, 절구는 헛간에 놓아라 한다
다 아는 일을 저만 아는 체하는 사람을 비웃는 말.

쇠가 쇠 먹고 살이 살 먹는다
같은 류(類)의 무리끼리 서로 헐뜯고 싸운다.
[同類] 갖에서 좀 난다.

쇠고기 열 점보다 새고기 한 점이 낫다
참새 고기가 맛있다.

쇠고집과 닭고집이다
① 고집이 세다. ② 양쪽이 모두 고집이 세다.

쇠 귀에 경(經) 읽기
지능이 낮아 아무리 가르치고 일러 주어도 알아듣지 못한다.
[出典] 牛耳誦經 何能諦聽《耳談》, 牛耳誦經《東言》

쇠꼬리보다 닭 대가리가 낫다
[同類] 닭 벼슬이 될망정 쇠꼬리는 되지 마라.

쇠똥에 미끄러져 개똥에 코 박을 일이다
대수롭지 않은 일에 연거푸 실수만 되풀이하여 어이가 없다.

쇠똥에 미끄러져 개똥에 코방아 찧는다
① 연거푸 실수하여 어이가 없다. ② 매우 억울한 일을 당하여 못 견딜 노릇이다.

쇠모시 키우는 놈하고, 자식 키우는 놈은 막말을 못한다
제 자식이 나중에 어떻게 될지 모르니 남에게 장담이나 막말을 하지 말라.

쇠뿔도 단김에 빼라
무슨 일이든지 당장 해치우라.

쇠털 뽑아 제 구멍에 박는다
고지식하여 융통성이 없다.

쇠 힘도 힘이요, 새 힘도 힘
큰 일도 쓰일 때가 있듯이 작은 일도 쓰일 곳이 따로 있다.
[同類] 쇠 힘은 쇠 힘이요, 새 힘은 새 힘이다.

수구문(水口門) 차례
① 나이 많아 늙고 병든 사람을 이르는 말. ② 술 마실 때 순배(巡盃)가 나이 많은 사람에게 먼저 가는 것을 조롱하는 말. (수구문→서울의 옛날 光熙門. 이 문으로 상여가 나갔음)

수구 여병(守口如甁)
병마개를 막듯 입을 다문다.

수레 위에서 이를 간다
때 늦게 원망해야 소용 없다.

수박 겉 핥기
내용은 모르고 겉 일만 한다.
[同類] 개 머루 먹듯. 꿀단지 겉 핥는다.

수양딸로 며느리 삼기
몹시 하기 쉬운 일을 한다.

수양산(首陽山) 그늘이 강동(江東) 팔십 리를 간다
어떤 한 사람이 크게 되면 그 주변 사람들도 그 덕을 본다.

수염이 댓 자라도 먹어야 양반
점잖은 사람도 먹어야 산다.

수원(水原) 남양(南陽) 사람은 발가벗겨도 삼십 리를 간다
그곳 사람들 마음이 모질다 하여 하는 말.
[同類] 전라도 사람은 벗겨 놓으면 삼십 리 간다.

수인사 대천명(修人事待天命)
제 할 일을 다한 뒤에 그 이상은 하늘의 명령에 맡긴다.

수제비 잘하는 사람이 국수도 잘한다
한 가지를 잘하면 그와 비슷한 다른 일도 잘한다.

수풀엣 꿩은 개가 내몰고 오장(五臟)엣 말은 술이 내몬다
술이 취하게 되면 마음 속에 있는 말도 다하게 된다.

순천자(順天者)는 존하고 역천자(者逆天)는 망한다
천명에 따르면 번영을 누리고 천명을 거역하면 망한다.

술 덤벙 물 덤벙
[同類] 물 덤벙 술 덤벙.

술 받아 주고 뺨 맞는다
제 돈을 써서 대접을 하고 도리어 욕을 당한다.

술은 괼 때 걸러야 한다
기회를 놓치지 말아야 한다.
술 익자 체 장수 지나간다
일이 우연히 잘 들어맞는다.
숨은 내쉬고 말은 내지 말라
입 밖에 말 내기를 조심하라.
숨이 턱에 닿다
몹시 숨이 차다.
숭어가 뛰니까 망둥이도 뛴다
제 처지는 생각하지 않고 저보다 나은 사람을 본뜬다.
[同類] 숭어 뛰면 복쟁이 뛴다.
숯이 검정 나무란다
제 흉은 덮어 두고 오히려 남의 흉을 크게 탈잡아 떠든다.
숲이 깊어야 도깨비가 나온다
덕망이 있어야 사람이 따른다.
쉰 길 물속은 알아도 한 길 사람 속은 모른다
물의 깊이는 잴 수 있으나 사람의 마음은 헤아리기 어렵다.
스무이레에 오기 시작한 비는 다음달 보름까지 그치지 않는다
그믐께 오는 비는 오래간다.
시골놈도 제 말 하면 온다
그 사람이 없다고 해서 그 사람의 험담을 하지 말라.
시골 놈이 서울 놈을 못 속이면 보름씩 배를 앓는다
시골 사람이 서울 사람보다 더 잘 속인다.
시꺼먼 도둑놈
마음씨가 흉하고 남을 잘 속이려 하는 사람을 이르는 말.

시누 올케 춤추는데 가운데 올케 못 출까
남도 참여하는데 자기도 참여하지 못할 것이 없다.
시러베 장단에 호박국을 끓여 먹는다
못된 사람들과 어울려 쓸데없는 짓을 한다.
시렁 눈 부채 손
안목(眼目)은 높으나 제가 그와 같이 하지는 못한다.
[同類] 눈은 높고 손은 낮다.
안고 수비(眼高手卑)
시루에 물 퍼붓기
공을 들여도 효과가 없다.
시르죽은 이
야위고 파리하여 초라한 모습을 놀려 이르는 말.
시세도 모르고 값을 놓는다
물건의 좋고 나쁨도 모르면서 평가한다.
시시덕이는 재를 넘어도 새침데기는 골로 빠진다
실없은 사람은 큰 잘못을 저지르지 않으나 얌전한 체하는 사람은 엉뚱한 짓을 한다.
시아버지 죽으라고 축수했더니 동지 섣달 맨발 벗고 물 길을 때 생각난다
싫어하던 물건이 막상 없어진 다음에는 아쉬울 때가 있다.
시앗 싸움에 요강 장수라
당사자의 싸움 사이에서 엉뚱한 제삼자가 이익을 본다.

시앗을 보면 (길가의) 돌부처도 돌아앉는다

시앗을 보면 어질고 무던한 부인도 질투하고 시기한다.

[同類] 시앗을 보면 길아래 돌부처도 돌아 앉는다.

[出典] 妻妾之戰 石佛反面《耳談》

시앗 죽은 눈물만큼

시앗의 죽음에 흘리는 본처의 눈물. 곧 양이 매우 적음을 이르는 말.

시앗 죽은 눈물에 눈 가장자리 젖으랴

정이 없는 사람에게는 매우 적은 동정 밖에 가지 않는다.

[出典] 哭娟之淚 豈有霑目《耳拾》

시어머니에게 역정 나서 개 배때기 찬다

제 노여움을 전혀 관계 없는 딴 데로 옮긴다.

[同類] 시어머니 역정에 개 밥구유 찬다. 시어미 미워서 개 옆구리 찬다.

시어머니 죽으라고 축수하니 보리 방아 물 부어 놓고 생각난다

제가 싫어하던 사람이나 물건이 막상 없어진 다음에는 아쉬울 때가 있다.

시어머니 죽으면 안방 내 차지

윗자리에 있던 사람이 없어지면 그 다음 사람이 그 자리에 들어앉게 된다.

[同類] 큰 말이 나가면 작은 말이 큰 말 노릇 한다.

시어미 미워서 개 옆구리 찬다

구중은 딴 데서 듣고 화풀이는 만만한 데에다 한다.

시작이 나쁘면 끝도 나쁘다

처음이 좋지 않으면 끝도 좋지 않은 결과를 가져온다.

시작이 반이다

무슨 일을 시작하면 거의 반은 이룬 셈이다.

시장이 반찬이라

배가 고프면 맛없는 음식도 맛있게 먹는다.

[同類] 기갈이 감식(甘食). 시장이 팥죽. 오후(午後) 한량(閑良)이 쓴 것이 없다.

시장한 사람을 요기시키라 한다

제 일도 감당 못하는 사람에게 힘에 겨운 일을 요구한다.

시집 가 석 달, 장가 가 석 달 같으면 살림 못할 사람 없다

결혼한 처음 석 달 동안처럼 서로 믿고 사랑한다면 이혼할 사람이 없다.

시집 갈 때 등창 난다
　가장 중요한 때에 탈이 난다.
시집도 가기 전에 기저귀 마련
　준비를 너무 빨리 한다.
　[同類] 시집 가기 전에 강아지 장만한다. 아이 낳기 전에 기저귀감 장만한다.
시집 밥은 살이 찌고 친정 밥은 뼛살이 찐다
　친정에서 살면 속살이 찐다. 곧 시집살이가 편하지 않다.
시집살이 못하면 동네 개가 다 업신여긴다
　여자로서 시집살이를 참아내지 못하고 쫓겨오는 것은 가장 큰 수치다.
시집살이 못하면 본가(本家) 집 살이 하지
　이 일에 실패하면 저 일에 희망을 가지겠다.
식은 죽도 불어 가며 먹어라
　하기 쉬운 일이라도 매우 조심해서 하라.
식은 죽 먹기
　아주 쉬운 일이다.
식자 우환(識字憂患)
　학식이 있기 때문에 오히려 근심거리를 사게 된다.
식칼이 제 자루를 못 깎는다
　① 자신에 관한 일은 제가 다 하기 어렵다. ② 제 허물을 스스로 알아 고치기 어렵다.
식혜(食醯) 먹은 고양이 속
　제가 저지른 일이 탄로날까봐 두려워하는 상태를 말한다.
　[出典] 食食醯猫裏《東言》
신로심불로(身老心不老)
　몸은 늙었으나 마음은 젊었다. 곧 노인이 젊은이 행세를 하고 싶다.
신선 놀음에 도끼 자루 썩는 줄 모른다
　좋은 일에 정신이 팔려 시간 가는 줄 모른다.
신 신고 발바닥 긁기
　하기는 해도 시원치 않다.
　[同類] 격화 소양(隔靴搔癢)
신에 붙지 않는다
　마음에 꼭 차지 않는다.
신정이 구정만 못하다
　새로 사귄 정보다 오래 사귀어 온 정이 더 두텁다.
신주 치레하다가 제 못 지낸다
　모양만 내다가 정작 해야 할 일을 못한다.
신출 귀몰(神出鬼沒)
　자유 자재로 나타났다 숨었다 하여 변화를 헤아릴 수 없다.
실과 망신은 모과가 시킨다
　못난 것일수록 그와 함께 있는 동료를 망신시킨다.
실낱 같은 목숨
　목숨은 실낱같이 가늘고 약해서 끊어지기 쉽다.
실뱀 한 마리가 바다를 흐린다
　한 사람의 잘못으로 전체에 나쁜 영향을 끼친다.
　[同類] 일어 탁수(一魚濁水)

실없는 말이 송사(訟事) 건다
실없이 한 말 때문에 큰 변이 일어난다.

실 엉킨 것은 풀어도 노 엉킨 것은 못 푼다
작은 일은 해결하기 쉬워도 큰 일은 해결하기 힘든다.
[出典] 絲棼或解 繩亂弗解 《耳談》

싫은 매는 맞아도 싫은 음식은 못 먹는다
아무리 좋은 음식이라도 배가 부르면 더 먹을 수 없다.

심사가 꽁지 벌레라
심사가 고약한 사람의 비유.

심사는 좋아도 이웃집 불 붙는 것 보고 좋아한다
흔히 남의 불행을 좋아한다.

심술 거복(去福)
심술이 심하면 복이 달아난다.

심심하면 좌수 볼기 때린다
심심풀이로 만만한 사람을 건드리는 악취미를 비웃는 말.
(좌수→鄉廳의 우두머리)

십 년 공부 나무아미타불
오랜 시일을 두고 노력해 온 일이 실패로 돌아갔다.

십 년 묵은 환자(還子)라도 지고 들어가면 고만이다
아무리 오래된 빚도 갚으면 고만이다. (환자→봄에 환곡으로 받은 곡식을 가을에 바치던 일)

십 년 세도 없고, 열흘 붉은 꽃 없다
사람의 부귀 영화는 오래 계속되지 않는다.
[同類] 세무십년(勢無十年). 화무십일홍(花無十日紅)

십 년이면 강산도 변한다
십 년이란 세월이 흐르면 세상에 변하지 않는 것이 없다.

십인 십색(十人十色)
열 사람이면 열 사람의 성격이나 사람됨이 제각기 다르다.

싱겁기는 고드름 장아찌라
매우 멋없고 싱겁기만 하다.

싸고 싼 사향(麝香)도 냄새난다
숨기려 해도 숨길 수 없는 경우에 하는 말.

싸라기 쌀 한 말에 칠 푼 오 리라도 오 리 없어 못 먹더라
아무리 적은 돈이라도 소중히 여겨 아껴 쓰라.

싸리밭에 개 팔자
남 부럽지 않은, 좋은 팔자.

싸움은 말리고 불은 끄랬다
좋지 않은 일은 말리고 좋은 일은 권해야 한다.

싸움은 말리고 흥정은 붙이랬다
좋지 않은 일은 중지시키고, 좋은 일은 권장하라.
出典 勸賣買 鬪則解 《洌上》

싸전에 가서 밥 달라 한다
성미가 매우 급한 사람을 이르는 말.

싼 것이 비지떡
싼 물건은 품질이 좋지 않으므로 싸다고 할 수 없다.

쌀광(독)에서 인심 난다
자기가 넉넉해야 남에게 인심을 쓰고 도와 줄 수 있다.

쌀은 쏟고 주워도, 말은 하고 못 줍는다
말은 한번 하면 돌이킬 수 없으니 삼가야 한다.

쌈지 돈이 주머니 돈
다른 주머니에 들었어도 제 돈이긴 마찬가지다.

쌍언청이가 외언청이 타령한다
큰 허물 가진 놈이 작은 허물 가진 자를 탓한다.

쌍태 낳은 호랑이 하루살이 하나 먹은 셈
먹은 것이 변변치 못하여 성에 차지 않는다.

썩어도 준치
값어치가 있는 물건은 썩거나 헐어도 본디의 값을 지닌다.

썩은 공물(貢物)이요, 성한 간색(看色)이라
실물보다도 견본이 더 좋을 때 하는 말.

썩은 새끼로 범 잡기
어수룩한 계책(計策)으로 우연히 큰 일을 했다.
同類 고망 차호(藁網捉虎)
出典 藁網捉虎《旬五》,《松南》, 網雖藁 能捉虎《洌上》, 索綯爲罟 尙或捕虎《耳談》, 藁索捕虎《東言》

쏘아 놓은 살, 엎지른 물
한번 저지른 일은 다시 고쳐 할 수 없다.

쑨 죽이 밥 될까
일이 글러 다시 할 수 없다.

쓰면 뱉고 달면 삼킨다
제게 이로우면 취하고, 해로우면 버린다.

쓴 맛, 단 맛 다 보았다
세상살이의 피로움과 즐거움을 다 겪어 보았다.

쓴 배도 맛 들일 탓
처음에는 싫던 일도 재미 붙여 계속하면 좋아진다.
出典 彼苦者梨 尙或味之《耳談》

슬개 빠진 놈
정신을 바로 차리지 못한 사람의 비유.

씨 도둑은 못한다
사람은 제 부모를 닮으므로 남의 씨는 곧 드러난다.

씨아와 사위는 먹고도 안 먹는다
씨아가 목화를 먹는 것이 당연하듯이 사위는 아무리 먹어도 아깝지 않다.
同類 사위를 극진하게 대접한다는 뜻.

ㅇ

아끼는 것이 찌로 간다
물건을 아끼기만 하다가 도리어 못 쓰게 된다. (찌→똥의 사투리)
[同類] 아끼다 똥 된다.
[出典] 我所珍虔 竟歸人屎《耳談》

아내가 귀여우면 처가집 말뚝 보고 절을 한다
애처가가 지나치게 처가를 위한다는 말.
[出典] 婦家情篤 拜厥馬杖《耳談》

아내가 귀여우면 처가집 문설주도 귀엽다
아내가 마음에 들면 처가의 보잘것없는 것까지도 좋아 보이고 고맙게 여겨진다.

아내 나쁜 것은 백 년 원수, 된장 신 것은 일 년 원수
남자는 아내를 잘못 맞으면 평생을 망친다.

아내 행실은 다홍치마 적부터 그루를 앉혀야 한다
좋은 버릇을 가르치려면 처음부터 다잡아 길들여야 한다.

아는 것이 병
분명찮게 알면 화근이 된다.

아는 길도 물어 가랬다
쉬운 일도 침착하게 물어서 해야 틀림이 없다.

아는 도끼에 발등 찍힌다
믿던 일이 뜻밖에 실패한다.

아니 되면 조상 탓
일이 뜻대로 안 되면 남을 원망한다.

아니 땐 굴뚝에 연기 날까
근거가 없는 일에 소문이나 말이 날 리 없다.
[同類] 아니 때린 북소리 날까?
[出典] 不燃之堗 烟不生《旬五》, 《松南》, 竈荀不燃堗 豈生烟《耳談》, 堗不燃 不生烟《洌上》

아니 밴 아이를 자꾸 낳으란다
아직 무르익지도 않은 일을 성급하게 재촉한다.
[同類] 누지 못하는 똥을 으드득 누라 한다.

아닌 밤중에 차시루떡
뜻밖의 요행이나 횡재의 비유.

아닌 밤중에 홍두깨
예고도 없이 불쑥 내놓는다.

아들 못난 건 제 집만 망하고, 딸 못난 건 양 사돈이 망한다
못난 딸은 친정은 물론 시집에까지도 폐를 끼친다.

아래턱이 위턱에 붙나
계급을 무시하고 아랫사람이 윗자리에 앉을 수는 없다.

아랫길도 못 가고 윗길도 못 가겠다

이도 저도 믿을 수 없으니 어떻게 해야 할지 모르겠다.

아랫돌 빼어 윗돌 괴고 윗돌 빼어 아랫돌 괸다

[同類] 아랫돌 빼어 윗돌 괴기.

아랫돌 빼어 윗돌 괴기

임시 변통으로 한 곳에서 빼내어 다른 곳을 막는다.

[同類] 하석 상대(下石上臺)

아망위에 턱을 걸었다

등뒤의 세력을 믿고 하잘것없는 것이 교만을 떤다.

아무리 바빠도 바늘 허리 매어 쓰지 못한다

아무리 급해도 순서와 격식대로 해야 한다.

아버지는 아들이 잘났다고 하면 기뻐하고, 형은 아우가 더 낫다고 하면 노한다

부모는 자식이 잘났다면 기뻐하지만 형은 아우가 잘났다면 싫어한다.

아비만한 자식 없다

자식이 아무리 잘났다 해도 그 아버지만은 못하다.

아쉬운 김장수 유월부터 한다

① 돈이 아쉬워 물건답지 못한 것을 미리 판다. ② 변변치 못한 일을 남보다 먼저 한다.

아이 낳는데 속옷 벗어 달란다

일이 급하여 겨를이 없는 사람에게 부당한 일을 청한다.

[同類] 상여 나가는 데 귀청 내 달란다.

아이는 작게 낳아서 크게 길러라

잘 길러서 크게 되게 하라.

아이는 칠수록 운다

아이는 때리면 더 운다.

아이도 낳기 전에 포대기 장만한다

때가 되기도 전에 서두른다.

아이도 사랑하는 데로 붙는다

사람은 정을 많이 베푸는 사람을 따른다.

아이 말도 귀여겨 들으랬다

하찮은 남의 말도 예사로 들어서는 안 된다.

아이 말 듣고 배 딴다

철없는 어린아이의 말을 곧이 들으면 실패를 보게 된다.

아이 못 낳는 년이 용꿈 꾼다

하나도 실행을 못하는 사람일수록 부질없는 환상이 많다.

아이 버릴 덤불은 있어도 나 버릴 덤불은 없다

자식에 대한 애정이 크다고는 하지만, 자기 자신에 대한 애정보다는 못하다.

아이 보는 데 찬물도 못 먹는다

① 아이들은 어른들이 하는 대로 본뜨므로 언행을 삼가야 한다. ② 아이들은 남이 먹으면 저도 먹고 싶어 한다.

아이 싸움이 어른 싸움 된다

어린이들 싸움이 나중에는 그 부모들의 시비로 번진다.

아이 자라 어른 된다
① 작은 것이 자라 크게 된다.
② 자라는 아이를 구박 말라.

아저씨 아니어도 망건이 동난다
가까운 사람이 물건을 사가지 않더라도 사갈 사람이 많다. 곧 일을 도와 줄 사람은 얼마든지 있다.

아저씨 아저씨 하고 길짐만 지운다
달래면서 사람을 부려먹는다.

아전 인수(我田引水)
제게 이롭게만 함.

아주까릿대에 개똥참외 달리듯
① 생활 능력이 없는 자가 분에 넘치게 많은 여자를 거느리고 산다. ② 연약한 과부에게 자식이 여럿이다.

아주머니 떡도 싸야 사 먹는다
절친한 사이라도 먼저 이해관계를 따진다.

아주머니 떡도 커야 사 먹지
먼저 이해(利害)를 따진다.

아주머니 술도 싸야 사 먹지
먼저 이해(利害)를 따진다.

아직 신 날도 안 꼬았다
무슨 일을 시작도 아니하였다.

아침 놀 저녁 비요, 저녁 놀 아침 비라
일기에 대한 경험으로 하는 말.

아침 안개가 중대가리 깐다
여름철 아침 안개가 낀 날 낮에는 햇볕이 쨍쨍한 더운 날씨가 된다.

아 해 다르고 어 해 다르다
같은 내용의 이야기도 말하기에 따라 달라진다.

아홉 살 일곱 살 때에는 아홉 동네에서 미움을 받는다
아이 때는 장난이 심하고 어른의 말도 잘 안 들어 동네 사람들에게 미움을 산다.

악담(惡談)은 덕담(德談)이라
남을 헐뜯는 말이 듣는 이에게 도리어 경각심을 일으켜 좋은 말을 해준 결과가 된다.

악박골 호랑이 선불 맞은 소리다
상종 못할 만큼 사납고 무섭게 나댄다.

악으로 모은 살림은 결국 악으로 망한다
나쁜 짓을 하여 모은 재산은 오래가지 못하고 오히려 해를 끼치는 결과가 된다.

악처가 효자보다 낫다
아무리 지독한 아내라도 남편 위하는 데는 효자보다 낫다.

안다니 똥파리
아는 체하는 사람.

안 되는 놈은 뒤로 넘어져도 코가 깨진다. 안 되는 놈은 자빠져도 코 깬다
일이 잘 안 될 때에는 뜻하지 않은 실패와 재난이 겹친다.
[同類] 안 되는 놈은 두부에도 뼈라. 칠십에 능참봉을 하니 거둥이 한 달에 스물아홉 번.
[出典] 窮人之事 翻亦破鼻《耳談》

안 뒷간에 똥누고 안아가씨더러 밑 씻겨 달라겠다
지나치게 염치없고 채신없다.

안 먹겠다 침 뱉은 물, 돌아서서 다시 먹는다
두 번 다시 보지 않을 것처럼 심하게 대한 사람도 후일에 다시 청을 하게 된다.

[同類] 이 샘물 안 먹는다고 똥누고 가더니 그 물이 맑기도 전에 다시 와서 먹는다.

안반 이고 보 마르러 가겠다
바느질 솜씨나 일 솜씨가 어지간히 없음을 비웃는 말.

안방 가면 시어머니 말이 옳고 부엌 가면 며느리 말이 옳다
이쪽 말을 들으면 이쪽이 옳고, 저쪽 말을 들으면 저쪽이 옳아 그 시비 곡직(是非曲直)을 가리기 어렵다.

안벽 치고 밭벽 친다
이편에 가서는 저편 잘못을, 저편에 가서는 이편 잘못을 말하여 이간질 잘하는 사람을 이르는 말.

[同類] 안벽 붙이고 밭벽 붙인다.

안 본 용은 그려도 본 뱀은 못 그린다
상상은 자유로이 할 수 있으나 사실은 정확히 알기 어렵다.

[同類] 안 본 용은 그려도 본 범은 못 그린다.

안성맞춤
꼭 들어맞을 때 하는 말.

[풀이] 경기도 안성은 옛날부터 유기의 명산지로서 주문에 따라 물품을 만든 데서 나온 말.

안중정(眼中釘)
"눈엣가시"란 뜻으로 몹시 미운 사람을 이르는 말.

안질에 고춧가루
상극이 되어 꺼리는 물건.

안질에 노랑수건
매우 긴요하게 쓰이는 물건.

앉아 주고 서서 받는다
돈을 꾸어주기는 쉽고 돌려 받기는 힘든다.

앉은뱅이 용쓴다
안 되는 일을 억지로 하려고 애쓴다.

앉은 장사 선 동무
견문이나 교제 범위가 좁아서 세상 물정에 어두워 자주 손해보는 경우를 이르는 말.

알기는 칠월 귀뚜라미
무슨 일에 안다고 나서는 사람을 비웃는 말.

알기는 태주(胎主) 같다
매우 총명하고 민첩하다.

알던 정 모르는 정 없다
일을 공정히 하려면 사정을 둘 수 없다.

앓느니 죽지
성가신 일에 늘 시달리기보다는 차라리 잠시 큰 고통을 받고 벗어나는 게 낫다.

앓던 이 빠진 것 같다
늘 괴롭고 귀찮게 하던 것이 없어져 시원하다.

암중 모색(暗中摸索)
① 물건을 어둠 속에서 찾음.
② 어림으로 짐작함.

암탉이 울면 집안이 망한다
여자가 바깥 일을 간섭하면 집안 일이 잘 안 된다.

앞집 처녀 믿다가 장가 못 간다
남은 생각지도 않는데 저 혼자 믿고 있다가 낭패를 본다.

애들 꾀대기 눈물
애들이 까불면 끝내는 울게 된다고 꾸짖는 말.

애들 꿈은 개꿈
애들이 꾼 꿈은 해몽할 거리가 못 된다.

애호박에 말뚝 박기
심술 궂은 짓을 한다.
[同類] 고추밭에 말 달리기. 논두렁에 구멍 뚫기. 늙은 영감 덜미 잡기. 무죄한 놈 뺨 치기. 아이 밴 계집 배 차기. 우는 아이 똥 먹이기. 우물 밑에 똥 누기. 잦힌 밥에 흙 퍼붓기. 패는 곡식 이삭 빼기.

약과는 누가 먼저 먹을는지
약과는 제물용이니, 사람의 명(命)은 알 수 없다.

약기는 쥐새끼냐, 참새 굴레도 씌우겠다
민첩하고 꾀가 많은 사람을 이르는 말.

약방에 감초(甘草)
무슨 일이나 끼어드는 사람.
[同類] 건재약국에 백복령(白茯苓). 탕약에 감초.

약빠른 고양이 밤눈 어둡다
지나치게 약으면 도리어 부족한 점이 있다.
[出典] 伶悧猫 夜眼不見《東言》

약빠른 고양이 앞을 못 본다
지나치게 약으면 도리어 쉬운 일이나 좋은 기회를 놓치는 수가 있다.

약에 쓸래도 없다
무엇을 구하려고 애써 찾아도 조금도 구할 수가 없다.

약육 강식(弱肉强食)
약한 자는 강한 자에게 먹힘.

약은 나누어 먹지 않는다
약을 나누어 먹으면 약의 효험이 덜하다.

양고(良賈)**는 심장**(深藏)**한다**
장사를 잘하는 상인은 상품을 깊숙이 숨겨두고 가게 앞에 늘어놓지 않는다. 어진 사람이 학덕이나 재능을 감추고 함부로 나타내지 않음의 비유.

양두 구육(羊頭狗肉)
겉으론 훌륭하게 내세우나 속은 다름.

양반은 물에 빠져도 개헤엄은 안 한다
아무리 위급한 때라도 점잖은 사람은 체면 깎일 일은 하지 않는다.

양반은 얼어 죽어도 짚불은 안 쬔다
양반은 아무리 궁한 처지에 있거나 위급한 때를 당하더라도 자기 체면만은 그대로 지키려고 애쓴다.

양반의 새끼는 고양이 새끼요 상놈의 새끼는 돼지 새끼라
고양이 새끼는 크면서 예뻐지고, 돼지 새끼는 커 갈수록 추물이 된다.

양약 고구(良藥苦口)
좋은 약은 입에 쓰다. 곧, 충고하는 말은 귀에 거슬리지만 행동하는 데 이롭다.

양을 보쎄 낳는 암소
사실과는 반대되는 희망적인 상태를 이름.

양주(楊州) 밥 먹고 고양(高陽) 구실한다
① 제가 할 일은 하지 않고 남의 일을 한다. ② 자기편의 보수를 받고 상대편 일을 한다는 말. (양주·고양→경기도의 두 군으로서 서로 인접해 있다)
[出典] 楊州食 高陽役《東言》

양주 싸움은 칼로 물베기
부부 싸움은 곧 화합된다.

양지가 음지 되고 음지가 양지 된다
세상 일은 반복이 많다.
[出典] 陰地轉陽地變《洌上》, 洌彼陰岡 尙或回陽《耳談》

얕은 내도 깊게 건너라

무슨 일이든지 조심해서 하라.
[同類] 삼 년 벌던 전답도 다시 돌아보고 산다.

어느 구름에서 비가 올지
① 일은 되어 보아야 알지 미리 짐작하기 어렵다. ② 언제 무슨 일이 생길는지 모른다.
[出典] 不知何雲 終雨其云《耳談》

어느 귀신이 잡아 가는지 모른다
① 언제 어떻게 될는지 모른다. ② 어디로 가는지 향방을 알 수 없다.

어느 바람이 들이불까
당해낼 힘이 있어 염려 없다고 장담하는 태도.

어느 장단에 춤추랴
참견하는 사람이 많아 어느 말을 따라야 할지 모르겠다.
[同類] 이날 춤추기 어렵다. 이 굿에는 춤추기 어렵다.

어둔 밤에 눈 끔적이기
① 남을 위해 일을 하여도 그 사람이 고맙게 여기지 아니한

다. ② 남이 보지 않는 데서의 의사 표시는 아무 효력이 없다.

어둔 밤중에 홍두깨 내밀듯
얼토당토 않은 딴소리를 함을 이르는 말.

어디 개가 짖느냐 한다
남의 말을 들은 체도 않는다.

어로 불변(魚魯不辨)
어(魚)자와 노(魯)자를 분간 못할 정도로 무식함.

어르고 뺨치기
그럴 듯한 말로 은근히 남을 부추기고 해침.

어른도 한 그릇 아이도 한 그릇
어떤 기준에 의해서 배당된 몫이 일정하다.

어른 없는 데서 자라났다
행실이 방자하고 버릇이 없는 사람을 이르는 말.

어린 아들 굿보러 간 어미 기다리듯
몹시 애타게 기다리고 있음을 이르는 말.

어린 아이 가진 떡도 빼앗아 먹겠다
제 욕심을 채우기 위해 염치없이 잗단 일까지 하는 사람을 이르는 말.
出典 誘彼幼子 竊其皮餌《耳談》

어린 아이 말도 귀담아 들어라
철없는 어린 아이의 말이라도 취할 점이 있다.
同類 늙은이도 세 살 먹은 아

이 말을 귀담아 들어라.
出典 兒孩云言 宜納耳門《耳談》

어린애 매도 많이 맞으면 아프다
작은 손해도 겹치면 큰 손해가 된다.

어린애 보는 데는 찬물도 마시기 어렵다
어린 아이는 어른이 하는 대로 하므로 어린애 앞에서는 행동을 조심해야 한다.

어린애와 개는 괴는 데로 간다
어린 아이와 개는 사랑해 주는 이를 따른다. (괴다→특별히 사랑하다)
同類 아이와 늙은이는 괴는 데로 간다.

어린 중 젓국 먹이듯
순진한 사람을 속여서 나쁜 일을 하게 한다.

어물전 떨어먹고 꼴뚜기 장사
큰 사업에 실패하고 하찮은 작은 사업을 시작한다.

어물전 망신은 꼴뚜기가 시킨다

못난 것이 그와 함께 있는 동료까지 망신시킨다.

어미 모르는 병 열두 가지를 앓는다
어미도 자식 속을 다 알지 못한다.

어미 본 아기
언제 만나도 좋기만 한 사람을 이르는 말.

어미 팔아 동무 산다
어머니도 소중하지만 친구 사귀기는 더욱 중요하다.

어부지리(漁父之利)
쌍방이 다투는 틈을 타서 제삼자가 애쓰지 않고 얻은 이득.

어사는 가어사(假御使)가 더 무섭다
가짜가 진짜보다 더 무섭다.
가짜가 혹독한 짓을 한다.

어설픈 약국이 사람 죽인다
잘 알지도 못하면서 아는 체하여 일을 그르친다.

어장(漁場)이 안 되려면 해파리만 끓는다
일이 잘 되지 않으려면 불필요한 것만 모여든다.
[同類] 객주(客主)가 망하려니 짚단만 들어온다. 마판이 안 되려면 당나귀 새끼만 모여든다. 여각(旅閣)이 망하려면 나귀만 든다.

어정 칠월
음력 칠월은 어정거리는 동안에 지나간다.

어정 칠월 동동 팔월
농가에서 칠월달은 어정어정하는 사이에 가고, 팔월달은 추수 때문에 바빠 동동거리는 사이에 지나간다.

어제가 다르고 오늘이 다르다
사물이 변화하는 속도가 매우 빠름을 이르는 말.

어제 보던 손님
처음 만나서 구면같이 친해진 사이가 된 것을 이르는 말.

어질병이 지랄병 된다
작은 병이 자라 큰 병이 된다.

어헐진 도깨비 개천 물 마시듯
술 따위를 맛도 모르고 마구 들이켜는 것을 비웃는 말.

억지가 사촌보다 낫다
남에게 의뢰하느니 억지를 써서라도 제가 하는 게 낫다.

억지 춘향이
사리(事理)에 맞지 않아 안 될 일을 억지로 한다.

언덕에 자빠진 돼지가 평지에 자빠진 돼지를 나무란다
제 흉은 모르고 남의 흉만 탓한다.

언던에 둔던 대듯 한다
말을 둘러대어 거짓말 한다.

언 발에 오줌 누기
임시 변통이 결과적으로 더 나쁘게 되었을 때 하는 말.
[出典] 凍足放溺 《旬五》, 《東言》

언제 쓰라는 하눌타리냐
아무리 좋은 물건이라도 필요

할 때 쓰지 않고 쌓아 두기만 하면 무슨 소용이 있느냐.
[出典] 天圓子將焉用哉《旬五》,《松南》, 何時月之瓜蔞《東言》

언제 외조할미 콩죽으로 살았나
내가 네 덕을 입을 필요가 없다고 거절할 때 하는 말.
[同類] 외갓집 콩죽에 잔 뼈가 굵었겠나.
[出典] 古豈食外祖母太粥活乎《東言》

언중 유골 (言中有骨)
말의 외양은 순한 듯하나 단단한 뼈 같은 속뜻이 있다.

언청이 아가리에 콩가루
어떤 일을 아무리 숨기려 해도 결국은 드러난다.

언청이 아니면 일색 (一色)
칭찬해 주는 듯하면서도 그 결점을 나쁘게 말할 때 하는 말.
[同類] 언청이 아니면 병신.

언치 뜯는 말
제 형제나 친척을 헐어 해를 입게 하는 것은 결국 자기 스스로를 해치는 것이라는 말.

얻어들은 풍월
정식으로 배운 것이 아니라 남에게서 들어서 아는 지식.

얻어먹지 못하는 제사에 갓 망건 부순다
이득도 없이 손해만 보았다.

얻은 도끼나 잃은 도끼나
주고 얻은 결과가 똑같아서 이해 득실이 없다.

얻은 떡이 두레 반
수고 없이 얻은 것이 힘써 모은 것보다 많다.

얼굴보다 코가 더 크다
주장이 되는 것보다 딸린 것이 더 크거나 많다.

얼굴에 모닥불 담아 붓듯
매우 부끄러워 낯이 뜨겁다.

얼러 키운 후레자식
하는 짓이 버릇없는 사람.

얼음에 자빠진 쇠눈깔
갑자기 놀라서 휘둥그래진 눈.

얽거든 검지나 말지
이미 있는 부족한 점 외에 다른 결함이 겹쳐 있다.

얽은 구멍에 슬기 든다
① 얼굴은 비록 얽었으나 슬기가 있다. 곧 사람은 외양만으로 평가할 수 없다. ② 곰보를 추어 주는 말.

업어 온 중
싫지만 괄시하기 어려운 사람.

업은 아이 삼 년 찾는다
가까운 데 있는 것을 알지 못하고 먼 데로 찾아 다닌다.
[同類] 업은 아이 삼간(三間) 찾는다. 업은 아이 삼면(三面) 찾는다.
[出典] 兒在負 三年搜《洌上》

없는 놈이 비단이 한때라
가난해지면 전에 마련한 비단옷을 팔아서 끼니를 마련한다.
[同類] 비단이 한 끼라.
[出典] 錦繡衣喫一時《洌上》

없어 비단 옷
 구차해서 단벌 밖에 없는 비단 옷을 입었다.

엉덩이에 뿔이 났다
 나이 어린 사람이 옳은 가르침을 받지 않고 빗나간다.

엎드러지면 코 닿을 데
 매우 가까운 데.

엎어져 가는 놈 꼭뒤 찬다
 불우한 처지에 있는 사람을 한층 더 괴롭힌다.

엎지른 물을 도로 담을까
 한번 저지른 실수는 다시 돌이킬 수 없다.

엎친 데 덮치기
 어려운 일을 당하고 있는데 또 겹쳐 다른 불행이 닥친다.
 [同類] 눈 위에 서리 친다. 얼어 죽고 데어 죽는다.

에 해 다르고 애 해 다르다
 같은 이야기라도 말하는 데 따라 달라진다.

여각이 망하려면 당나귀만 든다
 정작 기다리는 사람은 오지 않고 귀찮은 사람만 온다.

여드레 찐 호박에 이 안 들 소리
 사리(事理)에 맞지 않는 말.

여드레 팔십 리
 하루에 십 리 걸음 밖에 못 간다. 곧 행동이 느리다.
 [出典] 八日八十里 《松南雜識》

여드레 팔십 리 걸음
 몹시 굼뜬 동작이나 걸음걸이를 이르는 말.

여든 살 난 큰애기가 시집 갈랬더니 차일(遮日)이 없다 한다
 오랫동안 벼르던 일을 하려니까 갖춰야 할 것이 없어서 못 한다.

여든에 능참봉을 하니 한 달에 거둥이 스물아홉 번
 복 없는 사람은 오랫동안 바라던 일이 이루어져도 어렵고 까다로운 일만 생겨 실속이 없다.

여든에 이 앓는 소리다
 ① 조금도 신기할 것 없는 의견이다. ② 맥없이 흥얼거리는 소리.

여든에 죽어도 핑계에 죽는다
 이유가 확실히 드러나는 일인데도 엉뚱한 핑계를 붙인다.
 [同類] 여든에 죽어도 구들 동티에 죽었다지.

여럿이 가는 데 섞이면 병든 다리도 끌려간다
 여럿이 하는 일에 어울리면 못하던 일도 하게 된다.

여름불도 쬐다나면 섭섭하다
 ① 쓸모 없는 것도 없어지면 서운하다. ② 오래 지니던 것을 잃거나 늘 하던 짓을 그만두기가 서운하다.

여름비는 더워야 오고, 가을비는 추워야 온다
 여름에는 무더운 뒤에 비가 오고 가을에는 쌀쌀해진 뒤에 비가 온다.

여름비는 잠비, 가을비는 떡비
여름에 비가 오면 낮잠을 자게 되고, 가을에 비가 오면 떡을 해먹게 된다.

여름에 하루 놀면 겨울에 열흘 굶는다
오늘의 한 가지 일이 앞날의 열 가지 결과를 가져 오니 한 시라도 게을리 말라는 뜻.

여문 곡식이 더 머리를 숙인다
학식이나 기술이 많은 사람일수록 교만하지 않고 겸손하다.

여물 많이 먹은 소 똥눌 때 알아본다
저지른 죄는 반드시 드러난다.
[同類] 먹은 소가 똥을 누지.
소금 먹은 소가 물 켜지.

여복이 바늘귀를 꿴다
생각하지도 않았던 일이 우연히 이루어졌을 때 하는 말.

여울로 소금섬을 끌래도 끌지
어떤 명령이든 복종하겠다.

여인은 돌면 버리고, 가구는 빌리면 버린다
여자가 밖으로 나다니면 몸을 버리기 쉽다.

여자는 높이 놀고 낮이 논다
여자는 시집을 가기에 따라 귀해지기도 하고 천해지기도 한다는 뜻.

여자는 사흘만 안 때리면 여우가 된다
여자는 때때로 훈계를 하지 않으면 간사한 짓을 하기 쉽다.

여자 셋에 나무 접시가 드논다
여자들이 모이면 말이 많다.

여자의 말을 잘 들어도 패가하고 안 들어도 망신한다
남자는 여자의 말이라도 옳은 말은 들어야 하고, 간사한 말은 물리쳐야 한다.

여장 절각(汝墻折角)
네 담 아니면 내 소 뿔 부러지랴. 남 때문에 손해를 보았을 때 항의하는 말.

여편네 벌이는 쥐벌이
여자가 버는 돈은 집안 살림에 별로 도움이 안 된다.

여편네 아니 걸린 살인 없다
무슨 일이나 나쁜 일일수록 여자가 꼭 낀다.

여편네 팔자는 뒤웅박 팔자라
여자 팔자는 남편에게 있다.

여편네 활수하면 벌어 들여도 시루에 물붓기
손 큰 여편네의 낭비벽을 경계하는 말.
[出典] 妻迂財入 譬彼甑汲《耳談》

역말[驛馬]**도 갈아 타면 낫다**
늘 한 가지 것만 계속하면 싫증이 나므로 가끔 다른 것으로 바꾸어야 한다. (역말→옛날 각 역에 갖추어 두어 나그네를 태우던 말)
[出典] 馬好替乘《東言》

열고 보나 닫고 보나
남이 알게 하나 모르게 하나 보기는 일반.

열 골 물이 한 골로 모인다

① 여러 사람이 지은 죄값이 자기 한 사람에게만 집중된다.
② 여러 가지가 다 한 일에 귀결(歸結)된다.

出典 十洞之水 會一洞《旬五》, 十谷水 一谷萃《洌上》

열 길 물 속은 알아도 한 길 사람 속은 모른다

사람의 마음은 알기가 어렵다.

出典 測水深 昧人心《洌上》, 寧測十丈水深 難測一丈人心《耳談》 水深雖知 人心難知《旬五》

열 놈이 백 말을 하여도 들을이 짐작

말하는 사람이 여러 말을 하여도 듣는 사람이 참작하여 새겨 들어야 한다.

열두 가지 재주 가진 놈이 저녁 거리가 없다

여러 가지 재능을 가진 사람이 한 가지 재능 가진 사람보다 성공하기 힘들다.

出典 十二技之匠人 多供去無處《東言》

열매 될 꽃은 첫 삼월에 안다

결과가 좋게 될 일은 처음부터 그 징조가 보인다.

열 번 찍어 아니 넘어가는 나무 없다

① 한 번에 안 되는 일은 여러 번 계속하면 결국 성사된다. ② 뜻이 굳은 사람이라도 여러 번 권유하면 결국은 마

음이 변한다.

出典 十斫木 無不顚《旬五》, 十斫木 無不折《洌上》, 十斫之木 罔不顚覆《耳談》, 十番斫 無不顚之木《東言》

열 사람이 지켜도 한 도둑을 못 막는다

여러 사람이 애써도 한 사람의 나쁜 짓을 막지 못한다.

出典 十人守之 不得察一賊《旬五》, 十人之守 難敵一寇《耳談》

열 사람 형리를 사귀지 말고 한 가지 죄를 짓지 말라

① 헛된 욕심을 버리고 제 몸을 위하여 건강에나 힘쓰라.
② 세도 있는 이와 사귀어서 그의 도움을 받으려 하지 말고 제 할 일이나 제대로 하라.

열 사위는 밉지 아니하여도 한 며느리가 밉다

사위는 많아도 사랑하는데, 며느리는 하나라도 미워한다.

열사흘 부스럼을 앓느냐
 허튼 말을 너저분하게 늘어놓는 사람을 농으로 이르는 말.

열 소경에 한 막대
 매우 요긴하게 쓰이는 소중한 물건이다.
 [同類] 십맹 일장(十盲一杖)
 [出典] 十瞽一相《旬五》,《松南》, 十瞽一杖《東言》

열 손가락에 어느 손가락 깨물어 아프지 않을까
 자식이 많아도 부모의 자애로운 마음에는 다 소중하다.
 [出典] 十指偏齕 疇不予感《耳談》

열 손가락을 깨물어 안 아픈 손가락 없다
 어느 혈육이나 마찬가지로 귀하고 소중하다.

열 시앗이 밉지 않고 한 시누이가 밉다
 올케와 시누이의 사이는 좋기가 어렵다.

열의 한 술 밥이 한 그릇 푼푼하다
 여럿이 힘을 합하면 적은 힘을 들여도 그 성과가 크다.
 [同類] 열의 한 술 밥. 열이 어울려 밥 한 그릇. 십시 일반(十匙一飯)
 [出典] 十匙一匙 還成一飯《耳談》

열 집 사위 열 집 며느리 안 되어 본 사람 없다
 혼담은 흔히 여러 곳에 걸쳐서 오가게 된다.

열흘 굶어 군자 없다
 아무리 착한 사람이라도 몹시 궁하게 되면 마음이 변해서 옳지 못한 짓을 하게 된다.

열흘 길 하루도 아니 가서
 오래 두고 할 일을 처음부터 싫어하거나 배반하는 경우에 책망하는 말.

열흘 나그네 하루 길 바빠한다
 오래 걸릴 일이라도 끝판에는 서둘러야 끝낸다.

열흘날 잔치에 열하룻날 병풍 친다
 때가 지난 다음에 행동한다.

열흘 붉은 꽃 없다
 꽃이 아무리 아름다워도 오래 피어 있지 못하는 것처럼 이 세상의 권세나 영화도 오래 계속되지 않는다.

염불 못하는 중이 아궁이에 불을 땐다
 무능한 사람은 같은 계열이라도 가장 천한 일을 하게 된다.

염불에는 맘이 없고 잿밥에만 맘이 있다
 제가 해야 할 일에는 정성을 들이지 않고 제 욕망을 채우기 위한 다른 데에만 마음을 쓴다. (잿밥→부처님께 불공드리는 밥)
 [同類] 초상난 집에 사람 죽은 것은 안 치고, 팥죽 들어오는 것만 친다.
 [出典] 念佛無心 齋食有心《松南》

염주도 몫몫이요, 쇠뿔도 각각
절친한 사이라도 그 몫이 서로 따로 있다.
[同類] 쇠뿔도 각각, 염주도 몫몫.

영감님 주머니 돈은 내 돈이요, 아들 주머니 돈은 사돈네 돈이다
아들의 돈은 며느리가 관리하면서 자기 친정에 준다.

영감 밥은 누워 먹고, 아들 밥은 앉아 먹고, 딸의 밥은 서서 먹는다
남편 덕에 살아야 마음이 편하고, 아들 덕에 사는 것도 견딜 만하나 딸네 집에 얹혀 사는 것은 차마 못할 일이다.

예쁘지 아니한 며느리가 삿갓 쓰고 으스름 달밤에 나선다
못난 자가 어설픈 짓을 하여 더욱 미움을 산다.

오뉴월 감기는 개도 안 앓는다
여름에 감기 앓는 사람을 비웃는 말.

오뉴월 거적 문인가
추운 때 문을 열어 놓고 다니지 말라.

오뉴월 더위에는 암소 뿔이 물러 빠진다
오뉴월 더위가 가장 심하다.

오뉴월 병아리 하룻 볕이 새롭다
봄에 깬 병아리가 자라 오뉴월이 되면 하루가 다르게 잘 자란다.
[同類] 오뉴월 볕 하루만 더 쬐도 낫다.

오뉴월 볕은 솔개만 지나도 낫다
한여름 뜨거운 볕이 내리 쬘 때에는 조그만 그림자가 져도 덜 뜨겁게 느껴진다.

오뉴월 불도 쬐다 나면 섭섭하다
별로 필요하지 않던 것도 막상 없어지면 아쉽고 섭섭함을 느끼게 된다.
[出典] 五月炙火 猶惜退坐《耳談》, 五六月火 亦退悵《東言》

오뉴월 소나기는 쇠 등을 두고 다툰다
여름 소나기는 쇠 등을 경계로 하여 이쪽에는 오고 저쪽에는 안 오는 수가 있다.
[同類] 오뉴월 소나기는 말 등을 두고 다툰다. 오뉴월 소나기는 닫는 말 한쪽 귄 젖고 한쪽 귄 안 젖는다.

오뉴월 손님 호랑이보다 무섭다
더운 오뉴월에 손님 대접하기는 매우 힘든 일이다.

오뉴월 쇠불알 떨어지기를 기다린다

가망 없는 일을 바란다

[同類] 오뉴월 황소 불알 떨어지기.

오뉴월 품앗이도 먼저 갚으랬다

시간 여유가 있더라도 남에게 갚을 것은 일찍 갚아야 한다.

오는 말이 고와야 가는 말이 곱다

누가 나를 욕하면 나도 그를 욕하게 된다.

오는 정이 있어야 가는 정 있다

서로 주고받는 게 인정이다.

오동나무 보고도 춤춘다

성미가 너무 급하여 미리부터 서둔다.

오라는 딸은 아니 오고 외동 며느리만 온다

기다리던 사람은 안 오고 달갑지 않은 사람이 온다.

오란 데는 없어도 갈 데는 많다

오라고 초청한 데는 없지만 찾아다닐 데는 많다.

오래 앉으면 새도 살을 맞는다

이로운 곳이라고 너무 오래 있으면 마침내 화를 당한다. (살→화살)

[出典] 久坐之鳥 帶箭 《旬五》, 鳥久止 必帶矢 《洌上》, 久坐雀 帶鏃 《東言》

오랜 원수를 갚으려다 새 원수가 생겼다

무슨 일이나 보복을 하면 그로 인해 새 원수가 생긴다.

[出典] 欲報舊讐 新讐出 《旬五》

오르지 못할 나무는 쳐다보지도 마라

자기 힘으로 될 수 없는 일이면 처음부터 손대지 말라.

[出典] 難上之 木勿仰 《旬五》, 《松南》, 木難上 不可仰 《洌上》, 難升之木 無然仰矚 《耳談》

오를 수 없는 나무는 쳐다보지도 말아라

불가능한 일은 아예 처음부터 단념해라.

오리(五厘)를 보고 십리(十里)를 간다

적은 이익에도 수고를 아끼지 않는다.

오리 무중(五里霧中)

짙은 안개 속에서는 방향을 알 수 없듯이 무슨 일에 대해 알 길이 없음의 비유.

오리 홰 탄 것 같다

오리가 닭처럼 홰를 타면 자세가 불안정한 것처럼 제가

있을 곳이 아닌 높은 데 있어서 위태롭다.

出典 鴨乘塲《東言》

오복 간신 남의 소 팔아 먹는다
지위가 높아 품격을 지켜야 할 사람이 좋지 못한 짓을 한다.

오비 삼척(吾鼻三尺)
내 사정이 급해서 남을 돌볼 겨를이 없다.

同類 내 코가 석 자라.

오십보 백보(五十步百步)
차이가 있기는 있으나 본질적으로는 매일반이다.

오우 천월(吳牛喘月)
간이 작아 공연한 일에 지레 겁을 먹고 허둥거리는 사람을 비웃는 말.

오월 동주(吳越同舟)
사이가 나쁜 사람끼리 같은 장소·처지에 놓인다.

오이는 씨가 있어도 도둑은 씨가 없다
도둑질은 유전이 아니다.

오지랖이 넓다
제게 관계 없는 일에 나서서 간섭하는 사람을 이르는 말.
(오지랖→웃옷에 입는 겉옷의 앞자락)

同類 치마폭이 넓다.

오초의 흥망 내 알 바 아니다
① 세상일이 어떻게 돌아가더라도 저 맡은 일이나 한다.
② 옆에서 무슨 일이 있더라도 저와는 상관 없다.

오합지졸(烏合之卒), **오합지중**(烏合之衆)
① 갑자기 모인 훈련 안 받은 군사. ② 규율도 통일성도 없는 군중.

옥니박이 고수머리와는 말 말라
이런 사람은 성미가 깐깐하고 까다롭다 하여 하는 말.

옥석 구분(玉石俱焚)
선악의 구별 없이 같은 운명에 처하다.

옥석 혼효(玉石混淆)
선악이 뒤섞여 있다.

옥(玉)**에도 티가 있다**
아무리 좋은 물건이나 훌륭한 사람에게도 결점은 있다.

옥에 티
본바탕은 썩 좋은데 아깝게도 흠이 있다.

온고 지신(溫故知新)
옛 것을 익히고 연구하여 새 지식을 얻는다.

온 바닷물을 다 먹어야 짜냐
욕심이 많고, 끝을 보지 않으면 물러서지 않는 사람에게 하는 말.

온통으로 생긴 놈 계집 자랑, 반편으로 생긴 놈 자식 자랑
자기 처자식을 자랑하는 사람을 비웃는 말.

出典 全癡誇妻 半癡誇兒《耳談》

올가미 없는 개 장사
자본 없이 하는 장사를 비유하는 말.

옷은 나이로 입는다
  몸집은 작더라도 나이 들면 옷을 크게 입는다.

옷은 새 옷이 좋고, 사람은 옛 사람이 좋다
  물건은 새것이 좋고, 사람은 오래 사귈수록 좋다.
  [同類] 옷은 새 옷이 좋고 님은 옛님이 좋다.
  [出典] 衣以新爲好 人以舊爲好《旬五》

옷은 시집 올 때처럼, 음식은 한가위처럼
  옷 잘 입고 음식 잘 먹고 살고 싶다.

옷이 날개라
  좋은 옷을 입으면 못난 사람도 잘나 보인다

와신 상담(臥薪嘗膽)
  섶에 누워 쓸개를 맛본다. 마음먹은 일을 이루려고 괴롭고 어려운 일을 참고 견딘다.

완물 상지(玩物喪志)
  쓸데없는 물건을 가지고 놀다가 본마음을 잃는다.

왕후 장상이 씨가 있나
  미천한 집안에 태어났어도 노력하면 출세할 수 있다. 인간은 본질적으로는 같다.

왜장(倭將)은 병들수록 좋다
  임진란 때 왜적을 미워하던 말이 전해 내려온 것으로 상대방의 불행을 도리어 기뻐한다.
  [出典] 倭將病癒好《東言》

외나무다리에 만날 날이 있다
  남과 원수가 되면 피하기 어려운 곳에서 만나는 일이 반드시 생기게 된다.

외 덩굴에 가지 열린다
  ① 부모를 닮지 않은 아이가 생겨났을 때 하는 말. ② 원인과는 관계 없는 결과가 나타났을 때 하는 말.

외모는 거울로 보고 마음은 술로 본다
  겉으로 볼 수 없는 속마음은 술자리에서 엿볼 수 있다.

외삼촌 산소에 벌초하듯
  정성 없이 되는 대로 한다.

외상이면 소도 잡아먹는다
  외상이라면 후에 갚을 부담을 생각지 않고 우선 사들인다.
  [同類] 같은 외상이면 검정소 잡아먹는다.

외손뼉이 울랴
  일을 혼자서는 잘 할 수 없고 여러 힘을 합해야 이루어진다.
  [出典] 一手拍之無聲 二手拍則有聲《三遺》, 孤掌不鳴《旬五》, 孤掌難鳴《東言》

외손뼉이 울지 못하고 한 다리로 가지 못한다
  ① 상대 없는 싸움이 없다. ② 일은 여럿이 힘을 합해야 잘 이루어진다.

외손자는 업고 친손자는 걸리면서 업은 놈 발 시리다, 빨리 가자 한다

① 외손자를 더 귀여워한다.
② 가볍게 여길 사람과 중하게 여길 사람을 뒤바꿔 생각한다.

외손자를 귀애하느니 절굿공이를 귀애하지
외손자는 아무리 공을 들여도 소용없다.
[同類] 외손자를 안느니 방앗공이를 안지. 외손자를 보아주느니 파밭을 매지.
[出典] 愛外孫寧杵 《東言》

외아들 잡아먹은 할미 상
궁상맞은 표정을 이르는 말.

외주둥이 굶는다
혼자 살면 자연히 끼니를 굶는 수가 많다.

외톨밤이 벌레가 먹었다
① 외아들이 제 구실을 못한다. ② 단 하나뿐인 소중한 물건이 못 쓰게 되었다.

왼 눈도 깜짝 아니한다
조금도 놀라지 않는다.

왼발 구르고 침 뱉는다
무슨 일에나 처음에는 앞장섰다가 곧 꽁무니를 빼는 사람을 이르는 말.

왼새끼를 꼰다
① 일이 비비 틀려나가 어떻게 될지 알 수 없다. ② 비비꼬아서 말하거나, 비아냥거린다.

요령 부득(要領不得)
말이나 글의 요령을 잡을 수 없음.

용 가는 데 구름 간다
노상 함께 하여 서로 떠나지 않는 두 사람 사이의 긴밀한 관계를 이르는 말.

용두 사미(龍頭蛇尾)
처음은 좋으나 끝이 좋지 않음의 비유.

용 못된 이무기 방천(防川) **낸다**
되지 못한 자가 못된 짓 한다.

용수에 담은 찰밥도 엎지르겠네
복없는 자는 좋은 운수를 만나도 그것을 오래 보전(保全)하지 못한다.

용이 물 밖에 나면 개미가 침노한다
권세를 잃고 나면 하잘것없는 사람으로부터도 괄시 받는다.

우는 아이 젖 준다
무슨 일이든지 적극적인 사람에게 보답이 주어진다.
[同類] 보채는 아이 젖 준다. 울지 않는 아이 젖 주랴?
[出典] 不啼之兒 其誰穀之 《耳談》

우렁이도 담을 넘을 꾀가 있다
어리석고 못난 사람이라도 한 가지의 재주는 있다.

우물가에 애 보낸 것 같다
불안하여 마음이 안 놓인다.

우물길에서 반살미 받는다
갑자기 좋은 음식을 먹게 되는 기회를 얻은 때에 하는 말.

우물 안 개구리
견식이 좁아 세상 형편을 모르는 사람.

우물에 가 숭늉을 찾는다
일의 순서도 모르고 성급하게 행동한다.

우물 옆에서 말라 죽겠다
임기 응변을 못하여 답답하다.

우물을 파도 한 우물을 파라
한 가지 일을 끝까지 밀고 나가야 성공할 수 있다.

[出典] 鑿井鑿一井《東言》

우선 먹기는 곶감이 달다
나중에야 어떻게 됐든 우선 취할 만하다.

우수(雨水) 경칩(驚蟄)에 대동강이 풀린다
춥던 겨울 날씨도 우수와 경칩이 지나면 따뜻해진다.

우이 송경(牛耳誦經)
아무리 가르치고 알려 주어도 알아듣지 못한다.

우후 죽순(雨後竹筍)
비가 온 뒤에 많이 솟는 죽순처럼 어떤 일이 한 때에 많이 일어난다.

운니지차(雲泥之差)
차이가 썩 심하다.

울고 싶자 매 때린다
때마침 좋은 핑계가 생겼다.

[出典] 欲哭時打 不哭乎《東言》

울려는 아이 뺨 치기
일이 순조롭게 안 될 때 강경하게 나가면 일이 안 된다.

[同類] 울려 할 제 치자 하기 같이.

[出典] 兒之將啼 又批其腮《耳談》

울력 걸음에 봉충다리
평소에는 그런 일을 못하던 사람도 여럿이 같이 하면 새로운 힘이 생겨 덩달아 한다.

울며 겨자 먹기
하기 싫은 일을 마지못해 할 경우를 이르는 말.

울지 않는 아이 젖 주랴
① 보채고 조르고 해야 얻기가 쉽다. ② 마음 속의 생각은 밖으로 털어놓아야만 남이 알아준다.

움도 싹도 없다
① 장래성이 전혀 없다. ② 사람 또는 물건의 흔적이 없어졌을 때 하는 말.

움 안에서 떡 받는다
원하지 않았는데 뜻밖에 좋은 물건을 얻었다.
出典 坐窯內 受餠食《東言》

웃고 사람 친다
겉으로는 좋아하는 체하고 남을 해롭게 한다.

웃느라 한 말에 초상 난다
농담이 살인이나 자살의 원인이 될 수도 있으니 주의하라.

웃는 낯에 침 뱉으랴
좋은 낯으로 대하는 사람에게 책망을 할 수 없다.
出典 對笑顔 唾亦難《洌上》, 笑顔唾乎《東言》

웃음 속에 칼이 있다
겉으로는 친한 체하지만 은근히 해롭게 한다.

원 내고 좌수 내고
한 집안에서 인물이 많이 났을 때 하는 말.

원님과 급창이 흥정을 하여도 에누리가 있다
흥정에는 에누리를 하게 마련이다. (及唱→옛날 관아의 심부름꾼)

원님 덕에 나발 분다
남의 덕에 좋은 대접 받는다.
同類 감사(監司) 덕분에 비장(裨將) 나리 호사한다.

원님도 보고 환자(還子)도 탄다
두 가지 일을 한꺼번에 할 때 하는 말. (환자→춘궁기에 나라에서 쌀을 백성에게 대부했다가 가을에 반납토록 하는 환미의 뜻)
同類 원 보고 송사 본다. 임도 보고 뽕도 딴다.
出典 我謁縣宰 兼受賑貸《耳談》, 受糶亦謁守《東言》

원님은 책방에서 춘다
그 사람의 진가(眞價)는 그 사람을 잘 아는 이라야 말할 수 있다. (책방→册房→원의 비서 일을 맡아 보는 곳)

원두한이 사촌을 모른다
장사치는 아는 사람이라고 싸게 주지 않는다. (원두한→원두막 주인)

원수는 순(順)으로 풀라
원한 관계는 서로 악으로 대하느니보다는 화평한 가운데 풀어야 후환(後患)이 없다.

원수는 외나무 다리에서 만난다
남과 원한을 맺으면 피치 못할 자리에서 만나게 된다.
出典 獨木橋冤家遭《洌上》,《松南》, 爾逢爾仇 獨木橋頭《耳談》

원숭이도 나무에서 떨어진다
아무리 능숙한 사람도 실수할 때가 있다.
同類 소경도 망발할 적이 있다. 항우도 낙상할 적이 있다.

원앙이 녹수를 만났다
남녀 사이에 서로 마땅한 배

필을 만났다.

월만즉휴(月滿則虧)
　무슨 일이든지 성하면 반드시 쇠하게 된다는 뜻.

월천꾼에 난쟁이 빠지듯
　여러 사람 축에 끼지 못할 때 하는 말. (월천꾼→냇물에서 사람을 업어 건네주는 사람)

윗물이 맑아야 아랫물이 맑다
　위에 있는 사람이 부정한 행동을 하면 아랫사람도 따라서 한다.
　[同類] 상탁하부정(上濁下不淨). 윗물이 흐리면 아랫물도 흐리다. 위로 진 물이 발등에 진다.

윗 입술이 아랫 입술에 가 닿나
　① 공손치 못한 말을 감히 입 밖에 내느냐. ② 불합리한 말을 하는 경우에 하는 말.

유비(劉備)가 한중(漢中) 믿듯
　조금도 의심하지 않고 굳게 믿는다. (유비→옛날 중국 삼국시대의 촉한의 임금. 자는 玄德. 한중→중국 陝西省 서남쪽 漢水 상류에 있는 요새지)
　[同類] 맹상군(孟嘗君)이 호백구(狐白裘) 믿듯.

유유 상종(類類相從)
　① 서로 비슷해야 상대가 된다. ② 서로 같은 자끼리 패가 된다.

육칠월 늦장마에 물 퍼내듯
　끝이 없고 한이 없다.

윤섣달에는 앉은 방석도 안 돌려 놓는다
　윤섣달은 아무런 행사도 하지 않는 풍속에서 나온 말.

윤이월 제사냐
　일정한 날 해야 할 일을 빼먹고 걸렀을 때 나무라는 말.

으슥한 데 꿩알 낳는다
　① 뜻하지 않던 곳에서 좋은 것이 발견되었을 때 하는 말. ② 평소에 출중하지 않던 사람이 눈에 띄는 일을 했을 때 하는 말.

은진(恩津)은 강경(江景)으로 꾸려 간다
　남의 덕택에 유지되어 간다.

은행나무도 마주 서야 연다
　은행나무는 암나무와 수나무가 마주 서 있어야 열매가 열리듯이 사람도 마주 바라보고 있어야 인연이 더 깊어진다.

은혜를 원수로 갚는다
　감사해야 할 자리에 도리어 해를 끼친다.

음식 싫은 건 개나 주지, 사람 싫은 건 할 수 없다
　입에 맞지 않는 음식은 안 먹으면 그만이지만, 뜻이나 마음이 맞지 않는 사람끼리 함께 지내자니 속이 터진다.

음식은 갈수록 줄고 말은 갈수록 는다
　음식은 옮겨 갈수록 줄어들고 말은 옮길수록 보태어져 늘으로 말조심을 하라는 말.
[同類] 말은 보태고 봉송(封送)은 던다.
[出典] 饌傳愈減 言傳愈濫 《耳談》

음지가 양지 되고 양지가 음지 된다
세상 일은 번복을 되풀이한다.

응달에도 햇빛 드는 날이 있다
역경에 처해 있는 사람에게도 길운이 오는 때가 있다.

의논이 맞으면 부처도 앙군다
여러 사람의 뜻이 합하면 무슨 일이라도 해낼 수 있다.

의붓아비 떡 치는 데는 가도 친아비 도끼질하는 데는 안 간다
제게 이익이 있을 듯한 데로 찾아간다.
[同類] 의붓아비 돼지 고기 써는 데는 가도 친아비 나무 패는 데는 가지 말라.

의붓아비 아비라 하랴
아무리 군색해도 의리에 벗어난 일은 하지 말라.
[出典] 匪我孤苦 豈繼父 《耳談》

의붓아비 제삿날 물리듯
자꾸 핑계를 대어 이날 저날 뒤로 미룬다.

의붓어미가 티를 내는 것이 아니라 의붓자식이 티를 낸다
사랑을 받으려거든 먼저 귀여운 행동을 하라.

의사가 제 병 못 고친다
남의 일은 잘 해결해도 제 일은 제가 처리하지 못한다.

의식족이지예절(衣食足而知禮節)
의식이 넉넉해야 예를 안다. 사람은 의식이 넉넉해야 인사·체면을 차릴 수 있다.

의주(義州)를 가려면서 신날도 안 꼬았다
큰 일을 하려는 데 조금도 준비가 되어 있지 않다.

의주 파발(義州擺撥)도 똥눌 때가 있다
아무리 급하고 바쁘더라도 잠시 쉴 사이는 있다. (파발→국가의 공문서(公文書)를 급히 보내기 위해 설치한 역참)

이가 없으면 잇몸으로 살지
없으면 없는 대로 견디어 나갈 수밖에 없다.
[出典] 齒亡脣亦支 《東言》

이도 나기 전에 갈비를 뜯는다
능력이 없으면서 힘에 겨운 일을 하려고 한다.

이 떡 먹고 말 말아라
비밀이 샐까봐 매수하여 발설을 안하게 한다.
[出典] 食此餅 不言 《東言》

이렇게 대접할 손님이 있고 저렇게 대접할 손님이 따로 있다
사람을 상대하는 데 있어서도 존비(尊卑) 또는 친소의 구별을 두어야 한다.

이레 안에 경풍에 죽으나 여든에 상한병에 죽으나 죽기는 일반이라

경위야 어떻든 그 결과는 다름이 없다.

이레 안에 백구친다
이레도 되기 전에 백구 타령을 한다. 곧 조숙했다.

이름 좋은 하눌타리
이름은 좋으나 실속이 없다.

이리 해라 저리 해라, 이 자리에 춤추기 어렵다
참견하는 사람이 많아 갈피를 잡을 수 없다.

[同類] 이 굿에는 춤추기 어렵다. 이날 춤추기 어렵다. 그 장단 춤추기 어렵다.

[出典] 莫仰莫俯 此筵難舞 《耳談》

이마를 뚫어도 진물도 안 나온다
사람이 인색하거나 모질다.

이마를 찔러도 피 한 방울 안 나겠다
매우 인색한 사람이다.

[同類] 송곳을 박아도 진물 한 점 안 난다.

이마에 부은 물이 발뒤꿈치로 흐른다
윗사람이 하는 일은 좋건 나쁘건 아랫사람이 본받는다.

이불 깃 보아 가며 발 뻗는다
자기 능력과 그 일의 성격을 파악하여 그에 맞추어 일한다.

[出典] 量衾伸足 《旬五》, 量吾被 置吾趾 《洌上》, 先視爾褥 乃展厥足 《耳談》

이불 속에서 활개친다
[同類] 이불 안 활개

이불 안 활개
남이 보지 않는 데서 젠체하고 호기를 부린다.

이사할 때 강아지 따라다니듯
어디든지 늘 붙어다닌다.

이 설움 저 설움 해도 배고픈 설움이 제일
굶주림은 참기 어렵다.

이심 전심(以心傳心)
말·글에 의하지 않고, 마음에서 마음으로 전달된다.

이십 안 자식, 삼십 안 천량
자식은 이십 전에 낳아야 하며, 재산은 삼십 전에 모아야 한다.

[同類] 이십 안 자식이요, 삼십 안 재산이라.

이 아픈 날 콩밥한다
곤경에 처해 있는데 더욱 곤경에 빠뜨린다.

이알이 곤두서다
배가 불러 얄미운 짓을 한다.

이 없으면 잇몸으로 살지
없으면 없는 대로 그럭저럭 참고 산다.

이에 신물이 돈다
극도로 염증을 느껴 두 번 대하기도 싫다.

이여박빙(履如薄氷)
살얼음을 밟는 것처럼 위태위태하여 마음이 불안하다.

이여반장(易如反掌)
손바닥 뒤집는 것처럼 일이 썩 쉽다.

이 우물에 똥을 누어도 다시 그 우물을 먹는다
두 번 다시 그 사람을 보지 않을 것처럼 좋지 않게 대하여도 나중에 다시 청할 일이 생기니 누구에게나 좋게 대하라.

이웃 사촌
이웃하여 사는 남이 사촌보다 더 의좋게 서로 돕고 지낸다.

이웃집 나그네도 손 볼 날 있다
아무리 가까운 사이라도 손님으로 대접할 때가 있다.

이웃집 며느리 흉도 많다
관심의 대상이 되는 사람이거나 잘 아는 사이일수록 상대편의 흠이 자꾸 눈에 띈다.
[同類] 남의 집 며느리 말썽도 많다.

이웃집 새 처녀도 내 정지에 들여 세워 보아야 안다
사람은 실제로 겪어 보지 않고서는 잘 알 수 없다. (정지→부엌의 사투리)

이웃집 색시 믿고 장가 못 간다
남은 생각지도 않고 있는데 저 혼자 기대하다가 낭패본다.
[同類] 누이 믿고 장가 못 간다.
[出典] 待隣婦 妻不娶 《洌上》, 待隣處女 不娶乎《東言》

이월 바람에 검은 쇠뿔이 오그라진다
이월에는 바람이 많이 분다.

이월에 보리 환상 갔다 얼어 죽겠다
과히 춥지도 않은데 유난히 추위에 떠는 사람을 흉보는 말.

이 잡듯 하다
샅샅이 뒤지어 찾다.

이 장 떡이 큰가? 저 장 떡이 큰가
이 편에 이익이 많을지 저 편에 이익이 더 많을지 결정하기를 망설인다.

이 절 못 믿고 저 절 못 믿는다
이것도 저것도 믿을 수 없다.

이 팽이가 돌면 저 팽이도 돈다
이곳의 시세(時勢)가 바뀌면 저곳 시세도 바뀐다.

이하 부정관(李下不整冠)
남에게 의심 살 만한 짓은 아예 하지 말라.

익은 밥 먹고 선소리 한다
사리에 맞지 않는 말을 하는 사람을 핀잔 주는 말.

인간도처 유청산(人間到處有靑山)

사람 살 곳은 골골이 있다. 곧 아무리 곤란한 처지에 있어도 도와줄 사람은 있다.

인간은 만물의 척도
인간 자체가 판단의 기준이다.

인과 응보(因果應報)
사람이 짓는 선악에 따라 갚음이 있다.

인색한 부자가 손 쓰는 가난뱅이보다 낫다
부자는 인색해도 남을 도울 수 있는 여유가 있지만 가난한 사람은 인정은 있어도 도울 수 있는 능력이 없다.

인생은 짧고 예술은 길다
그리스의 의학자 히포크라테스의 말로서 인생은 백 년을 넘지 못하고, 예술은 영구히 그 가치를 빛낸다는 말.

인정도 품앗이라
따뜻한 정을 베푸는 것도 서로 주고 받아야 한다.

인정에 겨워 동네 시아비가 아홉이라
인정에 끌려 정당하지 않은 일을 한 결과가 치욕적이다.

인정은 바리로 싣고 진상(進上)**은 꼬치로 꿴다**
공적으로 바치는 것은 적은데 도중의 뇌물은 적지 않다.
[同類] 진상은 꼬챙이에 꿰고 인정은 바리로 싣는다.
[出典] 人情載駄 進上貫串《旬五》, 《松南》

인정이 품앗이라
서로 주고받는 것이 사람 사이의 따뜻한 정이다.

인제 보니 수원 나그네로군
모르고 지나쳤거나 모르는 체했다가 저쪽에서 아는 체할 때 처음 깨달은 듯이 하는 말.
[同類] 알고 보니 수원 나그네.
[出典] 水原旅《松南》

일가 못된 것이 항렬만 높다
사람답지 못한 자가 교만하고 까다롭게 군다.

일가 싸움은 개 싸움
① 일가끼리 싸우는 것은 개만도 못한 짓이다. ② 일가끼리 싸움은 싸울 때뿐 원한을 품지 않는다.
[出典] 宗族之鬪 不異狗鬪 《耳談》

일각 여삼추(一刻如三秋)
기다리는 마음이 간절하여 짧은 시간이 삼 년같이 길게 느껴진다.

일각 천금(一刻千金)
잠깐 동안도 귀중하기가 천금과 같다.

일거 양득(一擧兩得)
한 가지 일을 하여 두 가지 이득을 얻는다.

일 다하고 죽은 무덤 없다
사노라면 일은 한이 없다. 곧 사람은 할 일이 많다.

일도 양단(一刀兩斷)
칼로 쳐서 두 동강이를 내듯이 사물을 선뜻 결정하다.

일망 타진(一網打盡)
한꺼번에 모조리 잡다.

일목 요연(一目瞭然)
한 번 보고 환히 알 수 있다.

일문 십지(一聞十知)
한 가지를 들으면 열 가지를 알 만큼 총명하다.

일색(一色) 소박은 있어도 박색(薄色) 소박은 없다
아름다운 여자는 살림살이보다 제 치장에 마음을 써서 행실이 경박하여 박색보다 소박당하는 일이 더 많다.

[同類] 일색 소박(一色疎薄)

[出典] 一色有疎薄 薄色無疎薄《松南》

일석 이조(一石二鳥)
한 가지 일을 하여 두 가지 이익을 본다.

일 안하는 가장(家長)
① 제 구실을 못하는 가치 없고 쓸데없는 존재. ② 도무지 상상할 수 없는 짓을 할 때 하는 말.

일에는 배돌이, 먹을 땐 감돌이
일을 해야 할 때는 꾀를 부리다가 먹을 것이 있는 데서는 알찐거린다.

일월은 크고 이월은 작다
한 번 잘 되면 한 번 못 된다.

일은 송곳으로 매운 재 긁어내듯 하고 먹기는 도지소 먹듯 한다
일은 하지 않고 먹기만 하는 사람을 비웃는 말.

일일지장(一日之長)
하루 먼저 세상에 태어났다. 곧 나이가 위다.

일일 천추(一日千秋)
하루가 천년 같다. 기다리기가 지루하다.

일촌광음불가경(一寸光陰不可輕)
짧은 시간이라도 헛되게 보내지 말라.

일패 도지(一敗塗地)
여지없이 패하여 다시 일어날 수 없게 되다.

일확 천금(一攫千金)
단번에 많은 재물을 모으다.

잃은 도끼나 얻은 도끼나 매일반
잃은 물건이 새로 얻은 물건이나 별 차이가 없어 이해 득실이 없다.

[出典] 失斧得斧同《東言》

잃은 도끼는 쇠나 좋거니
재취가 전처만 못함을 한탄하는 말.

임기 응변(臨機應變)
그때 그때 그 시기에 임하여 일을 적당히 처리함.

임도 보고 뽕도 딴다
한꺼번에 두 가지 일을 한다.

[同類] 일거 양득(一擧兩得).
일석 이조(一石二鳥).

입맛 나자 노수 떨어진다
① 한창 재미나는 판에 돈이 떨어져 안타깝다. ② 일이 공교롭게도 빗나간다.

입술에 침이나 바르지
거짓말을 천연스럽게 하는 것을 핀잔 주는 말.

입에 맞는 떡
자기 마음에 꼭 들어맞는 물건이나 일.
[同類] 안성맞춤
[出典] 適口餠易手《東言》

입에서 젖내 난다
겉모습은 나이가 들어 보이나 말이나 행동이 유치하다.

입에 쓴 약이 병에는 좋다
충고나 교훈은 듣기 싫지만 행동하는 데 도움을 준다.
[同類] 양약 고구(良藥苦口)

입에 혀 같다
시키는 대로 잘 순종한다.

입은 거지는 얻어먹어도 벗은 거지는 못 얻어먹는다
옷 차림새가 남루하면 남에게 대접을 받지 못한다.

입은 비뚤어도 말은 바로 해라
바른 말을 하라.

입이 걸기가 사복 개천 같다
말을 가리지 않고 함부로 지껄인다.

입이 광주리만해도 말은 못하리라
잘못이 이미 명백히 드러났으므로 변명할 여지가 없다.

입이 밥 빌러 오지 밥이 입 빌러 올까
빌려 갈 사람이 가지러 오지 않고 갖다 주기를 바랄 때 하는 말.

입이 여럿이면 금(金)도 녹인다
① 여론의 힘이 무섭다. ② 여러 사람이 힘을 합하면 안 될 일이 없다.

입이 열둘이라도 말 못한다
변명할 여지가 없다.

입이 열이라도 할 말이 없다
변명할 여지가 없다.

입찬 말은 무덤 앞에 가서 해라
말과 행동은 일치하기가 힘들므로 장담하지 말라.
[同類] 입찬 소리는 무덤 앞에 가 하여라.
[出典] 到墓前言方盡《旬五》

입찬 소리는 무덤 앞에서 해라
호언 장담해서는 안 된다.

입추의 여지가 없다
많은 사람들이 꽉 들어차서 발 들여놓을 틈도 없다.

잉어가 뛰니까 망둥이도 뛴다
제 분수를 돌아보지 않고 남의 행동을 모방한다.

ㅈ

자가사리 끓듯 한다
잔 것들이 모여 분주히 떠돌아 다닌다. (자가사리→몸 길이가 한 뼘 밖에 안 되는 동자개과의 물고기)

자가사리 용 건드린다
제 힘은 생각하지 않고 저보다 큰 놈을 건드린다.
[同類] 금두(金頭) 물고기가 용에게 덤벼 든다.

자는 범 코침 주기
가만 두면 무사할 것을 공연히 건드려서 일을 저질러 화를 부른다.
[同類] 자는 벌집 건드렸다.
[出典] 宿虎衝本 《旬五》, 虎之方腫 莫觸其鼻 《耳談》, 宿虎衝鼻 《松南》, 《東言》

자는 호랑이 불침 놓기
크게 재앙을 당하거나 혼이 날 줄도 모르고 공연히 건드린다.

자다가 봉창 두드린다
얼토당토 않은 소리를 한다.
[同類] 새벽 봉창 두들긴다.

자던 아이 깨겠다
쓸데없는 말을 하여 공연히 시끄럽게 하지 말라.

자던 중도 떡 다섯 개
일 안하고 이득을 본다.

자라 보고 놀란 가슴 소댕 보고 놀란다
무엇에 몹시 놀란 사람은 비슷한 것만 보고도 겁을 낸다.
[同類] 자라 보고 놀란 놈이 솥뚜껑 보고 놀란다. 국에 덴 것이 냉수를 불고 먹는다. 국에 덴 놈 물 보고도 분다. 몹시 데면 회(膾)도 불어 먹는다.
[出典] 嚇于鱉者 尙驚鼎盖 《耳拾》

자랑 끝에 불붙는다
너무 자랑하면 그 뒤에 무슨 말썽거리가 생긴다.
[同類] 흥진 비래(興盡悲來)

자랑 끝에 쉬 슨다
너무 자만하여 꺼들먹거리면, 일을 그르치게 되거나 낭패보는 일이 생긴다.

자루 베는 칼 없다
자기 일을 자기 스스로가 처리할 수 없을 때 이르는 말.
[同類] 도끼가 제 자루 못 찍는다.

자발없는 귀신은 무랍도 못 얻어먹는다
너무 경솔하면 이득이 없다.

자 볼기 맞겠다
잘못을 하여 아내에게 자로 볼기를 맞겠다.

자빠져도 코가 깨진다
일이 안 되려면 뜻밖의 불행을 당한다.

자빠진 놈 꼭뒤 차기
궁지에 빠진 사람을 도와 주지는 않고 더 한층 괴롭힌다.

[同類] 엎진 놈 꼭뒤 차기

자식 겉 낳지 속은 못 낳는다
제가 낳은 자식이지만 마음 속까지는 어떻게 할 수 없다.

[同類] 부모가 자식을 겉 낳았지 속 낳았나?

자식 기르는 것 배우고 시집 가는 계집 없다
배우지 않았어도 무슨 일이나 부닥쳐서 해나가면 된다.

자식 길러 봐야 부모 은공 안다
부모가 되어 봐야 비로소 부모의 은공을 헤아릴 수 있다.

[出典] 사람의 자식 되어 부모 은혜 모를 소냐? 자식을 길러 보면 그제야 깨달으리 《農家》

자식도 많으면 천하다
무엇이고 많거나 흔하면 소홀히 대하게 된다.

자식도 품 안에 들 때 내 자식이지
자식이 크면 마음대로 안된다.

[同類] 품 안에 있어야 내 자식이지.

자식 둔 골은 범도 돌아본다
사나운 짐승도 제 자식을 돌보니 사람이야 더 말할 나위가 없다.

[同類] 자식 둔 골에는 호랑이도 두남을 둔다.

[出典] 養雛之谷 虎亦顧 《松南》

자식 떼고 돌아서는 어미는 발자국마다 피가 괸다
어미가 자식을 떼어 놓는 일이란 더할 수 없는 고통이다.

자식은 내 자식이 커 보이고 벼는 남의 벼가 커 보인다
자식은 제 자식이 좋게 보이지만 재물은 남의 것이 더 좋게 보여 탐난다.

[同類] 부모는 자식이 한 자만 하면 두 자로 보이고, 두 자만하면 석 자로 보인다. 곡식은 남의 곡식이 좋다. 제 논의 모가 큰 것은 모른다.

자식을 보기에 아비만한 눈이 없고, 제자를 보기에 스승만한 눈이 없다
자식은 그 부모가, 제자는 그 스승이 가장 잘 알고 있다.

자식 죽는 건 봐도 곡식 타는 건 못 본다
농부가 농사일에 쏟는 정성은 자식에 대한 것보다 크다.

자식 추기 반 미친놈, 계집 추기 온 미친놈
사람은 흔히 제 자식, 제 아내 자랑을 하기 쉬워 이를 경계하는 말.

자업 자득(自業自得)
제가 저지른 일의 과보를 제가 받는다.

자에도 모자랄 적이 있고, 치에도 넉넉할 적이 있다
① 경우에 따라 많아도 부족할 때가 있고, 적어도 남을 때가 있다. ② 일에 따라서 잘난 사람도 못하는 수가 있고, 모자라는 사람도 잘하는 수가 있다.

작게 먹고 가는 똥 누지
이득을 너무 탐내지 말고 제게 알맞게 천천히 취하는 것이 낫다.
[同類] 몽글게 먹고 가늘게 싼다.
[出典] 小小食 放細尿 《旬五》, 些些之食 可放纖矢 《耳談》

작년에 괸 눈물, 금년에 떨어진다
일의 성과가 오래 있다 나타난다.
[同類] 단술 먹은 보름만에 취한다.

작사 도방에 삼년 불성
의견이 많아서 얼른 결정하지 못한다.

작심 삼일(作心三日)
결심이 사흘을 가지 못한다. 결심이 굳지 못하다.

작아도 고추알
몸집은 작아도 일을 썩 잘하는 사람을 이르는 말.

작아도 후추알이다
몸집은 작아도 기가 당차다.
[出典] 雖小唯椒 《耳談》

작은 고추가 더 맵다
작은 이가 큰 이보다 더 단단하고 재주가 있다.

작은 도끼도 연달아 치면 큰 나무를 눕힌다
작은 힘도 꾸준히 들여 하면 큰 일을 성취할 수 있다.

작작 먹고 가는 똥 누지
크게 욕심을 부리지 말고 분수를 지키며 사는 것이 편하고 좋다.

잔고기 가시 세다
몸은 작아도 속은 올차다.

잔디밭에서 바늘 찾기
찾아내기 매우 어렵다.

잔바늘 쑤시듯 한다
무엇이나 착살맞게 들쑤시기를 잘한다.

잔병에 효자 없다
잔병이 잦아서 늘 앓고만 있으면 효자라도 서운하게 해 드릴 때가 있다.

잔솔밭에서 바늘 찾기
애써 해봐야 헛일이다.

잔 잡은 팔 밖으로 펴지 못한다
가까운 사람에게 정이 더 쏠린다.
[出典] 把盃之臂 不外曲 《旬五》, 把盃腕 不外卷 《洌上》, 執盞之臂 出曲乎 《東言》

잔 잡은 팔이 안으로 굽는다
자기에게 조금이라도 더 친분이 두터운 사람에게 정이 더 쏠리게 마련이다.

잔칫날 잘 먹으려고 사흘 굶을까
훗날을 믿고 막연히 기다릴 수는 없다.
[同類] 나중 꿀 한 식기 먹으려고 당장에 엿 한 가락 안 먹을까? 생일날 잘 먹으려고 이레 전부터 굶을까?

잔칫집에는 같이 가지 못하겠다
때를 가리지 않고 남의 결점을 들추어 말하는 사람을 책망하여 이르는 말.

잘난 사람이 있어야 못난 사람도 있다
선악 또는 장점·단점 같은 것은 상대가 있어야 뚜렷하게 나타난다.

잘되는 집은 가지나무에 수박이 열린다
제대로 잘 되어 가는 집에서는 뜻하지 않은 일까지도 모두 잘된다.

잘되면 제 탓, 못되면 조상 탓
일이 잘되면 제가 잘해서 된 것으로 여기고, 안되면 남을 원망한다.
[同類] 잘되면 제 덕, 못되면 남의 탓. 아니 되면 조상탓. 안되면 산소 탓.

잘되면 충신이요, 못되면 역적이라
일이 성공하면 칭송(稱頌)을 받고, 실패하면 멸시당하는 것이 세상 일이다.
[同類] 승(勝)하면 충신이요, 패(敗)하면 역적이라. 성즉군왕(成則君王)이요, 패즉 역적(敗則逆賊)이라.

잘 먹고 잘 입어 못난 놈 없다
잘살아 호의 호식(好衣好食)하면 잘나 보이므로 남에게 괄시를 받지 않는다.
[同類] 못 입어 잘난 놈 없고, 잘 먹어 못난 놈 없다.

잘살아도 내 팔자요, 못살아도 내 팔자
잘살고 못사는 것이 모두 자기의 타고난 운명이다.

잘 자랄 나무는 떡잎부터 알아본다
잘될 사람은 어려서부터 남달리 장래성이 있어 보인다.

잠결에 남의 다리 긁는다
남의 일을 제 일로 잘못 알고 수고한다.
[同類] 남의 다리 긁는다. 남의 말에 안장 지인다. 남의 발에 감발한다.
[出典] 睡餘爬錯 正領之脚《耳談》

잠꾸러기 집 잠꾸러기만 모인다
게으른 사람은 게으른 사람끼리 한 패가 되어 어울린다.
[同類] 조는 집은 대문턱부터 존다. 조는 집에 자는 며느리 들어온다.
[出典] 善睡家 善眠者聚《旬五》

잠방이에 대님 치듯
군색한 일을 당해 몹시 켕기는 모양.

잠을 자야 꿈을 꾸지
어떤 결과를 얻으려면 그에 상당하는 순서를 밟아야 한다.

잠자리 부접대듯
일을 함에 있어 오래 견디어 내지 못할 때 하는 말.

잠자코 있는 것이 무식을 면한다
아무 말도 하지 않고 가만히 있으면 자기의 무식이 드러나지 않는다.

장가 들러 가는 놈이 불알 떼어 놓고 간다
가장 요긴한 것을 잊고 갈 때 하는 말.

장구 깨진 무당 같다
맥이 풀려 아무 흥미 없이 있는 사람을 이르는 말.

장구를 쳐야 춤을 추지
거들어 주는 사람이 있어야 일을 할 수 있다.

장구 치는 놈(사람) 따로 있고, 고개 까딱이는 놈 따로 있나
저 혼자서 할 수있는 일을 남과 나누어 하자고 할 때 핀잔 주는 말.

장군은 하나인데 풍각장이는 열둘이라
여러 사람이 모여들어 저마다 적당한 구실을 붙여 어느 한 사람에게서 돈이나 물건을 받아갈 때 이르는 말.

장나무에 낫 걸기
큰 세력에 대하여 턱없이 대항하여 헛수고만 한다.

장님이 문 바로 들었다
어쩌다 일을 이루었다.
[同類] 맹자 정문(盲者正門)

장님이 장님을 인도(引導)한다
제 일도 옳게 못하는 자가 남의 일까지 하려 한다.

장님 잠 자나마나
무엇을 했는지 표가 나지 않아 일을 하고 안 한 걸 모른다.

장님 코끼리 말하듯(만지듯)
장님들이 코끼리를 더듬어 보고 그 형상을 말한다. 곧 물건의 일부만 보고 그것이 전체인 것처럼 여긴다.

장님 파 밭 들어가듯
무엇인지도 모르고 한 일이, 되어 가는 가장 중요한 기틀을 그르쳐, 일을 망쳤음을 비유하는 말.

장(醬) 단 집에는 가도, 말 단 집에는 가지 마라
감언(甘言)만 늘어놓는 사람은 조심하라.

장대로 하늘 재기
가능성이 없는 일.

장독보다 장맛이 좋다
겉모양은 보잘것없으나 속 내용은 좋다.

장마다 망둥이 날까
호기(好機)란 제가 원한다고 언제나 있는 것이 아니다.

장마 도깨비 여울 건너가는 소리를 한다
분명치 않게 중얼중얼 누구를 원망한다.

장모는 사위가 곰보라도 예뻐하고 시아버지는 며느리가 뻐드렁니에 애꾸라도 예뻐한다
장모는 사위를 사랑하고 시아버지는 며느리를 사랑한다.

장부(丈夫)가 칼을 빼었다가 도로 꽂나
큰 일을 하려고 결심한 사람이 사소한 방해가 있다고 해서 그만둘 수는 없다.

장부일언(丈夫一言)이 중천금(重千金)
사내 대장부가 한 말은 천금의 무게가 있다. 곧 약속을 이행하지 않을 때 나무라는 말.
[同類] 장부일언이 천년불개(千年不改).

장비(張飛)는 만나면 싸움
서로 만나기만 하면 시비를 걸고 싸우려 대드는 사람을 이르는 말. ↔장비하고 쌈 안 하면 고만이지.

장비야 내 배 다칠라
젠체하여 거드름을 피우는 사람을 비꼬아 이르는 말.

장비 호통이라
큰 소리로 몹시 야단친다.

장사 나면 용이 나고, 문장 나면 명필 난다
훌륭한 사람이 나면 그 사람에게 필요한 것이 마련되거나 적절한 상대가 생긴다.

장사 나자 용마(龍馬) 난다
운 좋은 사람이 때를 만나 일이 제대로 잘 들어맞는다.
[出典] 將軍出 龍馬出《東言》

장사 지내러 가는 놈이 시체 두고 간다
아둔하여 가장 긴요한 것을 잃어버렸을 때 쓰는 말.

장삼 이사(張三李四)
성명이나 신분이 뚜렷하지 못한 평범한 사람들.

장(醬) 없는 놈이 국 즐긴다
실속 없는 놈이 분에 넘치는 사치를 좋아한다.
[同類] 없는 놈이 자 두 치 떡 즐겨 한다.
[出典] 無醬嗜羹《旬五》,《松南》

장작불과 계집은 쑤석거리면 탈난다
장작불은 자꾸 들쑤시면 잘 타지 않지만, 계집은 쑤석거리고 바람을 넣으면 탈이 난다.

장중지주(掌中之珠)
가장 소중한 것(자식).

장판방에서 자빠진다
안전한 곳에서 넘어져 다친다.
잦힌 밥에 흙 퍼붓기
매우 심술궂은 짓을 한다.
잦힌 밥이 멀랴, 말 탄 서방이 멀랴
머지 않아 다 이루어질 일을 애타게 기다릴 것 없다.
재강아지 눈 감은 듯하다
무슨 일이 요행히 발각되지 아니 하고 감쪽같이 지나가 버린다.
재는 넘을수록 높고, 내는 건널수록 깊다
일이 갈수록 더 어려워진다.
[同類] 가도록 심산(深山)이라. 산 넘어 산이라.
재 들은 중
평소에 바라던 일을 하게 되어 신이 나서 날뜀을 비웃는 말.
재떨이와 부잣 모일수록 더럽다
재물이 많으면 많을수록 욕심을 더 내어 미욱씨기 더러워진다.
재미나는 골에 범 난다
재미 붙여 못된 짓을 계속하면 나중에는 재미롭지 못한 일이 생긴다.
[同類] 꼬리가 길면 밟힌다. 고삐가 길면 밟힌다.
재산을 잃고 쌀알을 줍는다
큰 재산 없애고 근근히 산다.
재수 없는 포수는 곰을 잡아도 웅담이 없다
운수가 나쁜 사람은 무슨 일을 해도 잘 안 된다.
[同類] 복 없는 봉사 괘문(卦文)을 배워 놓으면 감기 앓는 놈도 없다. 아니 되는 놈은 두부에도 뼈라. 하품에 폐기.
재주는 곰이 넘고 돈은 되놈이 번다
애써 일한 사람은 따로 있고, 그 일에서 나오는 이득은 다른 사람이 본다.
재주는 홍 길동이다
신출 귀몰(神出鬼沒)하는 재주를 가졌다.
재주를 다 배우니 눈이 어둡다
① 복이 없다. ② 오랫동안 공부한 결과가 헛일이 되었다.
[出典] 技成眼昏《旬五》,《松南》, 技纔成 眼有眚《洌上》
재하자(在下者)는 유구 무언(有口無言)
아랫사람은 어른에게 대들지 못한다.
잰 놈, 뜬 놈만 못하다
일은 거칠게 빨리 하는 사람보다 천천히 꼼꼼하게 하는 사람이 더 잘하는 것이다.
잰 말 성내 가면, 뜬 말도 도그내 간다
능력이 부족한 사람이라도 부지런히 하면 능력 있는 사람을 어느 정도는 따라갈 수 있다. (성내→濟州. 도그내→제주도의 지명으로 내도리와 외도리)

쟁기질 못하는 놈이 소 탓한다
할 줄 모르는 저를 탓하지 않고 기구를 탓한다.

쟁반이 광우리같이 길고 깊다고 우긴다
사실이 뚜렷한 데도 아니라고 억지를 부린다.

쟁북이 맞아야 한다
어떤 일이 제대로 이루어지려면 의견이 서로 맞거나 모든 조건이 갖추어져야 한다.

저 건너 빈 터에서 잘 살던 자랑하면 무슨 소용 있나
아무도 모르는 일은 자랑해도 저에게 도움이 안 된다.

저 걷던 놈도 날만 보면 타고 가자 한다
사람이 궁하면 하찮은 사람까지도 업신여기고 깔본다.

저녁 굶은 시어미 상
잔뜩 찌푸린 얼굴.

저녁 먹을 것은 없어도 도둑맞을 것은 있다
아무리 가난해도 도둑맞을 물건은 있다.

저는 잘난 백정으로 알고 남은 헌 정승으로 안다
거만을 피우며 저보다 나은 이를 업신여긴다.

저런 걸 낳지 말고 호박이나 낳았더라면 국이나 끓여 먹지
사람의 됨됨이가 용렬하고 미련하여 하는 짓이 못마땅할 때 욕으로 하는 말.

저렇게 급하면 할미 속으로 왜 아니 나와
매우 성미가 급한 사람을 이르는 말.

저 먹자니 싫고 남을 주자니 아깝다
저 싫은 것도 남 안 주는 욕심 많은 이를 비웃는 말.
[同類] 나그네 먹던 김칫국 먹자니 더럽고 남을 주자니 아깝다. 쉰 밥 고양이 주자니 아깝다.

저모립 쓰고 물구나무를 서도 제 멋이다
제가 좋아서 한 일을 남이 탓하겠는가.

저승 길과 변소 길은 대신 못 간다
죽음과 용변(用便)은 남이 대신해 줄 수 없다.

저승 길이 대문 밖이다
죽음이란 먼 것 같으나 실은 바로 가까이 있어 인생이란 허무하다.

저 잘난 맛에 산다
사람은 누구나 자기가 남보다 잘났다는 자존심을 가지고 살아간다.
[同類] 사람은 누구나 저 잘난 맛에 산다.

저 중 잘 달아난다 하니까 고깔 벗어 들고 달아난다
거짓 칭찬하는 바람에 신이 나서 힘들여 헛수고를 한다.

저 중 잘 뛴다니까 장삼(長衫) 벗어 걸머지고 뛴다
  거짓 칭찬에 신이 나서 헛수고를 한다.

저 팽이가 돌면 이 팽이도 돈다
  물가는 저쪽 시세(時勢)가 변하면 이쪽 시세도 변한다.

적게 먹으면 약주(藥酒)요 많이 먹으면 망주(妄酒)다
  술은 알맞게 먹어야 한다.

적도 모르고 가지 딴다
  아무 것도 모르고 가장 어려운 일을 하려고 한다.

적반하장(賊反荷杖)
  잘못한 사람이 도리어 잘한 사람을 꾸짖을 때 쓰는 말.

적삼 벗고 은가락지 낀다
  격에 맞지 않는 일을 한다.

적적할 때는 내 볼기짝 친다
  무료할 때에는 쓸데없는 일이라도 하게 된다.

전루(傳漏) 북에 춤춘다
  시간을 알리는 전루 북 소리에 춤을 춘다. 곧 어리석은 자가 영문도 모르고 기뻐하는 우스꽝스러운 행동을 한다.
  [同類] 전송(傳誦) 북에 춤춘다.
  [出典] 傳漏之鼓 尙或蹲舞 《耳拾》

전전 긍긍(戰戰兢兢)
  매우 두려워 조심함.

절 모르고 시주(施主)하기
  비용만 들이고 보람없는 일을 한다.

절에 가면 중 노릇 하고 싶다
  일정한 주견(主見)이 없이 덮어놓고 따라 하려고 한다.

절에 가면 중 되고 싶고 마을에 가면 속인이 되고 싶다
  ① 주견 없이 남의 일을 따르려 한다. ② 남의 일을 보면 그것이 좋아 보인다.

절에 가면 중인 체, 촌에 가면 속인인 체
  ① 주위 환경에 따라 맞도록 행동한다. ② 줏대나 지조가 없이 태도를 바꾼다.

절에 가 젓국을 찾는다
  없는 데 가서 없는 물건을 구한다.
  [同類] 과부집에 가서 바깥 양반 찾는다. 물방앗간에서 고추장 찾는다. 중의 나라에 가서 상투 찾는다.

절에 간 색시
  남이 하라는 대로 따라 하는 사람을 이르는 말.
  [同類] 절에 간 색시 중이 하라는 대로 한다.

절이 망하려니까 새우젓 장수가 들어온다
  일이 안 되려니까 뜻밖에 괴상한 일이 생긴다.

절차 탁마(切磋琢磨)
  옥·돌 따위를 갈고 깎듯이 학문·덕행을 닦는다.

젊어 잘 뛰던 말이 늙어지면 갈으랴 못하랴

젊었을 때 하던 장단(솜씨)은 늙었어도 그 때와 같거나 별로 못하지 않다.

젊은 과부 한숨 쉬듯
수심이 가득하다.

젊은이 망령은 홍두깨로 고치고 늙은이 망령은 곰국으로 고친다
젊은이가 망령을 부리면 때려서 정신을 차리게 하고, 늙은이는 몸을 보해야 한다.

점잖은 개 부뚜막에 먼저 오른다
겉으로 점잖은 체하는 사람이 엉뚱한 짓은 먼저 한다.
[同類] 점잖은 개가 부뚜막에 오른다.

접시 밥도 담을 탓
그릇은 아무리 작아도 담기에 따라서는 많게도 적게도 담을 수 있다.
[同類] 접시굽에도 담을 탓.
[出典] 豆中之飯 置在盛限《耳拾》

젓가락으로 김치국 집어먹을 놈
어리석고 어처구니없는 짓을 하는 사람을 이르는 말.

젓갈 가게에 중이라
저와는 아무 관계 없는 것을 쓸데없이 보고 있다.
[出典] 鹽廛僧《東言》, 醯醯之市 嗟爾佛子《耳談》

정 각각, 흉 각각
가까운 사이라도 정은 정대로 느껴지면서, 그가 가진 결점은 결점대로 눈에 띈다.
[同類] 흉 각각, 정 각각

정강이가 맏아들보다 낫다
제 발로 다니면서 좋은 구경도 하고, 맛있는 음식도 먹을 수 있는 것이 효성스런 자식에게 대접 받는 것보다 낫다.
[同類] 다리뼈가 맏아들이라.
발이 의붓자식보다 낫다. 발이 효도 자식보다 낫다. 이가 자식보다 낫다.

정들었다고 정말 마라
친한 사이라도 진정을 말하면 나중에 무슨 좋지 않은 일이 일어날지 모르니 조심하라.

정성이 있으면 한식(寒食)에도 세배 간다
마음에만 있으면 언제라도 제 성의는 표시할 수 있다.

정수리에 부은 물이 발뒤꿈치까지 흐른다
윗사람이 하는 일은 좋건 나쁘건 다 아랫 사람이 본받는다.

정승 날 때 강아지 난다
귀한 사람이 나면 천한 사람도 태어나듯 존비 귀천(尊卑貴賤)이 별다른 차이가 없다.

정신일도 하사불성(精神一到何事不成)
정신을 집중하여 노력하면 무슨 일에든 성공한다.

정에서 노염이 난다
정다운 사람일수록 언행을 삼가라.

정이월에 대독 터진다
음력 정월이나 이월 달에는 추

운 날씨가 다 간 듯하지만 이따금 큰 추위가 있다.

정중지와(井中之蛙)

우물안 개구리처럼 견문이 좁아 세상의 사정을 모른다.

정직한 사람의 자식은 굶어 죽지 않는다

정직한 사람은 비록 가난하더라도 언젠가는 복을 받는다.

젖 먹던 힘이 든다

일이 몹시 힘이 든다.

제가 기른 개에게 발뒤꿈치 물린다

자기가 은혜를 베푼 자에게 도리어 해를 당하게 된다.

제가 춤추고 싶어서 동서(同婿)를 권한다

남에게 권하는 뜻은 제가 하고 싶어서 하는 행위다.

[同類] 동서 춤추게.

제 것 주고 뺨 맞는다

남에게 잘해 주고 도리어 해를 당했을 때 하는 말.

[同類] 내 것 잃고 내 함박 깨뜨린다.

제게서 나온 말이 다시 제게 돌아간다

말이란 한없이 도는 것이므로 말조심하라.

제 꾀에 넘어간다

남을 속이려다가 제가 속는다.

제 낯에 침 뱉기

자기가 한 일이 결국 자신을 모독하는 결과가 된다.

제 논에 물 대기

제게만 유리하도록 일을 한다.

[同類] 아전 인수(我田引水).

제 논의 모가 큰 것은 모른다

남의 물건이 항상 제 것보다 크게 보인다.

제 눈이 안경이다

보잘것없는 것도 마음에 들면 좋아 보인다.

제 돈 칠 푼만 알고 남의 돈 열 네 잎은 모른다

제 물건만 소중히 알고 남의 것은 대수롭지 않게 여기는 사람을 이르는 말.

제때의 한 수는 때 늦은 백 수보다 낫다

일이 크게 벌어지기 전에 미리 처리하면 나중에 큰 손해를 보지 않는다.

제 똥 구린 줄 모른다

제 잘못은 제가 모른다.

제를 제라니 샌님보고 벗하잔다

못된 자가 저를 조금 높여 주니까 우쭐하여 기어오른다.

제 밑 들어 남 보이기

제 흠을 드러낸다.

제 발등에 오줌 누기

자기가 자기를 해친다.

[同類] 내 얼굴에 침 뱉기. 제 낯에 침 뱉기. 제 손으로 제 뺨을 친다. 제 얼굴 가죽 제가 벗긴다.

제 발등의 불 먼저 끄고 아비 발등의 불을 끈다

급한 일을 당하면 제 몸을 먼저 생각한다.

[同類] 제 발등엣 불 끄지 않은 놈이 남의 발등엣 불 끄랴.

제 배가 부르면 종 배고픈 줄 모른다

좋은 처지에 있는 사람은 남의 딱한 사정을 모른다.

제 버릇 개 줄까

타고 난 결점은 여간해서 고치기 어렵다.

제 부모 나쁘다고 내버리고 남의 부모 좋다고 내 부모라 할까

좋건 나쁘건 인륜(人倫)은 어쩔 수 없다.

제 부모를 위하려면 남의 부모를 위해야 한다

자기 부모를 잘 섬기려면 남의 부모에게도 극진해야 한다.

제비가 새끼를 많이 낳는 해는 풍년 든다

새들은 일기를 미리 알아 그 해에 새끼를 많이 치면 풍년이 든다고 전해 오는 말.

제비는 작아도 강남(江南) 간다

몸집이 작은 미물이라도 큰 능력을 지니고 제 할 일을 한다.

[同類] 제비는 작아도 알만 낳는다.

제 빚은 제가 갚는다

제가 저지른 잘못은 언제든지 제가 갚게 된다.

제사 덕에 이밥이라

다른 일 덕택에 제가 이득을 볼 때 하는 말.

[同類] 제 덕에 이밥이라.

[出典] 祭德 食米飯《東言》

제석(帝釋)의 아저씨도 벌지 않으면 아니 된다

누구든지 힘써 벌어야 한다. (제석→무당이 섬기는 신)

제수(祭需) 흥정에 삼색 실과(三色實果)

제사상 차릴 물건은 밥·대추·감 등 정해져 있듯이, 반드시 정해진 것이 아니면 안 된다.

제 앞에 안 떨어지는 불은 뜨거운 줄 모른다

직접 위급한 일을 당해 보기 전에는 그 사정을 모른다.

제 언치 뜯는 말이라

제 동족을 해치는 것은 결국 저를 해치는 일이 된다는 것을 깨닫지 못한다. (언치→말 안장 밑에 입히는 모포)

[同類] 갖에서 좀 난다. 자피생충(自皮生蟲)

[出典] 嚙韉之馬《旬五》

제 얼굴 못나서 거울 깬다

제 잘못 모르고 남만 탓한다.

[同類] 제 얼굴 더러운 줄 모르고 거울만 나무란다.

제 얼굴엔 분 바르고, 남의 얼굴엔 똥 바른다

잘된 일은 제가 다 한 것처럼 제 낯을 세우고, 못된 일은 다 남의 탓으로 돌린다.

제 절 부처는 제가 위하랬다고
제 것은 제가 아껴야 한다.

제 칼도 남의 칼집에 들면 찾기 어렵다
비록 자기 물건이라도 남의 손에 들어가면 제 마음대로 할 수 없다.
[出典] 吾刀入他鞘 難拔《旬五》

제 털 뽑아 제 구멍에 박기
성미가 너무 고지식하여 융통성이 없다.

제 팔자 개 못 준다
타고난 운명은 인위적으로 변경시킬 수 없다.

제행 무상(諸行無常)
우주 만물은 항상 변하여 한 모양으로 머물러 있지 않는다.

제 흉 열 가진 놈이 남의 흉 한 가지 본다
제 결점 많은 것은 모르면서 남의 적은 결점을 도리어 흉본다.

조강지처(糟糠之妻)
고생을 함께 해 온 아내.

조개 껍질은 녹슬지 않는다
천성이 착한 사람은 나쁜 일에 물들지 않는다.

조그만 실뱀이 온 바닷물을 흐린다
못된 사람이 전체를 망친다.

조는 집에 자는 며느리 온다
① 게으른 집안에는 게으른 사람만 모인다. ② 같은 것끼리는 한 패가 되어 어울린다.

조령 모개(朝令暮改)
법령을 자꾸 고쳐서 갈피 잡기 어려움을 이르는 말.

조리에 옻칠한다
소용 없는 곳에 재물을 쓴다.

조밥에도 큰 덩이 작은 덩이가 있다
무엇이나 크고 작은 게 있다.
[出典] 粟飯有母塊子塊《東言》

조삼 모사(朝三暮四)
간사한 꾀로 남을 속여 희롱함을 이르는 말.

조상 덕에 이밥을 먹는다
어떤 기회에 좋은 잇속이 생겨 재미를 보게 된다.

조상보다는 팥죽에 마음이 있다
자기가 마땅히 하여야 할 일에는 정성을 들이지 않고 딴 것에 마음을 둔다.

조상육 불외도(俎上肉不畏刀)
죽음을 이미 각오한 처지에 새삼 무엇이 무섭겠는가.

조상지어(俎上之魚)
요리하기 직전의 고기, 곧 상대편이 생사를 쥐고 있어 어찌할 수가 없이 된 막다른 운명의 비유.

조약돌을 피하니까 수마석(水磨石)을 만난다
어려운 일을 겪고 나니 더 어려운 일이 닥친다. (수마석→물에 씻어 닳아진 돌)
[出典] 避片石 遇水磨石《東言》

족제비는 꼬리 보고 잡는다

무엇이나 가장 긴요한 것을 노리고 일을 한다.

족제비도 낯짝이 있고, 미꾸라지도 백통이 있고, 빈대도 콧등이 있다

① 체면이나 염치를 모르는 사람을 탓하는 말. ② 처지는 다르지만 이목구비를 갖추었으니 그만한 일쯤은 안다.

[同類] 빈대도 콧등이 있다.

족제비도 낯짝이 있다

염치없는 사람을 탓하는 말.

족제비 잡으니까 꼬리를 달란다

애써 일을 이루어 놓으니까 그 중 중요한 것을 달라고 염치없는 요구를 한다.

존대하고 뺨 맞지 않는다

공손하면 해가 되는 일을 당하지 않는다.

좁쌀만큼 아끼다가 담돌만큼 해 본다

조그만 것을 아끼다가 마침내 큰 손해를 입는다.

좁쌀에 뒤웅 판다

① 되지도 않는 일을 한다. ② 미주알 고주알 캐물으며 심한 잔소리를 한다.

[同類] 담배씨로 뒤웅박 판다.

좁쌀 영감

좀스러운 늙은이.

좁쌀 한 섬을 두고 흉년 들기를 기다린다

변변치 못한 것으로 허욕을 채우고 허세를 부리려 한다.

좁은 입으로 말하고 넓은 치맛자락으로 못 막는다

말은 입 밖에 나가면 널리 퍼져 막기 어렵다.

종가(宗家)가 망해도 향로(香爐) 향합(香盒)은 남는다

① 집안이 망해도 그 집의 가통(家統)을 이을 소산(所産)은 남는다. ② 집안이 망해서 모든 것이 다 없어진다 해도 얼마쯤은 남는 물건이 있다.

[同類] 논밭은 다 팔아도 향로 촛대는 지닌다. 부자가 망해도 삼 년 간다. 종가가 망해도 신주보(神主褓)와 향로(香爐) 향합(香盒)은 남는다.

종가 며느리 틀이 있다

사람이 보기에 인복과 덕성이 있어 보일 때 이르는 말.

종기가 커야 고름이 많다

물건이 커야 속에 든 게 크다.

종로에서 뺨맞고 한강에 가서 눈 흘긴다

그 자리에서는 아무 말도 못하고 딴 데 가서 화풀이한다.

[同類] 종로에서 뺨맞고 행랑 뒤에서 눈 흘긴다. 노실색시(怒室色市) 영(營)에서 뺨맞고 집에 와서 계집 친다. 읍에서 매맞고 장거리에서 눈 흘긴다.

[出典] 鐘樓批頰 沙平反目《旬五》, 鐘樓批頰 沙坪反目《松南》, 頰批鐘路 眼睨冰庫《耳談》,

종의 자식을 귀애하니까 생원님 나룻에 꼬꼬마를 단다

비천한 사람을 가까이 하면 건 방진 행동을 하여 오히려 제 체면을 손상당하기가 쉽다. (꼬꼬마→군졸이 쓰는 벙거지 뒤에 드리운 말총으로 만든 털술)

[同類] 종의 자식 귀애하니까 생원님 상투에 꼬꼬마 단다.

[出典] 愛婢雛毷懸髻 《洌上》

종이도 네 귀를 들어야 바르다

작은 일이라도 서로 힘을 합해야 쉽다.

종이 종을 부리면 식칼로 형문을 친다

눌려 지내던 사람이 어쩌다 남을 부리는 자리에 오르면 전날 생각은 않고 더 심하게 군다. (형문→정강이를 형장으로 때리던 형벌)

좋은 노래도 장 들으면 싫다

아무리 좋은 것이라도 똑 같은 것을 되풀이하면 싫증이 난다.

[出典] 歌曲雖豔 恒聽斯厭 《耳談》

좋은 씨를 심으면 좋은 열매가 열린다

좋은 일을 하면 좋은 결과가 반드시 돌아온다.

좋은 약은 입에 쓰다

좋은 약은 입에 쓰되 몸에는 이롭다. 곧 듣기 싫은 말이 제 인격 수양에는 이롭다.

[同類] 양약(良藥)은 고어구(苦於口). 충언(忠言)은 역어이(逆於耳)

[出典] 良藥 苦於口 《孔家》

좋은 일에는 남이요, 궂은 일에는 일가라

좋지 않은 일을 당하게 되면 친척을 찾아다니게 된다.

좋은 일은 제게 보내고, 궂은 일은 남에게 준다

저만 위할 줄 아는 이기적인 행동을 탓하는 말.

[同類] 제 얼굴엔 분 바르고, 남의 얼굴엔 똥 바른다.

좌견 천리(座見千里)

앉아서 천리 밖을 내다봄.

[同類] 입견만리(立見萬里).

좌정 관천(坐井觀天)

우물 속에 앉아서 하늘을 쳐다보고, 하늘이 작은 줄 안다. 곧 견문이 썩 좁음의 비유.

죄는 막둥이가 짓고 벼락은 샌님이 맞는다

죄지은 사람은 놔두고 억울하게 다른 사람이 벌받는다.

죄는 지은 대로 가고 물은 트는 데로 흐른다

나쁜 짓을 한 사람은 반드시 벌을 받게 마련이다.

[同類] 죄는 지은 데로 가고, 덕(德)은 닦은 데로 간다. 죄는 지은 데로 가고, 물은 곬으로 흐른다. 제 죄 남 안 준다. 죄 지은 놈이 서발을 못 간다.

죄는 천도깨비가 짓고 벼락은 고목이 맞는다
다른 사람이 저지른 죄에 억울하게 벌을 받는다.

죄 지은 놈 옆에 있다가 벼락 맞는다
나쁜 일을 한 사람과 함께 있다가 혐의를 받아 죄없이 벌을 받게 된다.
[同類] 악방봉뢰(惡傍逢雷).

주객(酒客)이 청탁(淸濁)을 가리랴
술꾼은 청주(淸酒)·탁주(濁酒)를 가리지 않는다.

주금에 누룩 장사
소견이 없고 사리에 어두워 엉뚱한 짓을 하는 사람.

주러 와도 미운 놈 있고, 받으러 와도 고운 놈 있다
제게 이로운 사람이라도 다 좋아지지 않고, 귀찮은 사람이라도 모두 밉지는 않듯이 애증(愛憎)의 감정이란 이치대로는 가지 않는다.

주리 참듯한다
모진 고통을 억지로 참는다.

주마 가편(走馬加鞭)
달리는 말에도 채찍질을 한다. 곧 잘하는 일을 더욱 잘하게 하려고 부추겨 몰아친다.

주마간산(走馬看山)
말을 타고 달리면서 산을 본다. 곧 겉만 대강 볼 뿐 속속들이 알지 못한다.

주머니 돈이 쌈지 돈이다
한 집안 식구의 돈은 네 것 내 것 가릴 것이 없다.

주머니에 들어간 송곳이라
숨기려 해도 숨겨지지 않고 저절로 드러나게 된다.

주먹으로 물 찧기
일이 썩 쉽다.

주먹은 가깝고 법은 멀다
흥분될 때는 법에 걸리고 안 걸리고는 나중 문제요, 우선 주먹으로 분풀이를 한다.

주인 많은 나그네 밥 굶는다
① 대접할 주인이 많으면 서로 어느 집에서 식사 대접을 했겠지 하고 미루다가 결국 나그네는 굶게 된다는 말. ② 해준다는 사람이 너무 많으면 서로 해주거니 하고 미루다가 결국 일이 안 된다는 뜻.

주인 많은 나그네 조석이 간 데 없다
여러 사람이 관계된 일을 저마다 남이 하려니 하여 결국 일을 그르침을 이르는 말.

주인 모르는 공사 없다
일을 주관하는 사람이 모르는 일은 되지 않는다.
[同類] 가사(家事)는 임장(任長)이라. 매사는 간주인(看主人)이라.
[出典] 主人不知事存乎《東言》

주인 보탤 나그네 없다
손님을 대접하는데 비용이 들

기 때문에 주인에게는 손해다.
出典 補主人客無 《東言》

주인집 장 떨어지자 나그네 국 마단다
일이 공교롭게 제대로 잘 맞아 들어간다.
出典 我敌適涸 賓又辭曨 《耳談》, 主人無漿 客不嗜羹 《松南》, 主乏醬 客厭羹 《東言》

죽기는 정승하기보다 어렵다
함부로 죽어지는 것이 아니다.

죽는 년이 밑 감추랴
위급한 일을 당하면 예의고 염치고 차릴 수 없다.

죽도 밥도 안 된다
되다가 말아서 아무 짝에도 쓸모가 없다.

죽 떠 먹은 자리
손을 댔어도 흔적이 없다.

죽마지우(竹馬之友)
어렸을 때부터의 친한 벗.

죽 먹은 설거지는 딸 시키고 비빔 그릇 설거지는 며느리 시킨다
힘 안 드는 일은 딸을 시키고, 힘든 일은 며느리를 시킨다. 곧 딸은 아끼고 며느리는 부려먹는다.
同類 양식 없는 동자는 며느리 시키고, 나무 없는 동자는 딸 시킨다.

죽 사발이 웃음이요, 밥 사발이 눈물이라
가난하게 살더라도 걱정 없이 사는 편이 낫다.

죽 쑤어 개 바라지한다
애써서 만들어 놓은 일을 남에게 빼앗기거나, 엉뚱한 사람에게 이로움을 준다.

죽 쑤어 개 좋은 일한다
애써서 한 일이 결국 남 좋은 일이 되었다.

죽어도 시집 울타리 밑에서 죽어라
시집을 갔으면 무슨 일이 있더라도 시집에서 살다가 죽어야 한다.

죽어 보아야 저승을 알지
무슨 일이나 겪어 보아야 실상을 알 수 있다.
同類 서울 가야 과거에 급제하지. 임을 봐야 아이 낳지.

죽어 석 잔 술이 살아 한 잔 술만 못하다
죽은 뒤의 큰 정성이 생전의 적은 성의만 못하다.

죽은 나무에 꽃이 핀다
보잘것없던 집안에 영화로운 일이 있을 때 하는 말.

죽은 뒤에 약방문(藥方文)
이미 때가 지나 아무 소용이 없게 되었다.

죽은 석숭(石崇)보다 산 돼지가 낫다
죽으면 권력도 돈도 소용없이 비참해질 뿐이다.

죽은 자식 나이 세기
옛 일을 회상하며 안타까워하지만 아무 소용없는 일이다.

죽은 자식 눈 열어 보기. 죽은 자식의 귀 모양 좋다 하지 마라. 죽은 자식 자지 만져 보기.
[出典] 旣死之子 胡算其齒《耳談》, 亡子計齒《東言》

죽은 정승이 산 개만 못하다
① 한번 죽으면 권력도 금력도 소용없다. ② 아무리 어렵게 살더라도 죽는 것보다는 사는 것이 낫다.

죽은 중에 곤장 익히기
외롭고 약한 사람을 멸시하고 괴롭힌다.
[出典] 遇死僧 習杖《旬五》, 死僧習杖《東言》

죽은 최가 하나가 산 김가 셋을 당한다
김씨 성을 가진 사람은 흔히 성격이 관후하고, 최씨 성을 가진 이는 단단하고 매섭다 하여 하는 말.

죽을 때 편히 죽는 건 오복(五福)의 하나
죽을 때의 고통이 매우 크다.

죽을 병에도 쓸 약이 있다
어떠한 곤경 중에도 희망이 있는 것이니 낙심하지 말라.

죽을 수가 닥치면 살 수가 생긴다
아무리 어려운 처지도 피어날 도리가 있으니 낙심하지 말라.
[同類] 죽을 때 쓸 약도 있다. 죽을 땅에 빠진 후에 산다.

죽음은 급살이 제일
죽음을 당할 바에는 오래 끌기보다는 빨리 죽는 것이 고통이 적어 낫다.

죽이 끓는지 밥이 끓는지 모른다
일이 어떻게 되어 가는지 도무지 모른다.

죽이 되든 밥이 되든
일이 어떻게 되든지.

죽이 풀려도 솥 안에 있다
얼핏 보기에 손해를 본 듯하나 사실은 별 손해가 없다.
[出典] 饘粥雖解 咸在鼎內《耳拾》

줄 끊어진 박 첨지
인형극을 놀리다가 끈이 끊어지면 꼼짝도 못하듯이 의지할 데 없어 활동이 딱 멈춘 가련한 처지를 이르는 말.
[出典] 絶纓優面《旬五》,《松南》, 傀儡面 索絲斷《洌上》

줄밥에 매로구나
재물을 탐하다가 남에게 이용되다.

줄수록 양양
사람의 욕심은 끝이 없어 주면 줄수록 더 달란다.
[出典] 食猶量量《東言》

줄행랑친다
미리 낌새를 알아차리고 도망을 친다.

중놈 돼지고기 값 치른다
중이 먹을 리 없는 돼지 고기 값을 문다. 곧 억울한 일을 당하였다.

중 도망은 절에나 가 찾지
행방을 알 수 없어 사람 찾기 어려울 때 하는 말.

[出典] 僧逃亡 猶去尋於山寺 《東言》

중매는 잘하면 술이 석 잔이요, 못하면 뺨이 세 대라
중매는 신중히 해야 한다.

중매 보고 기저귀 장만한다
① 준비가 너무 이르다. ② 일을 너무 급히 서두른다.

중 양식이 절 양식
네 것 내 것 하고 따지는 것이 우습다.

중은 장(長)이라도 죽으니 무덤이 있나, 사니 자식이 있나
생전에나 사후에나 남긴 형상이 아무것도 없다고 업신여기는 말.

중은 중이라도 절 모르는 중이라
① 반드시 알아야 할 것을 모르고 있다. ② 본분을 지킬 줄 모르는 사람을 이르는 말.

중의 상투
사실상 없는 것이라 구할 수 없는 것.

중이 고기 맛을 알면 절에 빈대가 안 남는다
모르던 일에 한 번 반하면 정신을 차리지 못하고 빠져 들어간다.

[同類] 중이 고기 맛을 알면 법당(法堂)에 오른다. 중이 고기 맛을 보더니 절에 빈대 껍질이 안 남는다. 중이 고기 맛을 보면 법당에 파리가 안 남는다.

중이 미우면 가사도 미우랴
어떤 사람이 미우면 그와 관계되는 모든 것이 밉다.

[同類] 중이 미우면 가사도 밉다.

[出典] 僧雖憎 袈裟 《旬五》, 《松南》, 雖嫉僧 袈何憎 《洌上》

중이 얼음 건너갈 때는 나무아미타불 하다가도 얼음에 빠질 때에는 하나님 한다
위급한 경우를 당하면 체면이나 격식을 잊고 본심으로 돌아간다.

중이 제 머리를 못 깎는다
제 일은 제가 혼자 처리하지 못한다.

[同類] 약쑥에 봉퉁이. 자수 삭발(自手削髮)은 못한다. 도끼가 제 자루 못 찍는다. 무당이 제 굿 못한다.

중이 회값 물어 준다
얼토당토 않은 일을 당한다.

[同類] 중놈 돝고기 값 치른다.

쥐가 쥐꼬리를 물고
여러 사람이 잇달아 나오는 것을 농으로 이르는 말.

쥐구멍에도 볕들 날 있다
불행하고 어려운 사람이라도 행운이 찾아올 날이 있다.

쥐구멍에 홍살문 세우겠다
가당치 않은 일을 주책없이 하려 한다.

쥐구멍으로 소 몰려 한다
도저히 되지 않을 일을 억지로 하라고 한다.
[同類] 굴렌 마는 당지(唐紙)로 인경을 싸려 한다.

쥐면 꺼질까 불면 날까
매우 소중히 여기는 모양.

쥐 밑도 모르고 은서피 값 친다
아무것도 모르면서 남의 일을 평하고 상관하려 한다.

쥐뿔도 모른다
아무것도 모르고 아는 체한다.
[同類] 쥐×도 모른다.

취 소금 나르듯
조금씩 조금씩 줄어 없어진다.

쥐 소금 먹듯 한다
조금씩 조금씩 알지 못하게 줄어든다.

쥐포수
사소한 사물을 얻으려고 애쓰는 사람.

지각 나자 망령
일이 되자마자 그릇된다.

지나가는 불에 밥 익히기
우연한 기회를 이용하여 제 일을 한다.
[同類] 남의 바지 입고 새 벤다. 남의 팔매에 밤 줍는다. 남이 켠 불에 게 잡기. 과화숙식(過火熟食).
[出典] 過火之焰 我食可飪 《耳談》 過火炊飯 《東言》

지네 발에 신 신긴다
자식 많은 이가 여러 자식을 돌보려고 애를 많이 쓴다.

지렁이도 밟으면 꿈틀한다
아무리 순하고 약한 사람도 억압을 하면 대항한다.
[同類] 굼벵이도 다치면 꿈틀한다. 굼벵이도 밟으면 꿈틀한다.
[出典] 相彼蚯蚓踐之則蠢 《耳談》

지레 짐작 매꾸러기
깊이 생각하지 않고 짐작이 가는 대로 무슨 일을 하면 번번이 낭패본다.

지성(至誠)이면 감천(感天)이다
무슨 일을 하더라도 정성을 다하여 노력하면 이룰 수 있다.

지어 먹은 마음이 사흘 못 간다
일시적 분발(奮發)로써 마음 먹은 일은 오래 계속되지 못한다.

지위가 높을수록 마음은 낮추어 먹어야 한다
자기의 지위가 높아질수록 겸손해야 한다.
[出典] 位思其崇 志思其恭 《耳談》

지척의 원수가 천리의 벗이라
이웃끼리 서로 친하게 지내면 먼 곳에 있는 일가보다 더 가깝게 됨을 이르는 말.

지키는 사람 열이 훔치는 사람 하나를 못 당한다
경계를 단단히 하여도 도둑놈은 기회를 엿보므로 막아 내기 힘들다.
[出典] 十人之守 難敵一寇 《耳談》

진상(進上) 가는 송아지 배때기를 찼다
쓸데없이 큰 잘못을 저질렀다.

진상은 꼬챙이에 꿰고, 인정은 바리로 싣는다
관원들의 횡포와 제게 이해관계 있는 일에 더 마음을 쓴다. (인정→뇌물)
[同類] 인정은 바리로 싣고 진상은 꼬치로 꿴다.
[出典] 貢以串輸 賂用馱驢《耳談》

진인사 대천명(盡人事待天命)
사람으로서 할 수 있는 일을 다한 뒤에 천명을 기다린다.

진잎죽 먹고 잣죽 트림한다
실상은 보잘것없으면서 훌륭한 체한다.

질동이 깨뜨리고 놋동이 얻었다
① 잃은 것보다 새로 얻은 것이 더 낫다. ② 상처 후에 후처를 더 잘 만났다.

질러 가는 길이 먼 길이다
빨리 하려고 서두르는 일이 오히려 더 늦게 될 때 하는 말.

질병에도 감홍로(甘紅露)
겉모양은 보잘것없으나 속은 좋고 아름답다.

집과 계집은 가꾸기 탓
평소에 잘 가꾸면 훌륭하게 된다.
[同類] 쇠말뚝도 꾸미기 탓.

집도 절도 없다
가진 집이나 재산이 없어 이리저리 떠돌아다닌다.

집안이 망하려면 맏며느리가 수염이 난다
가운(家運)이 기울기 시작하면 별별 이변(異變)이 다 생긴다.
[同類] 집안이 결딴나려면 생쥐가 춤을 춘다. 집안이 망하려면 제석(帝釋) 항아리에 대평수가 들어간다. 집안이 안 되려면 구정물 통에서 호박꼭지가 춤을 춘다.

집안이 망하면 지관(地官) 탓만 한다
제 실수로 일을 그르친 것을 도리어 남의 탓으로 돌린다

집안이 망하면 집터 잡은 사람만 탓한다
일이 제대로 이루어지지 않았을 경우, 남을 원망한다.

집안이 화합하려면 베개 밑 송사(訟事)는 듣지 않는다
여자들의 말은 함부로 들어서는 안 된다.

집에서 새는 바가지 나가도 샌다
본바탕이 좋지 않으면 어디를 가나 그 본색을 드러내고야 만다.

집에서 새는 쪽박, 들에 가도 샌다
[同類] 집에서 새는 바가지(들에) 나가도 샌다.

집을 사면 이웃을 본다
주위 환경과 이웃의 인심을 보고 집을 사라.

[同類] 팔백금으로 집을 사고 천금으로 이웃을 산다.

집 태우고 못 줍기
큰 손해를 보고 작은 이익이나마 얻으려고 애쓴다.
[同類] 기름 버리고 깨 줍는다. 노적가리에 불붙이고 튀각 구워 먹는다. 집 태우고 바늘 줍는다.

짓독에 바람이 든다
① 오랫동안 환락(歡樂)에 빠지면 반드시 재난이 생긴다.
② 재미난다고 자꾸 계속하면 탈이 생긴다.
[出典] 戲嬲之甕 風必來中《耳談》

짚그물로 고기를 잡을까
짚그물로 고기를 잡을 수 없으니, 어떤 일을 시작할 때는 실수하지 않도록 준비를 든든히 하라.

짚불 꺼지듯 한다
잡았던 권세나 누렸던 영화가 갑자기 몰락함을 이르는 말.

짚불도 쬐다 나면 섭섭하다
탐탁치 않던 것도 없어지면 섭섭하다.
[同類] 오뉴월 겻불도 쬐다 나면 서운하다.

짚신 감발에 사립 쓰고 간다
제격에 맞지 않아 어울리지 않는다.

짚신도 제 날이 좋다
자기와 같은 신분의 사람끼리 짝을 맺는 것이 좋다.

[同類] 세 코 짚신 제 날이 좋다. 짚신은 제 날에 맞는다.
[出典] 藁履其經好《旬五》, 藁鞋其經好《東言》

짚신도 제 짝이 있다
하찮은 사람도 배필이 있다.

짚신에 국화 그리기
① 격에 안 맞아 어울리지 않는다. ② 밑바탕이 천한 것이라 화려하게 꾸며도 어울리지 않는다.
[出典] 藁鞋頭菊花毬《洌上》, 草鞋菊花登《東言》

짝새가 황새 걸음 하면 다리가 찢어진다
남이 한다고 하여 제 힘에 겨운 일을 억지로 하려면 도리어 큰 화를 당하게 된다.
[出典] 雀學鸛步《東言》

쪽박 빌려 주니 쌀 꿔 달란다
① 편의를 보아주면 줄수록 더 달란다. ② 일을 하려는 사람이 아무 도구도 재료도 준비하지 않은 것을 조롱하는 말.

쪽박 쓰고 벼락 피하기
구차하게 피하려 하나 피하지 못하고 만다.
[同類] 쪽박 쓰고 비 피하기.
[出典] 戴瓢子 霹靂避《洌上》

쭈그렁 밤송이 삼 년 간다
① 좋지 않은 물건이 오래간다. ② 병약하여 곧 죽을 것 같은 사람이 오래 목숨을 이어 간다.

ㅊ

차돌에 바람이 들면 석돌보다 못하다
오달진 사람일수록 한번 타락하면 걷잡을 수 없게 된다.

차면 넘친다
모든 게 오래 가면 쇠망한다.
[同類] 그릇도 차면 넘친다.
[出典] 滿則溢《旬五》,《松南》

찬물도 위아래가 있다
무슨 일에나 순서가 있다.
[同類] 찬물도 선후가 있다.

찬밥 두고 잠 아니 온다
변변치 않은 것에 집착하는 이를 비웃는 말.

찰찰(察察)이 불찰(不察)이다
지나치게 살피는 것은 오히려 살피지 않는 것만 못하다.

참깨가 기니 짧으니 한다
조그만 것 때문에 시비한다.
[出典] 眞荏曰短曰長《東言》

참깨 들깨 노는데 아주까리 못 놀까
남들도 다 하는데 왜 난들 못하겠느냐고 한몫 낄 것을 제의할 때 하는 말.

참나무에 곁 낫질
썩 큰 것에 아주 작은 것이 덤벼든댔자 까딱할 리 없다.

참새가 방앗간을 그냥 지나랴
① 욕심 많은 사람이 이(利)를 보고 그냥 지나쳐 버리지 못한다. ② 자기가 좋아하는 것을 버리기 어렵다.
[出典] 未有瓦雀 虛過碓閣《耳談》, 眞雀豈虛過春間《東言》

참새가 작아도 알만 잘 깐다
몸은 비록 작아도 능히 큰 일을 감당한다.

참새가 죽어도 짹 한다
미약한 사람이라도 너무 괴롭히면 결사적으로 대항한다.

참을 인(忍) 자 셋이면 살인도 피한다
아무리 분한 일이 있어도 꾹 참으면 위기를 면할 수 있다.
[同類] 인지위덕(忍之爲德). 한때를 참으면 백 날이 편하다.

채반이 용수가 되게 우긴다
가당치도 아니한 의견을 끝까지 주장한다.

처가살이 고용살이
처가살이는 고용살이처럼 불안과 노고가 뒤따른다.
[同類] 원살이 고공(雇工)살이

처가살이 십 년이면 아이들도 외탁한다
처가살이를 오래 하면 아이들도 처가의 풍습을 따른다.

처갓집 말뚝에도 절을 하겠네
아내를 매우 사랑하는 사람을 놀리는 말.

처녀가 늙어가면 됫박 쪽박 안 남아난다
혼기를 놓친 노처녀는 신경질을 잘 부린다.
[同類] 처녀가 늙어 가면 산으로 맷돌짝 지고 오른다.

처녀가 애 낳고도 할 말이 있다
잘못을 저지르고도 변명한다.
[同類] 삼수 갑산(三水甲山)을 가도 할 말이 있다.

처녀가 한숨을 해도 제 마련은 있다
무슨 일이든지 남 보기에는 우습고 이상하더라도 제 생각은 따로 있으니 흉보지 말라.

처녀 오장(五臟)은 깊어야 좋고 총각 오장은 얕아야 좋다
처녀는 속이 깊어야 하고, 총각은 숫기가 있어야 한다.

처삼촌 뫼에 벌초하듯
정성을 들이지 않고 눈가림으로 하는 일.

처서(處暑)에 비가 오면 독의 곡식도 준다
처서 날에 비가 오면 그 해 농사는 흉년이다.

천 길 물 속은 알아도 한 길 사람 속은 모른다
사람 마음은 알기가 어렵다.
[同類] 천 길 물 속은 알아도 계집 마음 속은 모른다.

천냥 빚도 말 한 마디로 갚는다
구변(口辯)이 좋으면 사람을 감동시켜 큰 빚도 가릴 수 있으니, 처세함에 있어서 말 재간이 있어야 한다.

천냥에 할인 있고 한 푼에 살인이 있다
금전 관계란 아주 적은 액수로도 사람들의 사이가 나빠질 수 있다는 말.

천냥짜리 서푼도 본다
물건 값은 보기에 달렸다.

천 리 길도 한 걸음으로부터
아무리 큰 일이라도 그 첫 시작은 작은 일부터 비롯된다.

천 마리 참새가 한 마리 봉(鳳)만 못하다
수량보다 질이 문제.
[同類] 고욤 일흔이 감 하나만 못하다.

천생 연분에 보리 개떡
보리 개떡을 먹을망정 서로 의좋게 산다.

천의 무봉(天衣無縫)
하늘의 직녀가 짠 옷은 솔기가 없다.
① 시문 등이 매우 자연스러워 조금도 꾸민 데가 없다.
② 완전 무결하여 흠이 없다.

철겨운 부채질하다 봉변 안 당하는 놈 없다
경우에 어그러지는 짓을 하면 으레 망신을 당한다.

철 나자 망령난다
세월은 빨라 지각(知覺)이 들고 어물어물하다가는 아무 일도 이루지 못한다는 것을 경계하는 말.

出典 其覺始矣 老妄旋至 《耳談》

철면피(鐵面皮)
부끄러운 줄을 모르는 뻔뻔스러운 사람.

철 묵은 색시 승교 안에서 장옷고름 단다
충분한 시간이 있는 데도 불구하고 미리미리 준비하지 않고 있다가 정작 일이 닥쳐서야 허둥지둥 서두른다.

첩 정은 삼 년, 본처 정은 백 년
첩에게 혹한 사람이라도 오래 가지 않아 본처에게 돌아온다.

첫딸은 세간 밑천
첫딸은 가사(家事)에 큰 도움을 준다.

첫모 방정에 새 까먹는다
① 윷놀이할 때 첫모를 치면 그 판에는 실속이 없다. ② 일이 처음에 너무 잘 되면 뒤가 좋지 않다.

첫술에 배부르랴
무슨 일이나 익숙해져야 소득이 있지 처음부터 만족할 만한 소득이 생기지는 않는다.

첫아이에 단산(斷産)
처음이자 마지막이다.

첫해 권농
어떤 일을 처음으로 하는 데 몹시 서투르다.

청기와 장수
어떤 일을 자기만 알고 남에게는 알리지 아니한다.

청대콩 여물어야 여물었나 한다
청대콩은 다 여물어도 콩깍지가 푸르기 때문에 겉으로 보아서는 모른다. 곧 무슨 일이 되어야 되는가 보다 한다.

청백리 똥구멍은 송곳부리 같다
깨끗한 관리는 뇌물을 받지 않고 녹(祿)으로만 살아가기 때문에 매우 가난하다.

청보(靑褓)에 개똥
겉으로 보기는 좋으나 속은 보잘것없다.

同類 명주 잘게 개똥.

出典 靑褓狗矢《松南》

청산에 매 띄워 놓기
① 자기 손에서 한 번 떠나간 것은 다시 돌아오지 않는다.
② 허황된 일을 하고 운수만 기다리는 사람을 이르는 말.

同類 강물에 고기 놔 보내기.

청승은 늘어 가고 팔자는 오그라진다
나이들어 살림이 구차해지면 궁상을 떨게 되니 그렇게 되면 좋은 날은 다 산 셈이다.

청운지지(靑雲之志)
높은 구름을 넘는 높은 뜻. 곧 높은 지위에 오르려는 욕망.

청(廳)을 빌려 방에 들어간다
대청을 빌려 주니 방까지 들어온다. 곧 사정을 봐 주니 차츰 더 큰 요구를 한다.
[出典] 借廳借閭 《句五》, 旣借堂又借房 《洌上》

청치 않는 잔치 묻지 않은 대답
달갑지도 않은 사람이 쓸데없는 말을 한다.

청하니까 매 한 대 더 때린다
간청하였다가 도리어 간청 안한 것만 못한 결과가 되었을 때 하는 말.

체수(體數)보고 옷 짓고, 꼴 보고 이름 짓는다
그 사람의 분수와 격에 맞추어 일을 처리한다.
[同類] 체수 맞춰 옷 마른다. 꼴 보고 이름 짓는다.
[出典] 衣視其體 名視其貌 《耳談》

초가 삼간 다 태워도 빈대 죽는 것만 시원하다
손해를 보더라도 괴롭히던 것이 없어져서 속이 후련하다.

초년 고생은 돈 주고 산다
젊었을 때 고생을 하면 뒷날 낙(樂)이 오니 달게 여기라.
[同類] 초년 고생은 양식 지고 다니며 한다. 초년 고생은 은 주고 산다.

초당 삼간이 다 타도 빈대 죽은 것만 시원하다
큰 손해를 보아도 그것 때문에 자기가 평소에 미워하던 사람이 못되는 것을 좋아한다.

초라니 열은 보아도 능구렁이 하나는 못 본다
행동이 경솔하고 까부는 사람보다 속이 음흉한 사람이 더 못마땅하다. (초라니→가면극에 나오는 경솔한 사람)

초록은 한 빛
같은 무리끼리 한 패가 된다.
[同類] 축은 축대로 붙는다.
[出典] 綠雖異織 終是一色 《耳談》

초사흘 달은 잰 며느리가 본다
초사흘 달은 초저녁에 잠깐 돋았다가 곧 지므로 행동이 민첩하고 섬세한 사람만이 보고 살필 수 있다.
[出典] 初三日慧婦覘 《洌上》

초상난 데 춤추기
인정없고 심술궂은 짓을 하거나 때와 장소를 분별하지 못하고 행동함을 비웃는 말.

초상난 집 개
먹을 것이 없어서 이집 저집 다니며 빌어먹음. 또는 궁상이 끼고 초췌한 꼴이나 그런 꼴을 한 사람의 비유.

초생달은 잰 며느리가 본다
슬기롭고 민첩한 사람만이 미세한 것을 능히 살필 수 있다.

초저녁 구들이 따뜻해야 새벽 구들이 따뜻하다
먼저 된 일이 잘 되어야 그에 따라 될 일도 이루어진다.

촌년이 아전(衙前) 서방을 하면 날샌 줄을 모른다
변변치 못한 사람이 어쩌다가 빠져들면 정도가 지나치게 한다. (아전→중앙과 지방 관청에 속해 있던 하급 관리)

[同類] 촌년이 늦바람 나면 속곳 밑에 단추 단다. 촌년이 아전 서방을 하면 가자(字) 걸음을 걷고 육계장 아니면 밥을 안 먹는다.

촌 닭 관청에 간 것 같다
경험 없는 일을 당하여 망설이는 모양.

[出典] 村鷄入縣 厥目先眩 《耳談》

촌철 살인(寸鐵殺人)
촌철로 살인한다는 뜻으로 간단한 경구로 어떤 일의 급소를 찔러 사람을 감동시킨다.

총올치로 그물 시작이라
가는 새끼로 그물을 뜨기 시작한다. 곧 원대한 계획도 작은 일로써 시작한다.

[同類] 천리길도 한 걸음부터.

[出典] 細繩屬初罟 《東言》

총총들이 반 병이라
병에 무엇을 급히 부으면 반 밖에 안 찬다는 말로서, 무슨 일이나 급히 서둘지 말고 찬찬히 해야 잘 할 수 있다.

[出典] 總總入半甁 《東言》

추상 열일(秋霜烈日)
가을의 찬 서리와 여름의 뜨거운 해같이 형벌이 엄정하고 권위가 있다.

추우 강남(追友江南)
자기는 하고 싶지 않으나 남에게 끌려서 하게 된다.

추운 소한(小寒)은 있어도 추운 대한(大寒)은 없다
글자의 뜻과는 반대로 소한 무렵이 대한 때보다 더 춥다.

추풍선(秋風扇) 같다
철이 지나서 쓸모 없게 된 부채와 같이 시기가 지나서 소용없게 되었다.

충주(忠州) 자린 고비(考妣)
몹시 인색한 구두쇠.

취중(醉中)에 진담 나온다
술에 취하면 평상시에 품고 있던 자기의 속마음을 숨김없이 털어놓는다.

치고 보니 삼촌이라
매우 실례된 일을 저질렀다.

치러 갔다가 맞기는 예사
남에게 무엇을 구하러 갔다가 도리어 요구를 당하는 일도 흔히 있다.

치마가 열두 폭인가
남의 일에 간섭을 잘 하는 사람을 이르는 말.

出典 裳幅廣 《東言》

치마폭이 스물네 폭이다
필요 없는 남의 일에 지나치게 참견한다.

치 위에 치가 있다
잘난 사람이 있으면 그 위에 더 잘난 사람이 있다. (치→명사 아래에 붙어서 그에 종사하는 사람을 나타내는 말. 보기:장사치. 동냥아치)
同類 기는 놈 위에 나는 놈이 있다. 나는 놈 위에 타는 놈이 있다. 파리 위에 날라리가 있다.

치장 차리다가 신주(神主) 개 물려 보낸다
일을 너무 꼼꼼히 잘 하려다가 도리어 낭패를 본다. (신주→죽은 사람의 위패)

친구는 옛 친구가 좋고 옷은 새 옷이 좋다
물건은 새 것이 좋지마는 친구는 오래 사귄 친구일수록 정의가 깊어 좋다.

친 사람은 오그리고 자도 맞은 사람은 다리를 펴고 잔다
남을 괴롭힌 가해자는 뒷일이 걱정되어 불안하나 피해자는 마음은 편하다.

친손자는 걸리고 외손자는 업고 간다
덜 귀여워할 데를 더 귀여워한다. 곧 일을 반대로 한다.

칠 년 가뭄에는 살아도 석 달 장마엔 못 산다
오랜 가뭄보다 무덥고 구중중한 장마철이 지내기 어렵다.

칠 년 가뭄에 하루 쓸 날 없다
오랫동안 날씨가 개고 좋다가도 모처럼 무슨 일을 하려고 하면 비가 온다.

칠 년 대한(大旱) 왕 가뭄에 빗발같이 보고 싶다
간절하게, 기다리고 보고 싶다는 말.

칠월 더부살이가 주인 마누라 속곳 걱정한다
남의 집 더부살이를 하는 주제에 저와는 아무 관계 없는 일을 주제넘게 걱정한다.

칠전 팔기(七顚八起)
여러 번 실패에도 굽히지 않고 이겨 나간다.
同類 일곱 번 넘어져도 여덟 번 일어난다.

침 뱉고 밑 씻겠다
일의 앞뒤도 가릴 수 없이 정신 못 차린다.
同類 정신은 침 뱉고 뒤지하겠다.

침 뱉은 우물 다시 먹는다
다시는 안 볼 듯이 야박스럽게 행동하여도 후에 다시 청할 일이 있게 된다.

침소 봉대(針小棒大)
작은 일을 과장하여 말한다.
同類 바늘끝만한 일을 보면 쇠공이만큼 늘어놓는다.

ㅋ

칼날 잡은 놈이 칼자루 잡은 놈 한테 당하랴
　무슨 일이나 실권을 가진 사람이 유리한 처지가 된다.

칼로 물 베기
　불화하였다가도 곧 화합함.

칼 물고(짚고) 뜀뛰기
　일의 성패(成敗)에 목숨을 걸고 모험을 함.

커도 한 그릇, 작아도 한 그릇
　① 명분이야 어떻든 몫은 똑같이 돌아갈 때 하는 말. ② 작으나 크나 명목상 한 그릇은 마찬가지다.

코가 쉰댓 자나 빠졌다
　걱정이 많아 맥이 확 빠졌다.

코끼리 비스킷 하나 먹으나마나
　무엇을 먹기는 하였으나 도무지 양에 차지 않는다.

코 묻은 떡이라도 빼앗아 먹겠다
　하는 짓이 다랍다.

코 아니 흘리고 유복하랴
　수고를 하지 않고는 이익을 얻지 못한다.
　[出典] 鼻涕不流 其福自優《耳拾》, 鼻不爛有福女子《東言》

코 아래 진상(進上)이 제일이라
　남의 환심을 사려면 먹이는 것이 제일 효과적이다.
　[同類] 입이 서울.

코에서 단내가 난다
　일에 시달리고 고뇌하여 심신이 몹시 피로하다.

코털이 센다
　일이 하도 뜻대로 안 되어 몹시 애가 탄다.

코허리가 저리고 시다
　몹시 비통하다.

콧구멍 같은 집에 밑구멍 같은 나그네 온다
　가난한 집에 반갑지 않은 손님이 온다.

콧구멍 둘 마련하기가 다행이라
　몹시 답답하거나 기가 찬다.

콧구멍에 낀 대추씨
　매우 작고 보잘것없는 물건.

콩도 닷 말, 팥도 닷 말
　골고루 공평하게 나누어 준다. 곧 마찬가지다.

콩 반 머리만한 것도 남의 몫에 지어 있다
　남의 것은 아무리 작은 것이라도 탐내지 말라.
　[出典] 半菽孔碩 他人所獲《耳談》

콩 반쪽이라도 남의 것이라면 손 내민다
　남의 것이라면 무엇이나 탐내어 가지려고 한다.

콩밭에 가서 두부 찾는다
　성급한 사람을 이르는 말.
콩 심으라 팥 심으라 한다
　남의 일에 지나친 간섭 한다.
콩 심은 데 콩 나고, 팥 심은 데 팥 난다
　모든 일은 그 원인에 따라 결과가 생긴다.
콩으로 메주를 쑨다 해도 곧이 안 듣는다
　불신감(不信感)이 대단하여 남의 말을 절대로 믿지 않겠다.
콩을 팥이라 해도 곧이듣는다
　남의 말을 곧이듣는다는 말.
콩이야 팥이야 한다
　별 차이 없는 것을 가지고 다르다고 따지거나 시비한다.
콩팔칠팔한다
　① 몹시 시끄럽게 알아듣지도 못할 소리를 지껄인다. ② 서로 비슷한 것을 가지고 시비를 가리고 잔소리한다.
큰 도둑이 작은 도둑을 잡는다
　① 큰 죄를 지은 놈이 작은 죄를 지은 놈을 죄로 다스린다.
　② 큰 허물 가진 놈이 작은 허물 가진 놈을 비방한다.
큰 말이 나가면 작은 말이 큰 말 노릇한다
　윗사람이 없으면 아랫사람이 윗사람 노릇을 한다.
큰 방죽도 개미 구멍으로 무너진다
　① 미약한 힘도 오래 계속되면 큰 일을 이루게 된다. ② 조그마한 잘못이라도 계속하면 장차는 큰 해를 보게 된다.
　出典 千丈之隄 以螻蟻之穴潰《韓子非》, 千里之隄 以螻蟻之穴漏《淮南》
큰 벙거지 귀 짐작
　벙거지가 아무리 크더라도 귀에 걸려 흘러내리지 않는 것처럼 무슨 일이나 짐작이 있어 요량을 할 수 있다.
　出典 大帽子斟酌耳《洌上》
큰 북에서 큰 소리 난다
　도량이 큰 사람이 훌륭한 일을 한다.
큰 일이면 작은 일로 두 번 치러라
　큰 일을 단번에 벅차게 하는 것보다 여러 번 나눠 하는 것이 낫다.
큰 집은 기울어도 삼 년 간다
　부자는 다 망했다 하더라도 얼마 동안은 그럭저럭 살아나갈 수가 있다.
키가 크면 속없고, 키가 작으면 자발없다
　키 큰 사람은 싱겁고, 키 작은 사람은 행동이 가볍다.
키 크고 싱겁지 않은 놈 없다
　키 큰 사람이 흔히 싱거운 행동을 한다.
키 큰 암소 똥 누듯 한다
　① 일을 함이 보기에 쉽다.
　② 동작이 어설프게 보인다.

E

타관 양반이 누가 허 좌수(許座首)인 줄 아나?
그 일을 모르는 사람은 참여시키지 않는다.
出典 他官兩班 誰許座首《旬五》, 《松南》

타는 닭이 꼬꼬 하고 그슬린 돌이 달음질한다
틀림없다고 믿었던 일도 안 되는 수가 있으니 조심하라.

타는 불에 부채질한다
① 화난 사람의 화를 더욱 돋군다. ② 재난을 당한 사람이 더욱 더 못되도록 한다.

타산지석(他山之石)
다른 사람의 하찮은 언행을 거울삼아 자기의 언행을 삼간다.

탈이 자배기만큼 났다
일이 더 크게 벌어졌다.

탐관(貪官)의 밑은 안반 같고, 염관(廉官)의 밑은 송곳 같다
부패된 관리는 재물을 모아 살이 찌고, 청렴한 관리는 청빈(淸貧)하여 가난하게 지낸다.
出典 貪官本安盤 廉官本銳錐《東言》

탕약에 감초(甘草) 빠질까
어떤 일에나 빠짐없이 끼는 것을 조롱하는 말.

태산명동에 서일필(鼠一匹)
크게 떠벌리기만 하고 실제의 결과는 작은 것의 비유.

태산을 넘으면 평지를 본다
어려운 고비를 넘기면 평탄한 길이 열린다.

태산이 평지 된다
세상의 변화가 많다.

태수 되자 턱 떨어져
오랫동안 노력하여 일이 이루어지나 박복하여 허사가 되었다. (태수→옛날의 지방관)
出典 太守爲脫頷頤《洌上》

탯줄 잡듯 한다
무엇을 잔뜩 붙잡는다.

터서구니 사나운 집은 까마귀도 앉지 않는다
가정 불화가 많은 집에는 아무도 왕래를 하지 않는다. (터서구니 사납다→불화한 집안이라는 뜻의 평안도 사투리)
同類 사나운 귀신 센 집은 말×도 벙굿 못한다.

터주에 붙이고 조왕에 붙인다
여기저기 갈라 놓는다. (터주→집터를 지키는 지신(地神). 조왕→부엌을 지키는 신)

터진 꽈리 보듯 한다
사람을 대수롭지 않게 여겨

상대조차도 안한다.

터진 방앗공이에 보리알 끼듯
① 별로 중요하지도 않은 것이 성가시게 끼어드는 것을 이르는 말. ② 버리자니 아깝고, 파내 버리자니 일손이 가야 하고 해서 할수없이 그냥 두는 것을 이르는 말.

턱 떨어진 개 지리산(智異山)쳐다보듯 한다
이루지도 못할 일을 바란다.

턱 떨어진 광대
광대의 턱이 떨어지면 광대놀이를 할 수 없는 것처럼 의지할 데가 없어 꼼짝도 못한다.

털끝도 못 건드리게 한다
조금도 손대지 못하게 한다.

털도 아니 난 것이 날기부터 하려 한다
어리석은 사람이 제 분수나 실력에 맞지 않은 엄청난 짓을 하려 한다.

털도 안 뜯고 먹겠다 한다
① 너무 급히 먹으려 덤벼 든다는 말. ② 염치 불고하고 남의 것을 통째로 먹으려 한다.

털도 없이 부얼부얼한 체한다
귀여운 데도 없는데 귀여움을 받으려고 아양을 떤다.

털 뜯은 꿩
있어야 할 것이 없어 앙상하고 불품없이 됨을 이르는 말.

털어서 먼지 안 나는 사람 없다
결점 없는 사람은 없다.

털을 뽑아 신을 삼겠다
남의 은혜는 꼭 갚겠다.

털 토시를 끼고 개구멍을 쑤셔도 제 재미라
제 뜻대로 하는데 거기에 대해서 남이 뭐라고 말할 필요가 없다.

토끼가 제 방귀에 놀란다
제가 지은 죄 때문에 스스로 겁을 먹고 떨고 있는 사람을 이르는 말.
[同類] 도둑이 제 발 저리다.

토끼 둘을 잡으려다가 하나도 못 잡는다
욕심을 부려서 한꺼번에 여러 가지 일을 하려고 하면 한 가지도 성취하지 못한다.

토끼를 다 잡으면 사냥개를 삶는다
필요한 때는 소중히 여기다가도 이용 가치가 없어지면 관계를 끊는다.

틈 난 돌이 터지고 태 먹은 독이 깨진다
어떤 징조가 보이면 반드시 그 일이 나타나고야 만다.
[同類] 빈 틈에 바람이 난다.
썩은 고기에 벌레 난다.
[出典] 驚紋裂石 鳴聲破甕 《耳談》

티끌 모아 태산
아무리 적은 것이라도 많이 모이고 쌓이면 많아진다.
[同類] 진합 태산(塵合泰山).
천리 길도 한걸음부터.

ㅍ

파리도 여윈 말에 더 붙는다
  강자(强者)에게는 아무도 손을 대지 않지만 약한 자에는 누구나 달려들어 갉아먹는다.

파리한 강아지 꽁지 치레하듯
  꼴사나운 데 겉치레를 해도 그 모양이 좋아지지 않는다.

파방(罷榜)에 수수엿 장수
  일이 끝나 더 볼 것이 없다. (파방→과거에 급제한 사람의 발표를 취소하는 것)

파장에 수수엿이야
  일이 틀어져 구경거리도 못된다.

파총벼슬에 감투 걱정한다
  대단찮은 파총 벼슬을 하고서 감투 걱정을 한다. 곧 쓸데없는 걱정을 한다. (파총→각 군영의 종사품 벼슬)
  [同類] 하라는 파총에 감투 걱정한다.

팔백금(八百金)으로 집을 사고, 천금(千金)으로 이웃을 산다
  이웃과 사이좋게 지내야 한다.

팔십 노인도 세 살 먹은 아이한테 배울 것이 있다
  어린 아이도 때로는 기발하고 사리에 맞는 말을 하니 덮어놓고 무시하지 말라.

팔이 들이굽지 내굽나
  사람은 자기와 가까운 사람에게 정이 더 간다.
  [出典] 臂不外曲《旬五》,《松南》

팔자가 사나우면 총각 시아비가 삼간(三間) 마루로 하나라
  하도 어이가 없고, 별 망측스러운 일도 다 보았다는 뜻.
  [同類] 팔자가 사나우면, 시아비가 삼간 마루로 하나.

팔자는 독 속에서도 못 피한다
  운명은 바꿀 수 없다.

팔자 도망은 독 안에 들어도 못한다
  운명은 이를 아무리 피할래야 피할 수 없다.

팥으로 메주 쑨대도 곧이듣는다
  남의 말을 잘 믿는 사람을 이르는 말.

팥을 콩이라 해도 곧이듣는다
  지나치게 남을 무조건 믿는 사람을 조롱하는 말.

팥이 풀어져도 솥 안에 있다
  손해를 본 듯하지만 사실은 손해 본 게 없다.

패군(敗軍)한 장수는 용맹을 말하지 않는다
  어떤 일에 실패한 사람은 그 일에 대해 말하지 못한다.

[出典] 敗軍之將 不可以言勇 亡國之大夫 不可以圖存《史記》

패는 곡식 이삭 패기
심술이 매우 사납다.

평양감사(平壤監司)도 저 싫으면 그만이다
아무리 좋은 일이라도 하기 싫다면 억지로 시킬 수 없다.

평지에서 낙상(落傷)한다
뜻밖에 재난을 당한다.
[同類] 홍시(紅柿) 먹다가 이 빠진다.

평택(平澤)이 무너지나 아산(牙山)이 깨지나
싸움을 걸 때 서로 끝까지 해보자고 벼르고 선다.

포도 군사의 은동곳 물어 뽑는다
도둑놈을 잡아 옥에 가둘 때 포도군사(捕盜軍士)의 상투에 꽂힌 은동곳을 입으로 물어 뽑는다. 곧 나쁜 놈은 어디엘 가나 나쁜 짓을 한다.

포도청 문고리도 빼겠다
사람이 겁이 없고 대담하다.

포천(抱川)장 소(疏) 까닭
까닭을 묻는 데 대답을 얼버무린다.

푸둥지도 안 난 게 날려고 한다
제 실력 이상의 일을 억지로 하려는 사람을 조롱하는 말.

푸성귀는 떡잎부터 알고, 사람은 어렸을 때부터 안다
장래 희망이 있는 자는 어렸을 적부터 알아본다.

풀 끝에 앉은 새 몸이라
안정된 처지가 아니다.

풀 먹은 개 나무라듯 한다
혹독하게 나무라고 탓한다.

풀 방구리에 쥐 드나들듯
자주 드나듦을 이르는 말.
[同類] 반찬 단지에 고양이 발 드나들듯. 조개젓 단지에 괭이 발 드나들듯. 팥죽 단지에 생쥐 달랑거리듯.

풀 베기 싫은 놈이 단수만 센다
게을러 빨리 그 일에서 벗어날 궁리만 한다.

풋고추 절이 김치
매우 친하여 둘이 항상 붙어 다니는 것을 이르는 말.

풍년 거지 더 서럽다
남들은 잘 사는데 저만 어렵게 지내는 처지가 더 슬프다.
[同類] 풍년 거지. 풍년 거지의 팔자라.
[出典] 豊年乞人尤悲《東言》, 豊年化子《旬五》,《松南》

피 다 뽑은 논 없고, 도둑 다 잡은 나라 없다
도둑은 잡아도 또 생겨난다.

피를 피로 씻는다
① 같은 혈족끼리 싸운다. ② 악(惡)을 악으로 처리한다.

피장 파장
서로 매일반.
[同類] 두꺼비 씨름 같다.

핑계 없는 무덤이 없다
무슨 일이든지 핑계는 있다.

ㅎ

하나는 열을 꾸려도 열은 하나를 못 꾸린다
　한 사람이 잘되면 여러 사람을 도와줄 수 있으나 여러 사람이 합하여 한 사람을 잘 살게 하기는 어렵다.

하나를 보면 열을 안다
　① 그 일부를 보면 전체를 알 수 있다. ② 매우 영리하다.
　[同類] 문일 지십(聞一知十).

하나만 알고 둘은 모른다
　융통성이 없고 미련하다.

하나부터 열까지
　어떤 것이나 다.

하늘 높은 줄은 안다
　감히 견주어 볼 생각도 할 수 없을 정도로 그 차이가 동뜨게 높음을 깨달았다는 말.

하늘로 호랑이 잡기
　권력이 등등하여 무엇이나 원하면 다 얻을 수 있다.
　[同類] 하늘에 나는 새도 떨어뜨린다. 이천착호(以天捉虎).
　[出典] 以天捉虎《旬五》,《東言》

하늘 무서운 말
　천벌을 받을 만한 못된 말.

하늘 보고 주먹질한다
　아무 소용 없는 일을 한다.

하늘 보고 침 뱉기
　남을 해치려다 그 해가 자신에게 돌아온다.

하늘을 보아야 별을 따지
　무슨 일이 이루어질 수 있는 조건이나 기회가 없음의 비유.

하늘의 별 따기
　매우 하기 어려운 일이다.

하늘이 돈짝만하다
제 정신이 딴 데 팔려 사물의 정체를 바로 보지 못한다.
[同類] 하늘이 돈잎만하다. 하늘이 콩짝만하다.

하늘이 만든 화는 피할 수 있으나 제가 만든 화는 피할 수 없다
천재(天災)는 인간의 노력으로 피할 수 있으나 사람은 제가 지은 재화(災禍)의 후환을 반드시 입게 된다.
[同類] 하늘이 주는 일은 피할 도리 있어도 제가 지은 일은 어쩔 도리 없다.

하늘이 무너져도 솟아날 구멍이 있다
아무리 큰 재난을 당하더라도 그것을 벗어날 길은 있다.
[出典] 天雖崩 牛出有穴 《東言》, 天之方蹶 牛出有穴 《耳談》

하늬 바람에 곡식이 모질어진다
서풍이 불면 곡식이 여문다.

하던 지랄도 멍석 펴 놓으면 안 한다
시키지 않아도 잘하던 일인데 떠받들고 권하면 안한다.
[出典] 常爲之癎 網席不爲 《東言》

하로 동선(夏爐冬扇)
여름의 화로와 겨울의 부채. 곧, 철에 맞지 않는 사물.

하루 굶은 것은 몰라도 헐벗은 것은 안다
가난하더라도 옷차림만은 남에게 궁하게 보이지 말라.

하루 물림이 열흘 간다
어떤 일을 한 번 연기하면 자꾸 미루게 된다.

하루 세끼 밥 먹듯
아주 예사로운 일이다.

하루 죽을 줄은 모르고 열흘 살 줄만 안다
덧없는 세상에서 자기만은 얼마든지 오래 살 것처럼 남에게 인색하고 혹독하게 군다.

하룻강아지 범 무서운 줄 모른다
철모르는 이가 두려운 것을 모르고 함부로 덤벼든다.
[出典] 一日之狗 不知畏虎 《耳談》, 一年犬不畏虎 《東言》

하룻망아지 서울 다녀오듯
알지 못하는 사람이 아무리 좋은 것을 보아도 소용없다.
[出典] 一日駒 往京還 《東言》

하룻밤을 자도 만리성을 쌓는다
비록 잠시 동안이지만 깊은 정의(情誼)를 맺는다.

[出典] 一夜之宿 長城或築《耳談》, 一夜萬里城《松南》

하룻밤을 자도 헌 각시
여자는 정조를 지켜야 한다.
[同類] 한 번 엎지른 물은 다시 주워담지 못한다.

하룻 저녁에 단속곳 셋 하는 여편네 속곳 벗고 산다
일 잘하는 사람이 오히려 고생하며 사는 일이 많다.

하선(夏扇) 동력(冬曆)으로 시골에서 생색 낸다
선물로는 여름에는 부채, 겨울에는 달력이 가장 좋다.

하지도 못할 놈이 잠방이 벗는다
어떤 일을 할 실력도 자신도 없는 사람이 하려고 덤빈다.

하지를 지나면 발을 물꼬에 담그고 산다
농촌에서 하지 후에 논에 물을 대는 것이 벼농사에 중요한 일이다. (물꼬→논에 물을 대는 입구)

학이 곡곡하고 우니 황새도 곡곡하고 운다
자기가 하지 않아도 될 일을 남이 하니까 덩달아 하여 웃음거리가 된다.

한강에 돌 던지기
[同類] 한강 투석 (漢江投石).

한강이 녹두죽이라도 쪽박이 없어 못 먹겠다
아무리 좋은 물건이 눈앞에 쌓였어도 노력해야 얻는다.

한강 투석(漢江投石)
한강에 아무리 돌을 많이 집어 넣어도 메울 수 없다. 곧, 아무리 투자를 하거나 애를 써도 보람이 없다.

한 갯물이 열 갯물 흐린다
한 사람의 못된 짓이 여러 사람에게 해를 끼친다.

한날 한시에 난 손가락도 길고 짧은 것이 있다.
한 형제간에도 슬기로운 사람과 어리석은 사람이 생긴다. 곧 같은 것이라도 똑 고르지 못하다.

한 냥짜리 굿하다가 백 냥짜리 징 깨뜨린다
적은 일을 하다가 큰 손해를 보게 되었다.

한 노래로 긴 밤 새울까
한 가지 일만 하여 세월을 헛되이 보내겠는가?
[出典] 一歌達詠夜《旬五》, 唱一謠達永宵《洌上》, 一歌長達夜乎《東言》, 一歌達永夜《松南》

한 놈 계집은 한 덩굴에 열린다
한 남자의 처첩(妻妾)이 여럿이라도 남편의 성격과 한 집안의 가풍에 따라 모두 비슷한 성격과 행동으로 순화된다.
[同類] 한 남편의 처첩이 몇이라도 한 줄의 생물.

한 달이 크면 한 달이 작다
한 번 좋은 일이 있으면 한 번은 나쁜 일이 있다.

한데 앉아서 응달 걱정한다
제 일도 한심한 처지인데 남의 걱정까지 한다.

한라산(漢拏山)이 금덩어리라도 쓸 놈 없으면 못 쓴다
아무리 귀중한 재물이라도 필요해서 쓸 사람이 있어야 그 가치를 나타낸다.

한량이 죽어도 기생집 울타리 밑에서 죽는다
평소 나쁜 버릇을 가지고 있는 사람은 죽을 때도 그 본색을 드러낸다.

[同類] 행담 짜는 놈은 죽을 때도 버들잎 재갈 메고 죽는다.

한 마리 고기가 온 강물 흐린다
한 개인의 못된 행동이 사회에 큰 해독을 끼친다.

[同類] 한 마리가 온 바닷물을 흐린다. 일어 탁수(一魚濁水). 조그만 실뱀이 온 강물 다 휘젓는다. 조그만 실뱀이 온 바닷물을 흐린다.

[出典] 一箇魚渾全川《旬五》,《松南》, 一條魚渾全渠《洌上》, 一魚混全川《東言》

한 말등에 두 길마를 지울까
한 사람이 한꺼번에 두 가지 일을 못한다.

[同類] 한 말등에 두 안장을 지울까? 한 몸에 두 지게를 질까? 한 어깨에 두 지게를 질까?

[出典] 一馬之背 兩鞍難載《耳談》

한 번 가도 화냥이요, 두 번 가도 화냥이라
잘못은 한 번 저지르나 여러 번 저지르나 매일반이다.

한 번 걸어챈 돌에 두 번 다시 채지 않는다
한 번 실수한 데에는 두 번 다시 실수하지 않는다.

한 번 실수는 병가지 상사
한 번 실수한 것을 가지고 크게 탓하지 말라.

[出典] 一勝一敗 兵家常事《唐書》

한 번 엎지른 물은 주워 담지 못한다
한 번 한 일은 다시 원 상태로 되돌리지 못한다.

한 부모는 열 자식 거느려도 열 자식은 한 부모 못 거느린다
한 사람이 잘되면 여러 사람을 도와 살릴 수 있으나 여러 사람이 합하여 한 사람을 잘 살게 하기는 어렵다.

한 불당(佛堂)에서 내 사당 네 사당 하느냐
한 집안에서 네 것 내 것을 가려서 시비하지 말라.

[同類] 한 불당에 앉아서 내 사당 네 사당 한다.

[出典] 一佛堂 我舍堂爾舍堂乎《東言》

한 손뼉이 울지 못한다
① 상대 없는 싸움이 없다.
② 일은 혼자서만 하여 잘 되는 것이 아니다.

한 술 밥에 배부르랴
무슨 일이고 처음에 큰 성과를 기대할 수 없고, 힘을 조금 들이고는 큰 효과를 바랄 수 없다.
[出典] 繼食一匙 不救腹飢 《耳談》

한 시(時)를 참으면 백 날이 편하다
세상살이란 한때의 어려움, 한때의 흥분을 꾹 참으면 앞날의 일이 편하게 된다.

한식(寒食)에 죽으나 청명(淸明)에 죽으나
한식과 청명은 하루 사이므로 큰 차이가 없다.

한 어미의 자식도 오롱이 조롱이
한 어머니에게서 태어난 자식도 그 모양과 성격이 제각기 다르다는 말이니 세상 모든 일이 다 같을 수 없다.
[同類] 한 어미의 자식도 아롱이 다롱이.
[出典] 一母子迕儂《東言》

한 외양간에 암소가 두 마리
바보끼리 한 곳에 있으면 이익될 것이 없다.
[出典] 雨牝牛同厩《旬五》, 《松南》 牝牛二一圖繁《冽上》, 一厩二雌牛《東言》

한 잔 술에 눈물 난다
대단찮은 일에 원한이 생기므로 차별 대우를 하지 말라.
[出典] 由酒一盞 或淚厥眼《耳談》, 一酌酒涕出《東言》

한 집에 감투장이 셋이 변(變)
여럿이 같이하는 일에 제각기 주장하면 일을 망치게 된다.

한 집에 있어도 시어미 성을 모른다
가깝고 손쉬운 일은 무심하게 지나쳐 버리므로 의외로 모르는 것이 많다.
[同類] 한 집안에 김 별감(金別監) 성을 모른다. 한 청(廳)에 있으면서 김수항(金壽恒)의 성을 모른다.

한 푼 장사에 두 푼 밑져도 팔아야 장사
장사를 하려면 이가 적더라도 팔아야 장사가 된다.

한푼짜리 푸닥거리에 오푼 두부
작은 이익을 보려다가 도리어 손해를 본다.

할아비 감투 손자가 쓴 것 같다
보기에 어울리지 않는다.

함박 시키면 바가지 시키고 바가지 시키면 쪽박 시킨다
어떤 일을 윗사람이 아랫 사람에게 시키면 그는 또 제 아랫사람에게 다시 시킨다.

함흥 차사(咸興差使)
심부름 간 사람이 돌아오지 않을 때 하는 말.

항우도 낙상할 적이 있다
사람은 누구나 아무리 자신이 있어도 실수할 수 있다.
[同類] 원숭이도 나무에서 떨어질 때가 있다.

항우도 댕댕이 덩굴에 넘어진다
힘이 센 항우도 덩굴에 걸려 낙상할 때가 있다. 곧 아무리 자신 있는 일에도 작은 것을 무시하면 실패한다.
出典 項羽滑葛蔓《松南》

해로 동혈(偕老同穴)
생사를 같이하는 부부의 사랑의 맹세.

해산 미역 같다
허리가 구부정하게 굽은 사람을 조롱하여 하는 말.

해산 어미 같다
몸이 부석부석 부은 사람을 이르는 말.

햇비둘기 재 넘을까
경험과 실력이 부족하면 큰 일을 이룰 수 없다.
同類 하룻 비둘기 재를 못 넘는다.
出典 鳩生一年 飛不踰巓《耳談》, 一日鳩未踰嶺《東言》

행랑 빌면 안방까지 든다
처음에는 소심하게 발을 들여 놓았다가 재미를 붙이면 대담해져 정도가 심한 일도 서슴치 않고 한다.
出典 旣借堂 又借房《洌上》

행수(行首) 행수하고 짐 지운다
입으로는 그 사람을 존경하거나 아끼어 대접하는 체하면서 그 사람을 이용한다.
出典 稱行首 使擔負《洌上》, 行首行首負卜《東言》

행실을 배우라니까 포도청(捕盜廳) 문고리를 뺀다
품행을 단정히 하라고 훈계하였더니 도리어 위험하고 못된 짓을 한다.

행차 뒤에 나팔
일이 끝난 다음에 하는 쓸데 없는 언행.

허리띠 속에 상고장 들었다
못난 듯한 이가 비상한 재주를 감추고 있다.

허울 좋은 하눌타리
겉은 번드르르하여 훌륭하나 속은 보잘것없다.

허장 성세(虛張聲勢)
실속없이 허세만 부린다.

허허 해도 빚이 열 닷 냥이다
겉은 호기(豪氣) 있게 보이나 속으로는 근심이 가득하다.

헌 분지 깨고 새 요강 물어준다
작은 실수로 큰 손해를 본다.
(분지→진흙으로 만든 싼 요강)

헌 짚신도 짝이 있다
아무리 어렵고 가난한 사람도 다 짝이 있다.
同類 헌 고리도 짝이 있다.

헤엄 잘 치는 놈 물에 빠져 죽고, 나무에 잘 오르는 놈 나무에서 떨어져 죽는다
아무리 능숙한 재주가 있어도 한 번 실수는 없을 수 없다.

혀를 빼물었다
일이 몹시 힘든다.

혀 아래 도끼 들었다

말을 잘못 하면 큰 재앙을 입게 된다.
[同類] 설저 유부(舌底有斧). 혀밑에 도끼 있다.
[出典] 舌下斧入《東言》, 舌底有斧《松南》

현왕재 지내고 지절 입는다
① 세력 있는 사람에게 뇌물을 바치고 역효과를 낸다. ② 남에게 좋은 일을 하고서도 그 사람 때문에 피해를 본다.

형만한 아우 없다
아우가 아무리 낫다 해도 형만은 못하다.

형 미칠 아우 없고 아비 미칠 아들 없다
아우가 아무리 잘 났어도 형만 못하고 아들이 아무리 잘 났어도 아비만 못하다.

형 보니 아우
형의 잘잘못을 보면 그 아우의 사람됨도 짐작할 수 있다.

형설지공(螢雪之功)
부지런하고 꾸준하게 학문을 닦은 공.

형제는 잘 두면 보배, 못 두면 원수
형제가 서로 협조하면 잘 지낼 수 있으나 그렇지 않으면 서로 폐를 끼쳐 원수가 된다.

형틀 지고 와서 볼기 맞는다
가만히 있으면 아무 일도 없었을 것을 공연한 짓을 해서 화를 부른다.

호랑이 날고기 먹는 줄 다 안다
그런 일을 함이 차라리 당연한 경우에, 그것을 짐짓 숨기고 않는 체할 것이 없다.

호랑이는 죽어서 가죽을 남기고 사람은 죽어서 이름을 남긴다
사람은 보람있는 일을 해야 그 이름이 후세에 전하여진다. 곧 사람에게 가장 중요한 것은 명예이다.

호랑이 담배 먹던 시절
지금과는 형편이 아주 다른 옛적을 이르는 말.

호랑이도 새끼가 열이면 스라소니를 낳는다
자식을 많이 낳으면 그 중에는 못난 자식도 있다. (스라소니→고양이과에 딸린 짐승으로 호랑이와 고양이의 중간 동물)
↔닭이 천이면 봉(鳳)이 한 마리 있다.

호랑이도 제 말 하면 온다
① 마침 이야기하고 있는데 그 장본인이 나타났을 때 하는 말. ② 그 자리에 없다고 남의 흉을 함부로 보지 말라.
[出典] 談虎虎至 談人人至《耳談》

호랑이도 죽을 때는 제 집을 찾는다
자기가 살던 고향 집은 누구나 다 애착심을 갖는다.

호랑이에게 개 꾸어 준 셈
받을 가망이 없는 사람에게 무엇을 빌려 주어 갚음을 바랄 수 없게 되었을 때 하는 말.
[出典] 莫持狗貸與虎《洌上》, 狗貸虎狼 豈望報償《耳談》, 虎貸狗《東言》

호랑이에게 고기 달란다
전혀 기대할 수 없는 것을 기대하는 어리석은 행동을 한다.
[同類] 고양이에게 생선 반찬 달란다.
[出典] 虎前乞肉《旬五》,《松南》

호랑이에게 물려 가도 정신만 차리면 산다
아무리 위급한 일을 당하더라도 정신만 똑똑히 차리면 위기를 면할 수 있다.

호랑이 잡고 볼기 맞는다
호랑이는 산신령이라 하여 못 잡게 했으므로 장한 일을 하고도 벌을 받는다.

호미로 막을 것을 가래로 막는다
① 적은 힘으로도 충분한 것을 쓸데없이 많은 힘을 들이게 됨을 이르는 말. ② 일이 작을 때에 미리 처리하지 않다가 나중에는 반드시 큰 힘을 들이게 됨을 이르는 말.

호박꽃도 꽃이라고
얼굴은 못 생겨도 여자라고 여자 티를 낸다.

호박 씨 까서 한 입에 넣는다
애써서 조금씩 모은 것을 한꺼번에 써 버린다.

호박에 침주기
① 아무 반응이 없음을 이르는 말. ② 일이 아주 하기 쉬움을 이르는 말.

호박이 굴렀다
뜻밖에 좋은 물건이 생겼거나 수가 났다.

호박이 덩굴째로 굴러 떨어졌다
뜻밖에 재물이 생겼다.

호박 잎에 청개구리 뛰어오르듯
연소자가 연장자에게 버릇없이 군다.

호사 다마(好事多魔)
좋은 일에는 흔히 방해하는 궂은 일이 생기기 쉽다.

호시 탐탐(虎視眈眈)
먹이를 노리는 범처럼 기회를 노리고 가만히 정세를 관망함.

혹 떼러 갔다가 혹 붙여 온다
이득을 얻으러 갔다가 도리어 손해를 보게 되었다.

혼사(婚事) **말하는데 상사**(喪事) **말한다**
전연 딴 말을 한다.

혼인 날 똥싼다

가장 조심하여야 할 때에 일이 공교롭게 되어 처신이 사납게 되었다.
出典 方婚姻矢遺《東言》

혼인집에서 신랑 잃어버렸다
어떤 일을 하는데 가장 긴요한 것을 잃었을 때 하는 말.

홀아비는 이가 서 말, 과부는 은(銀)이 서 말
과부는 알뜰하여 자기 손으로 벌어서도 살아갈 수 있으나, 홀아비는 헤퍼서 혼자 생활할 수 없다.

홈통은 썩지 않는다
① 무슨 일이든지 쉬지 않고 부지런히 하여야 실수가 없고 탈이 안 생긴다. ② 묵혀 둔 물건은 썩는 법이니 항상 활용하라.

홍두깨로 소를 몬다
지나치게 무리한 일을 한다.

홍두깨에 꽃이 핀다
가난하고 궁하던 사람이 좋은 운을 만났을 때와 같은 경우를 이르는 말.

홍시 먹다가 이 빠진다
① 힘들 것 같지 않은 일이 뜻밖에 힘든 경우에 이름. ② 안심을 하면 뜻밖의 실수가 생기므로 늘 조심하라.

홍일점(紅一點)
① 여럿 중 오직 하나 이채를 띠우는 것. ② 많은 남자들 틈에 오직 하나뿐인 여자.

화룡 점정(畫龍點睛)
가장 긴한 부분을 완성시킴.

화무십일홍(花無十日紅)
열흘 붉은 꽃이 없다. 곧 한 번 성하면 어느 때에 가서는 반드시 쇠함을 이르는 말.

화약을 지고 불로 들어간다
① 자기 스스로 위험한 곳을 찾아 들어간다. ② 화를 스스로 청함의 비유.

화이 부동(和而不同)
남과 친하게는 지내나, 뜻을

굽히면서까지 그 사람을 따르지는 않는다.

환골 탈태(換骨奪胎)
① 얼굴이 전보다 변해 아름답게 됨. ② 남의 문장을 형식만 바꾸어 제 글처럼 꾸밈.

활과 과녁이 서로 맞는다
하려는 일과 닥친 기회가 꼭 들어맞았다.
[出典] 弓的相適《旬五》

활을 당기어 콧물을 씻는다
꼭 하고 싶던 일이 있던 차에 좋은 핑계가 생겨 그 기회에 그 일을 함께 해치운다.

활인불(活人佛)**이 골마다 난다**
어느 곳에나 위급할 때 구해 주는 착한 사람이 있다.
[出典] 活人之佛 洞洞有之《旬五》, 活人佛 洞洞出《冽上》, 活人佛 谷谷有《東言》

홧김에 화냥질한다
격분을 이기지 못하여 될 대로 되라고 탈선(脫線)까지 하여 결국 제 신세를 망친다.

황금 천 냥이 자식을 가르치는 것만 못하다
막대한 유산을 남겨 주는 것보다도 자녀 교육이 더 중요하다.
[出典] 遺子黃金滿籯 不如一經《漢書》

황새 조알 까먹은 것 같다
황새가 좁쌀 한 알 까먹으나마나 한 것처럼 양에 조금도 차지 않는다.
[同類] 간에 기별도 안 간다. 목구멍의 때도 못 씻었다. 범 바자 먹은 것 같다.
[出典] 如鸛啄食粟粒《東言》

황소 불알 떨어지면 구워 먹으려고 다리미에 불 담아 다닌다
되지 않을 횡재를 기다린다.

황소 제 이불 뜯어먹기
우선 둘러대서 일을 해냈으나 알고 보니 자기 손해였다.

횃대 밑에 더벅머리 셋이면 날고 뛰는 놈도 별 수가 없다
어린 자식이 셋이나 딸리면 그 치닥거리에만 얽매여 꼼짝도 할 수 없다.

회자 정리(會者定離)
사람은 만나면 반드시 헤어져야 한다.

후생목(後生木)**이 우뚝하다**
후진이 선배보다 우수하다.

후장 떡이 클지 작을지 누가 아나
미래의 일은 짐작하기 어렵다.

후장에 쇠다리 먹으려고 이 장에 개다리 안 먹을까
미래의 일에 기대할 것 없이 목전의 현실에 충실해야 한다.

후추는 작아도 맵다
몸피는 작아도 하는 짓은 매섭고 다부지다.

후추를 통째로 삼킨다
① 속내는 모르고 겉만 취한다. ② 속을 파헤쳐 보지 않

고서는 속내를 모른다.

훈장의 똥은 개도 안 먹는다
선생은 아이들을 가르치느라고 속도 많이 썩이고 애를 태운다.
[同類] 초학(初學) 훈장의 똥은 개도 안 먹는다.

휑한 빈 집에 서발 막대 거칠 것 없다
집이 가난하여 물건이 없다.
[出典] 枵然穴室 丈木無室 《耳拾》

흉년에 어미는 굶어 죽고, 아이는 배 터져 죽는다
흉년에는 양식이 모자라 어른은 안 먹고 아이들을 먹이어, 아이는 과식을 하게 되고 어른은 굶주린다.

흉년에 윤달
불행한 일이 겹쳐 일어난다.

흉년의 떡도 많이 나면 싸다
귀한 물건도 많이 공급되면 값이 싸진다.

흉이 없으면 며느리 다리가 희단다
시어머니는 생트집을 잡아서 며느리를 미워한다.

흘러가는 물도 떠 주면 공이라
남을 도와 주는 사람은 대수로울 게 없어도 받는 이는 고맙게 여겨라.

흥정은 붙이고 싸움은 말리랬다
좋은 일은 권하고 나쁜 일은 말려야 한다.
[出典] 勸買賣 鬪則解 《洌上》

흰 술은 사람의 얼굴을 누르게 하고, 황금은 사람의 마음을 검게 한다
사람의 나쁜 마음은 항상 돈 때문에 생긴다.

겨레의 슬기 · 속담 3000

1988년 9월 25일 초판 발행
2022년 1월 10일 24쇄 인쇄
2022년 1월 25일 24쇄 발행

편 자 · 출판부 / 발행인 · 양진오
발행처　**㈜교학사**
　　　　서울특별시 금천구 가산디지털1로 42(공장)
　　　　서울특별시 마포구 마포대로14길 4(사무소)
전　화　영업 (02) 7075-147　편집 (02) 7075-350
등　록　1962. 6. 26 (18 - 7)

정가 6,000원